Martin Kaufhold

Interregnum

Geschichte kompakt

Herausgegeben von
Kai Brodersen, Gabriele Haug-Moritz, Martin Kintzinger, Uwe Puschner

Herausgeber für den Bereich *Mittelalter*:
Martin Kintzinger
Beratung für den Bereich *Mittelalter*:
Heribert Müller, Bernd Schneidmüller, Stefan Weinfurter

Martin Kaufhold

Interregnum

2. Auflage

Einbandgestaltung: schreiberVIS, Seeheim.

Die Deutsche Nationalbibliothek verzeichnet diese Publikation
in der Deutschen Nationalbibliografie;
detaillierte bibliografische Daten sind im Internet über
http://dnb.d-nb.de abrufbar.

2., bibliographisch ergänzte Auflage 2007

Die Herausgabe des Werkes wurde durch
die Vereinsmitglieder der WBG ermöglicht.
Gedruckt auf säurefreiem und alterungsbeständigem Papier
Printed in Germany

Besuchen Sie uns im Internet: www.wbg-darmstadt.de

ISBN 978-3-534-20835-7

Inhalt

Geschichte kompakt

In der Geschichte, wie auch sonst,
dürfen Ursachen nicht postuliert werden,
man muss sie suchen. (M. Bloch)

Das Interesse an Geschichte wächst in der Gesellschaft unserer Zeit. Historische Themen in Literatur, Ausstellungen und Filmen finden breiten Zuspruch. Immer mehr junge Menschen entschließen sich zu einem Studium der Geschichte, und auch für Erfahrene bietet die Begegnung mit der Geschichte stets vielfältige, neue Anreize. Die Fülle dessen, was wir über die Vergangenheit wissen, wächst allerdings ebenfalls: Neue Entdeckungen kommen hinzu, veränderte Fragestellungen führen zu neuen Interpretationen bereits bekannter Sachverhalte. Geschichte wird heute nicht mehr nur als Ereignisfolge verstanden, Herrschaft und Politik stehen nicht mehr allein im Mittelpunkt, und die Konzentration auf eine Nationalgeschichte ist zugunsten offenerer, vergleichender Perspektiven überwunden.

Interessierte, Lehrende und Lernende fragen deshalb nach verlässlicher Information, die komplexe und komplizierte Inhalte konzentriert, übersichtlich konzipiert und gut lesbar darstellt. Die Bände der Reihe „Geschichte kompakt" bieten solche Information. Sie stellen Ereignisse und Zusammenhänge der historischen Epochen der Antike, des Mittelalters und der Neuzeit verständlich und auf dem Kenntnisstand der heutigen Forschung vor. Hauptthemen des universitären Studiums wie der schulischen Oberstufen und zentrale Themenfelder der Wissenschaft zur deutschen und europäischen Geschichte werden in Einzelbänden erschlossen. Beigefügte Erläuterungen, Register sowie Literatur- und Quellenangaben zum Weiterlesen ergänzen den Text. Die Lektüre eines Bandes erlaubt, sich mit dem behandelten Gegenstand umfassend vertraut zu machen. „Geschichte kompakt" ist daher ebenso für eine erste Begegnung mit dem Thema wie für eine Prüfungsvorbereitung geeignet, als Arbeitsgrundlage für Lehrende und Studierende ebenso wie als anregende Lektüre für historisch Interessierte.

Die Autorinnen und Autoren sind jüngere, in Forschung und Lehre erfahrene Wissenschaftlerinnen und Wissenschaftler. Jeder Band ist, trotz der allen gemeinsamen Absicht, ein abgeschlossenes, eigenständiges Werk. Die Reihe „Geschichte kompakt" soll durch ihre Einzelbände insgesamt den heutigen Wissensstand zur deutschen und europäischen Geschichte repräsentieren. Sie ist in der thematischen Akzentuierung wie in der Anzahl der Bände nicht festgelegt und wird künftig um weitere Themen der aktuellen historischen Arbeit erweitert werden.

Kai Brodersen
Gabriele Haug-Moritz
Martin Kintzinger
Uwe Puschner

Einleitung

„Denn geendigt nach langem verderblichen Streit/war die kaiserlose, die schreckliche Zeit/Und ein Richter war wieder auf Erden". Wer sich mit der Geschichte des Interregnums auseinandersetzt, für den führt an den Versen Friedrich Schillers aus dem „Grafen von Habsburg" kein Weg vorbei. Sie sind die prägnanteste Charakterisierung dieser Jahre, und mancher wird von der schrecklichen kaiserlosen Zeit gehört haben, der keine Vorstellung davon hat, worauf sich diese Worte eigentlich beziehen. Auch Schiller hatte nur eine ungefähre Vorstellung davon. Tatsächlich basierten seine Verse auf einer ungenauen historischen Vorlage, auf die sich Schiller verließ, weil er ihren Stil schätzte. So kam die deutsche Dichtung zu einem Vers mit einer langen Wirkungsgeschichte. Dass diese Geschichte noch immer weiterwirkt, verdankt sie wohl der Tatsache, dass die Verbindung von Herrschaft und Ordnung die Zeiten von Königen und Kaisern überdauert hat. Zwar steht die Beschäftigung mit den großen Taten großer Männer nicht mehr im Mittelpunkt des historischen Interesses, aber die Faszination, die ein Kaiser wie Friedrich II. noch immer ausübt, hat die demokratischen Entwicklungen des 20. Jahrhunderts weitgehend unbeschadet überstanden.

Als im Jahre 1927 die Epoche machende Biographie des letzten Stauferkaisers aus der Feder von Ernst Kantorowicz erschien, hatte der nationalkonservative Autor dem Werk eine Vorbemerkung vorangestellt. Darin zitierte er eine Widmung, die ein Kranz auf Friedrichs Grab in Palermo wenige Jahre zuvor getragen hatte: „Seinen Kaisern und Helden das Geheime Deutschland". Auch wenn diese Vorbemerkung in neueren Nachdrucken ausgelassen ist, erweisen sich die staufischen Helden doch als sehr beharrlich. Friedrich II., der vor achtzig Jahren den stilbewussten, nationalkonservativen Ernst Kantorowicz in den Bann zog, wird heute von pragmatischen sozialdemokratischen Politikerinnen, die als Ministerpräsidentin oder Justizministerin hohe Ämter innehaben, als historische Lieblingsfigur genannt. Da hat es das Interregnum notgedrungen schwer, denn diese Jahre können weniger mit Aufsehen erregenden Figuren aufwarten als mit mühsamen politischen Entwicklungen. Diese Entwicklungen, an deren vorläufigem Ende die Wahl Rudolfs von Habsburg (1273) und das zweite Konzil von Lyon (1274) standen, haben von der historischen Forschung wenig ernsthafte Beachtung und manche abwertende Darstellung erfahren. Diese Behandlung haben sie nicht verdient.

Wer die einfachen Lösungen schätzt, und schon in den Jahren des Interregnums gab es manchen prominenten Zeitgenossen, der sich für die Klarheit machtvoller Herrscherworte einsetzte, der mag an den mühevollen und suchenden Entscheidungsprozessen der Interregnumsjahre wenig Freude haben. Doch ist die vermeintliche Klarheit eindeutiger Herrschaft eine Illusion. Uns modernen Demokraten, die den sehr langsamen Formierungsprozess der europäischen Institutionen verfolgen können, sollte dies eigentlich klar sein. Tatsächlich wussten dies schon die Zeitgenossen. Der Wunsch nach der Eindeutigkeit eines königlichen Machtwortes ging auch im 13. Jahrhundert nur so weit, wie dieses königliche Machtwort die eigenen Interessen nicht berührte. Wurden die eigenen Interessen tangiert, dann formierte sich Widerstand und dann setzten langwierige Verhandlungen ein. Die Quellen der Interregnumsjahre zeigen uns das deutlich. Sie zeigen etwa, wie ein vielzitierter Fürsprecher königlicher Machtpolitik sich bei eigenen Entscheidungen, die die Interessen vieler berührten und bei denen Fingerspitzengefühl erforderlich war, überaus zögerlich zeigte. Hier war der leidenschaftliche Ruf nach der Macht nicht zu vernehmen. Wir kommen darauf zurück.

Durch die Skepsis gegenüber der Wirksamkeit machtvoller Entscheidungen kommt eine andere Entwicklung in den Blick. Sie ist etwas undramatischer, aber sie bietet die Lösung, die die Zeitgenossen in den meisten Fällen bevorzugten. Wenn die Ordnung nicht in erster Linie durch die Herrschaftsgewalt garantiert werden konnte, weil die Herrscher zu schwach waren, so musste man andere Wege finden, um die zahlreichen Probleme und Konflikte zu lösen. Um Konflikte zwischen Reichsfürsten, zwischen Herren, zwischen Städten, oder auch Konflikte über Standesgrenzen hinweg beizulegen, griffen die Beteiligten in den Jahren des Interregnums zunehmend zu Ausgleichs- und Schiedsverfahren. Diese Verfahren wurden zu einem festen Bestandteil vieler Bündnisse dieser Jahre. In diesen Bündnissen, die so häufig zur Wahrung des Friedens vereinbart wurden, erkennen wir Entscheidungsstrukturen, die uns deutliche Hinweise auf die politische Ordnung in den Jahren des Interregnums liefern.

Dieser politischen Ordnung, so problematisch der Begriff für das beginnende Spätmittelalter auch ist, gilt das eigentliche Interesse dieses Einführungsbandes: Welches waren die zentralen Elemente, Mechanismen und Probleme der politischen Struktur des Reiches nach der Absetzung und dem Tod Friedrichs II.? Welche Erfahrungen machten die Menschen mit dieser Ordnung und wie gut funktionierte sie? Das Interregnum hat die deutschen Historiker, aber auch ihre Kollegen in den Nachbarländern immer wieder zu scharfen Urteilen herausgefordert. Von diesen Verurteilungen wird am Ende dieses Bandes nicht mehr die Rede sein.

Mit einem deutschen Dichter haben wir diese Einleitung begonnen, mit einem deutschen Dichter wollen wir sie beenden. Der Verfasser, der weder die historischen Leidenschaften nationalkonservativer Stilisten einer vergangen Zeit noch die der genannten sozialdemokratischen Politikerinnen unserer Zeit teilt, denkt bei dem hartnäckigen Fortleben des Staufermythos gern an seine westfälischen Wurzeln und an den Wunsch, den Heinrich Heine den Westfalen mit auf den Weg gab:

„Der Himmel erhalte dich, wackres Volk / Er segne deine Saaten, / Bewahre dich vor Krieg und Ruhm, / Vor Helden und Heldentaten" (Deutschland. Ein Wintermärchen, Cap. X).

Das Interregnum, diese Zeit wenig bedeutender Herrscher und allzumenschlicher Probleme, bietet für eine menschliche Geschichte ohne Helden reiches Anschauungsmaterial.

I. Das Interregnum: Ein Überblick

1. Abgrenzungen

Damit diese Einführung ihren Zweck erfüllen kann, die Zeit des Interregnums für die Leserinnen und Leser übersichtlich darzustellen, denen dieses Thema grundsätzlich neu ist, gleichzeitig aber diejenigen nicht zu verstimmen, die mit dem 13. Jahrhundert schon ein wenig vertraut sind, sollen in den folgenden Kapiteln sowohl Ereignisse als auch Erklärungsversuche und historische Problemperspektiven vorgestellt werden. Manche der Probleme, die in den Jahren des Interregnums zu zentralen Herausforderungen an die zeitgenössische Politik wurden, hatten bereits eine längere Vorgeschichte. Die Festlegung des Kreises der deutschen Königswähler war eine solche Aufgabe. Damit die einzelnen Kapitel nicht durch die ausführlichere Vorgeschichte solcher Traditionen zusätzlich belastet werden, die manchem Leser bereits vertraut sind, werden die grundlegenden Ereignisse und Entwicklungen der Interregnumsjahre hier in einem Überblickskapitel dargestellt, bevor sie in den einzelnen Kapiteln eingehender untersucht und interpretiert werden. Wir beginnen dieses schwierige Kapitel deutscher Geschichte mit unserem historischen Wissen über diese Zeit der schwachen Könige. Die Probleme werden dabei zunächst nur angedeutet.

Als „Interregnum“ bezeichnet man die Jahre zwischen dem Ende der Herrschaft Friedrichs II. und der Wahl Rudolfs von Habsburg zum römisch-deutschen König am 1. Oktober 1273. Während das Ende der Interregnumsjahre durch die Wahl des Habsburgers präzise datiert werden kann, ist der Beginn des Interregnums davon abhängig, welchen Zeitpunkt man für das Ende der Herrschaft Friedrichs II. ansetzt. Zwei Termine stehen dafür zur Wahl. Am 17. Juli 1245 wurde der Stauferkaiser durch Papst Innozenz IV. von allen seinen Ämtern abgesetzt. Hält man dieses päpstliche Urteil, das auf einer Kirchenversammlung in Lyon verkündet wurde, für rechtmäßig, beginnt damit das Interregnum. Wer Schwierigkeiten mit diesem päpstlichen Vorgehen hat, entscheidet sich für den späteren Termin: am 13. Dezember 1250 starb Kaiser Friedrich II. Mit seinem Tod endete seine Herrschaft unwiederbringlich. Welchen der beiden Termine man für den Beginn des Interregnums wählt, ist eher eine Glaubensfrage. Solche Fragen müssen wir hier nicht entscheiden. Die Darstellung beginnt mit dem Kampf zwischen Papst und Kaiser (Kap. I). Für die politische Situation des Interregnums war es von Bedeutung, was die Zeitgenossen über die Rechtmäßigkeit der Herrschaft Friedrichs II. nach seiner Absetzung dachten. Sie waren sich nicht einig. Nachdem Rudolf von Habsburg zum König gewählt worden war, sah er in der Absetzung Friedrichs II. den entscheidenden Einschnitt in Hinblick auf die Legitimität königlicher Entscheidungen. Gemeinsam mit den Reichsfürsten erklärte er alle königlichen Rechtstitel, die Friedrich bis zu seiner Absetzung innegehabt und an Reichsangehörige verliehen hatte, für uneingeschränkt gültig. Damit markierte im Rückblick des Jahres 1274 die Absetzung Friedrichs II. 1245 den Beginn einer rechtsunsicheren Zeit. Doch war dies eine Wahrnehmung im Rückblick. Solange Friedrich II. gelebt hatte, hatte Rudolf von Habsburg die staufische Königsmacht nicht in Frage gestellt, noch 1250 war er auf staufischer Seite anzutreffen. Er war kein Einzelfall, denn die päpstliche Absetzung hatte zunächst nur geringe politische

Auswirkungen gezeigt. Insofern können wir als Dauer des Interregnums die Jahre 1245/50–1273 ansetzen. Eine genauere Angabe wäre eher ein historisch-politisches Bekenntnis als eine historische Präzisierung.

2. Der römisch-deutsche König

Die Absetzung hatte zur Folge, dass der Papst, der dem Kaiser das Amt entzogen hatte, nun in irgendeiner geeigneten Form dafür sorgen musste, dass die vakante Position neu besetzt wurde. Dies war eine politische Notwendigkeit, denn wenn Friedrich II. seine Absetzung nicht akzeptierte, dann gab es nur eine Möglichkeit, das Urteil zu vollstrecken. Das Amt musste an einen Kandidaten vergeben werden, der Friedrich tatsächlich von seiner Position verdrängte. Das war nicht einfach. Friedrich II. war römisch-deutscher König, Kaiser und König von Sizilien. Das Königreich Sizilien umschloss nicht nur die Insel, die dem *Regnum Sicilie* den Namen gab, sondern mit Apulien und Kalabrien im Grunde den ganzen Süden Italiens unterhalb von Rom. Sizilien war ein Erbreich, dessen Herrschaft Friedrich II. von seinem Vater Heinrich VI. (1165–1197) und seiner Mutter Konstanze (1154–1198) geerbt hatte. Konstanze war die Tochter König Rogers II. von Sizilien (1095–1154) und sie hatte alle ihre Brüder und Stiefbrüder überlebt. So wurde sie zur Erbin des süditalienischen Königreiches und durch die Heirat mit Heinrich VI. 1186 kam dieses Königreich schließlich an die Staufer.

Für die Herrschaftsnachfolge in Deutschland galten andere Regeln, die auch ein Papst respektieren musste. Die ungeschriebene deutsche Verfassung sah vor, dass der deutsche Herrscher durch eine Wahl bestimmt wurde. Diese Wahl wurde durch die deutschen Fürsten vorgenommen, wobei der Kreis der Königswähler zu Zeiten Friedrichs II. genauso wenig festgelegt war wie das eigentliche Wahlverfahren. An der Wahl von Friedrichs Sohn Konrad zum römisch-deutschen König im Februar 1237 hatten sich neben den Erzbischöfen von Mainz, Trier und Salzburg die Bischöfe von Bamberg, Regensburg, Freising und Passau beteiligt, gemeinsam mit dem Pfalzgrafen bei Rhein, dem König von Böhmen, dem Landgrafen von Thüringen und dem Herzog von Kärnten. Das waren elf Reichsfürsten, von denen nur drei an der Wahl Rudolfs von Habsburg 1273 teilnahmen. Bei Rudolfs Wahl trat der Kreis von sieben Königswählern erstmals geschlossen in Erscheinung (vgl. Kap. X). Die Formierung dieses Kreises wurde durch die Erfahrungen des Interregnums forciert, wir werden auf dieses Problem noch zu sprechen kommen. Vorerst können wir festhalten, dass bei den Wahlen in den Herrschaftsjahren Friedrichs II. noch keine klare Gruppe von Königswählern zu erkennen ist.

Bei diesen Wahlen wurden Söhne Friedrichs II. zu seinen Nachfolgern gewählt. Dieser Vorgang hatte Tradition und er zeigt, dass es sich bei den deutschen Königswahlen nicht um freie Wahlen handelte, sondern um eine eigentümliche Bestätigung eines dynastischen Anspruchs der herrschenden Königsfamilie. Es war keine freie Wahl, aber es war auch keine selbstverständliche Wahl. Die Wahlfürsten bekannten sich ausdrücklich zu ihrer Verantwortung für das Reich, die sie dazu veranlasse, die Fortdauer der staufischen Herrschaft auch nach dem Tode Friedrichs II. zu ermöglichen. Sie machten dabei klar, dass diese Wahl an die Bedingungen gerechter Herrschaft geknüpft war, gegen die der Gewählte nicht verstoßen durfte, wenn er die fürstliche Unterstützung nicht verlieren wollte. Die deutsche Königswahl war der praktische Niederschlag eines Herrschaftsgefüges, in dem den Reichsfürsten neben dem König eine entscheidende Rolle zukam.

Bis in die Herrschaftszeit Friedrichs II. hinein waren die Rechte der Fürsten und die Rechte des Königs in diesem politischen und verfassungsrechtlichen Kräftefeld nicht genau festgeschrieben. Das heißt nicht, dass es keine Regeln und keine Ansprüche der Beteiligten auf ihre Mitwirkung an der Regierung des Reiches gegeben hätte. Es bedeutet aber, dass diese Regeln bislang durch ein ungeschriebenes Gewohnheitsrecht überliefert wurden, das erst seit 1220 in schriftliche Verträge gebracht wurde. Damit setzte eine Präzisierung der bisherigen Verfahrensformen ein, die in dem zentralen Vorgang der deutschen Verfassungsgeschichte des Mittelalters, der deutschen Königswahl, am Ende des Interregnums einen praktischen Höhepunkt erreichte (vgl. dazu Kap. X).

Die deutschen Fürsten wählten den römischen König, den *Rex Romanorum.* Dies war die Bezeichnung der Zeitgenossen für den deutschen König. Sie brachte die lange und besondere Verbindung der deutschen Königsherrschaft mit den Herrschaftsrechten in Reichsitalien und in der Stadt Rom zum Ausdruck. Im Zuge der Aufteilung des karolingischen Reiches und der Entwicklung der Teilreiche war der Anspruch auf die Kaiserkrone Karls des Großen (748–814) schließlich an den deutschen Herrscher gelangt. Der deutsche Herrscher wurde durch die päpstliche Krönung in Rom zum Kaiser. Die enge Verbindung dieser Würden kam darin zum Ausdruck, dass der König sich vor seiner Kaiserkrönung als *Rex Romanorum* bezeichnete. Einen deutschen Königstitel gab es nicht. Der deutsche Herrscher erlangte durch seine Krönung in Aachen nicht nur die Regierungsgewalt in Deutschland, sondern auch den Anspruch auf die Kaiserkrönung in Rom. Der erste deutsche Kaiser, der in Rom gekrönt wurde, war Otto I. (962).

Als die Stellung der Päpste im mittelalterlichen Ordnungsgefüge an Stärke gewann, zeigte sich, dass der gleichsam natürliche Anspruch auf die Kaiserkrone auch dem Einfluss des Papstes auf die Wahl des deutschen Herrschers eine Tür öffnete. Diese Tür öffnete sich nun zu beiden Seiten. Denn wenn der Papst den deutschen Herrscher zum Kaiser krönen musste, dann konnte dieser Papst auch argumentieren, dass er eine gewisse Kontrolle über die deutsche Thronerhebung beanspruchen müsse, um sich davor zu schützen, gänzlich ungeeignete Figuren mit der höchsten weltlichen Würde der Christenheit auszustatten. Der deutsche Herrscher und künftige Kaiser solle für ein solches Amt geeignet sein. Dieser Anspruch wurde zu Beginn des 13. Jahrhunderts erstmals von einem Papst formuliert (Innozenz III. 1198–1216), und damit setzte eine immer genauere Festsetzung des Verfahrens ein, mit dem der deutsche Herrscher bestimmt wurde. Auch die Amtsgewalt, die der König durch dieses Verfahren erhielt, wurde präziser bestimmt – selbst wenn dies noch längere Zeit in Anspruch nahm.

Wir können festhalten, dass der Papst den Kaiser zwar krönte und dass er 1245 beanspruchte, ihn absetzen zu können, dass ein zukünftiger Kaiser aber zunächst von den deutschen Fürsten zum König gewählt werden musste.

Kein König des Interregnums hat nach dem Tode Friedrichs II. die Stadt Rom in seiner Eigenschaft als deutscher Herrscher betreten. Auch Rudolf von Habsburg, der das Interregnum mit seiner pragmatischen und erfolgreichen Regierung beendete, erreichte dieses Ziel nie. Die Nachfolger der Staufer haben die besondere Verbindung zwischen Deutschland und Italien nicht aufrechterhalten. Die Mittel der späteren deutschen Herrscher waren für eine effektive Politik in Italien zu bescheiden. Insofern ist der Begriff eines *Römischen Königs* (*Rex Romanorum*) für die Könige des Interregnums etwas irreführend. Da es andererseits den Titel eines „deutschen" Königs nicht gab und da sich die Titulatur mittelalterlicher Herrscher auch nicht auf die Realpolitik reduzieren lässt, werde ich in diesem Band von *römisch-deutschen* Königen sprechen.

Die verschiedenen Könige der Jahre 1245–1273, von denen sich keiner wirklich durchsetzen oder auch nur behaupten konnte, haben die Institution der Königsherrschaft nicht nachhaltig vertreten können. Sie waren Randfiguren des politischen Geschehens. Erst in der Wahl Rudolfs von Habsburg zum römisch-deutschen König ist ein einheitlicher Wille der politischen Kräfte des Reiches zu erkennen. Insofern war dies ein Neuanfang, so wie das Ende der Herrschaft Friedrichs II. tatsächlich das Ende einer historischen Epoche markiert. Die Kaiserkrone und die Italienpolitik haben in der deutschen Geschichte nach 1250 eine andere Rolle gespielt. Zwischen dem Tod Friedrichs II. und der Wahl Rudolfs von Habsburg lagen Jahre eines Übergangs, in dem die politischen Akteure in Deutschland verschiedene Szenarien für das künftige Ordnungsgefüge erprobten. Die Erfahrungen dieser Jahre gingen in die Wahl Rudolfs von Habsburg ein. Diese Wahl war ein erster Schritt zu einer erneuerten politischen Ordnung Deutschlands. Dass Rudolf von Habsburg schon bald nach seiner Wahl die Jahre nach der Absetzung Friedrichs II. als eine Art Interregnum ansah, in dem die königliche Herrschaftsgewalt so problematisch war, dass die zwischen 1245 und 1273 verliehenen königlichen Privilegien einer erneuten Bestätigung bedurften, hatte Ursachen in seiner politischen Situation.

Zum einen war es opportun, den ihm gewogenen Papst nicht durch eine Ehrenerklärung für den abgesetzten Staufer zu verstimmen und in Rudolfs Lage war es außerdem zweckmäßig, die Gültigkeit königlicher Rechtsverleihungen während eines vermeintlichen Interregnums in Frage zu ziehen. Denn der Habsburger bemühte sich, das Herzogtum Österreich für sein Haus zu gewinnen und dabei war ihm sein Königstitel eine Hilfe. Als König konnte er das Reichslehen Österreich an seine eigenen Söhne vergeben. Ein Problem war, dass das Herzogtum Österreich auch von dem mächtigsten Reichsfürsten, dem König Ottokar von Böhmen, beansprucht wurde. Ottokar war 1251 vom österreichischen Adel zur Regierung des Herzogtums gerufen worden. Er hatte den Herzogtitel angenommen und er konnte seine österreichische Herrschaft durch eine königliche Belehnung aus dem Jahre 1262 absichern (vgl. Kap. X, 8). Da war es hilfreich, wenn man deren Rechtmäßigkeit grundsätzlich in Zweifel ziehen konnte. So förderten die Habsburger die Vorstellung von einem *Interregnum* auch aus wohlverstandenem Eigeninteresse. Der Begriff Interregnum für die Jahre 1245/50–1273 bringt manches Problem mit sich, aber als ohnehin etablierte Bezeichnung für eine Übergangszeit können wir ihn verwenden, wenn wir uns klar darüber sind, dass er nicht im staatsrechtlichen Sinne gebraucht wird.

3. Könige des Interregnums

Als Kaiser konnte Friedrich II. seinen Sohn zum römisch-deutschen König wählen lassen, um damit seine Nachfolge noch zu Lebzeiten zu sichern. Als Konrad IV. 1237 von den deutschen Fürsten gewählt wurde, da war er ein Junge von acht Jahren. Er war in Deutschland geblieben, nachdem sein Vater im Spätsommer 1236 nach Italien zurückgekehrt war. Es war Friedrichs II. letzter Aufenthalt in Deutschland. Sein kleiner Sohn blieb zurück, *zum römischen König gewählt* (*Romanorum in regem electus*). Dies war sein Titel und dies war sein Status. Konrad hat nie die deutsche Krone getragen. Er wurde nie gekrönt. Sein Vater wollte verhindern, dass der Sohn ein Konkurrent mit eigenem Herrschaftsanspruch würde. So blieb Konrad die Königswürde versagt. Als Friedrich II. 1245 vom Papst abgesetzt wurde, da war Konrad IV. ein junger Mann von 17

Jahren. Die päpstliche Absetzung richtete sich gegen die gesamte Familie des Kaisers und sie traf auch Konrad IV. Doch war der junge Staufer keineswegs bereit, auf seinen Thronanspruch zu verzichten. Die Gegner der Staufer im Reich und die Anhänger der kurialen Politik mussten einen eigenen Königskandidaten finden, um ihrer Politik Nachdruck zu verleihen. Sie fanden ihn in Heinrich Raspe (1204–1247), dem Landgrafen von Thüringen (vgl. Kap. II, 3).

Heinrich Raspe war 1237 unter den Wählern Konrads gewesen und hatte 1242–43 sogar die Regierungsgeschäfte für den jungen Staufer in Deutschland geführt. Nach der Absetzung Friedrichs II. hatte sich Heinrich vom Kaiser abgewandt, und er wurde am 22. 5. 1246 zum römisch-deutschen König gewählt. Es wurde ein kurzes Königtum. Zwar konnte Heinrich Raspe gegen Konrad IV. einige Erfolge erringen, aber er starb nach weniger als neun Monaten, in denen er weniger als zwanzigmal als *Henricus dei gratia Romanorum rex* geurkundet hatte. So mussten sich die Gegner Friedrichs II. und Konrads IV. nach einem neuen Königskandidaten umsehen. Sie fanden ihn in dem jungen Grafen Wilhelm von Holland, den die Fürsten am 3. Oktober 1247 zum König wählten. Wilhelm war jünger als Heinrich Raspe und er lebte länger. Bei seiner Wahl war er 19 Jahre alt. So standen sich mit Konrad IV. und Wilhelm zwei fast gleich alte Gegenspieler gegenüber. Eine militärische Entscheidung fiel nicht (vgl. Kap. II, 4 u. Kap. III).

Doch der Tod Friedrichs II. brachte eine neue Situation (vgl. Kap. II, 5). Denn sein Sohn stand nun vor einer wichtigen Entscheidung. Entweder blieb er in Deutschland und kämpfte weiter darum, aus seinem Status eines *gewählten Königs* den eines gekrönten Herrschers werden zu lassen. Mit dem Tod des Vaters hatte die staufische Partei in Deutschland allerdings eine charismatische Identifikationsfigur verloren und Konrad war weitestgehend auf die Mittel beschränkt, mit denen er in den letzten Jahren ohne entscheidenden Erfolg operiert hatte. Oder der junge Staufer zog nach Süden, um im Königreich Sizilien das Erbe seines Vaters anzutreten. Zwar hatte das päpstliche Absetzungsurteil auch die staufische Königsherrschaft in Sizilien beenden wollen, doch hier durfte Konrad auf ein hohes Maß an Unterstützung für seinen Erbanspruch rechnen. Konrad entschied sich für Sizilien und mit seinem Abzug aus Deutschland endete die Geschichte staufischer Herrschaft nördlich der Alpen endgültig. In Italien dauerte sie noch bis zum Jahre 1268 fort und da die weitere Entwicklung in Deutschland auch eine Frage des staufischen Nachlasses in Europa war, soll das Ende dieser Dynastie hier zumindest knapp skizziert werden. Manche spätere Entwicklung ist ohne eine Kenntnis dieser Geschichte nicht verständlich.

4. Das Ende der Staufer

Das Ende der staufischen Dynastie hat durchaus tragische Züge. In jedem Fall ist es ein drastisches Lehrstück von der Vergänglichkeit großer Entwürfe. Auf dem Höhepunkt seiner Herrschaft hatte Friedrich II. sein Geschlecht als eine Familie stilisiert, die bis an das Ende der Zeiten herrschen würde. Und der Kaiser hatte einige Söhne. Doch ihre Bemühungen um die Fortführung der sizilischen Herrschaft des Vaters standen unter keinem guten Stern. Konrad IV. starb schon im Jahre 1254 an einer Fiebererkrankung, nachdem er mit einigem Erfolg die Herrschaft in Sizilien übernommen und Aufstände niedergekämpft hatte. Nun kam die Zeit für seinen Halbbruder Manfred (ca. 1232–1266), einen illegitimen Sohn Friedrichs II. Er übernahm die Herrschaft im Königreich Sizilien und behauptete sie bis 1266 auch gegen die Päpste.

Im Februar 1266 traf er mit seinen Truppen bei Benevent auf das Heer Karls von Anjou, der von Papst Clemens IV. (1265–1268) mit dem Königreich Sizilien belehnt worden war, und der sich nun anschickte, dieses Königreich zu erobern. Bei Benevent tat er den ersten Schritt. Der Staufer Manfred wurde besiegt und getötet. Nach langen Jahren des vergeblichen Taktierens konnte die kuriale Politik in der Sizilienfrage einen Erfolg verzeichnen. Nun gab es noch einen Staufer, der Ansprüche auf Sizilien erheben konnte, Konradin (1252–1268), der Sohn Konrads IV., der bislang in Deutschland geblieben war, wo die staufischen Anhänger mehrfach und erfolglos versucht hatten, ihn zum Thronkandidaten zu erheben. Nach dem Tode Manfreds zog der 15-jährige Junge 1267 nach Italien, um das Erbe seines Vaters zu erobern. Er erhielt Zuzug und Unterstützung von Gegnern Karls von Anjou, doch wurde sein Heer im August 1268 bei Tagliacozzo von Karls Rittern besiegt. Konradin wurde auf der Flucht erkannt und an Karl ausgeliefert. Der machte ihm einen Prozess, dessen Hergang nicht überliefert ist, und ließ ihn zum Tode verurteilen. Am 29. Oktober 1268 wurde der letzte Staufer auf dem Marktplatz von Neapel hingerichtet. In der deutschen Politik hatte die vormals so mächtige und machtbewusste Familie zuletzt keine Rolle mehr gespielt.

Nach dem Abzug Konrads IV. hatte Wilhelm von Holland gute Aussichten, auch jene Reichsfürsten für sein Königtum zu gewinnen, die ihm bislang ablehnend gegenübergestanden hatten. Er war dabei durchaus erfolgreich. Andererseits zeigte sich, dass seine Politik, nun da er freier agieren konnte, manchem bisherigen Förderer missfiel. Der Erzbischof von Köln nahm eine zunehmend kritische Haltung zu Wilhelms Politik ein und unternahm schließlich sogar einen Anschlag auf das Leben des Königs (1255). Im selben Jahr ermahnte der Papst die Reichsfürsten, von der geplanten Neuwahl eines Königs Abstand zu nehmen. Da stellte sich eventuell die Frage, ob König Wilhelm neue Verbündete gewinnen konnte.

Das 13. Jahrhundert war in Deutschland auch eine Zeit dynamischen Städtewachstums und städtischen Selbstbewusstseins. Neue Stadtmauern wurden errichtet, um die zu eng gewordenen alten Stadtgrenzen der Entwicklung anzupassen. Um die Mitte des Jahrhunderts nahm die Zahl der Stadträte deutlich zu, mit denen sich die Städte ein Organ politischer Vertretung gaben. Wilhelm von Holland kam vom Niederrhein, wo die städtische Entwicklung eine besondere Dynamik entwickelte. Köln war die einzige wirkliche Großstadt Deutschlands. Konnte der König in den Städten wirkungsvolle Verbündete finden? Im Jahr 1254 schlossen sich eine Reihe von Städten und Herren entlang des Rheins und angrenzender Gebiete zu einem Bündnis zusammen, das der *Kultur des Friedens* dienen und der Gewalt auf den Straßen begegnen sollte. Dieses Bündnis, das in der Forschung als „Rheinischer Städtebund“ bezeichnet wird, breitete sich bald sehr weit aus (vgl. Kap. IV). 1255 kam es zu einer Annäherung zwischen den Bündnispartnern und dem König. Doch im Januar 1256 wurde der junge König auf einem winterlichen Feldzug gegen die Friesen, die gegen seine Herrschaft in Holland aufbegehrten, erschlagen. Deutschland stand eine Doppelwahl bevor.

5. Die Herrschaft nach dem Ende der Staufer

Nach dem Tode Wilhelms von Holland gelang es den Reichsfürsten nicht, sich auf einen Kandidaten zu einigen. Stattdessen kam es 1257 zu einer gespaltenen Königswahl (vgl. Kap. V). Eine Gruppe von rheinischen Reichsfürsten (Erzbischöfe von Köln, Mainz und der Pfalzgraf bei Rhein) gab dem Bruder des englischen Königs, Richard von Cornwall (1209–1272), ihre Stimme; eine andere (Erzbischof von Trier, Herzog von Sachsen, Markgraf von Brandenburg) wählte den König Alfons X. von Kastilien (1221–1284). Der König von Böhmen war ein besonders eifriger Wähler: er gab beiden Kandidaten seine Zustimmung. Durch die Wahl eines Engländers und eines Kastiliers war der Streit um den deutschen Thron gewissermaßen „europäisiert" worden. Der Vorgang lässt sich unterschiedlich interpretieren und wir werden darauf im VIII. Kapitel näher eingehen. Eine starke, traditionelle Forschungsmeinung sieht in dieser Wahl den Ausverkauf der deutschen Königsmacht an „ausländische" Interessenten. Da bei dieser Wahl ansehnliche Geldmengen an die Königswähler gezahlt wurden (vgl. Kap. V, 5), gilt sie als besonders deutliches Beispiel eines „Egoismus" der Reichsfürsten, der die deutsche Politik nach dem Tode Friedrichs II. nachteilig geprägt habe. Die Wahl lässt sich aber auch im Zusammenhang der europäischen Politik verstehen. Die Auswahl der Kandidaten aus England und aus Kastilien war nicht willkürlich, zu den Königsfamilien beider Länder hatten die Staufer Heiratsverbindungen unterhalten. Diese Verbindungen mochten ursprünglich in der Erwartung eingegangen worden sein, daraus für die staufische Familie neue Perspektiven zu gewinnen. Nun zeigte sich, dass diese Traditionen in beiden Richtungen Anknüpfungspunkte bot. In dem Maße, in dem die Deutschen Schwierigkeiten hatten, ihr zentrales politisches Amt zu besetzen, konnten diese Traditionen von alten Verbündeten wieder belebt werden. 1257 griff man auf diese europäische Tradition zurück. Wir werden diese Frage noch eingehender diskutieren.

Die neuen Könige klärten ihre Ansprüche nicht auf dem Schlachtfeld. Tatsächlich klärten sie sie überhaupt nicht. Es gab eine gewisse diplomatische Korrespondenz über den König von England, und es gab auch den Versuch, die Frage durch den Papst entscheiden zu lassen. Die Kurie kam zu keinem Ergebnis, und die Frage blieb offen, mehr als 16 Jahre lang. Während dieser 16 Jahre kam der Kastilier Alfons niemals, der Engländer Richard viermal nach Deutschland. Insgesamt war Richard etwa drei Jahre in Deutschland, nach 1263 kam er nur noch einmal (1268/69). Die Jahre zwischen 1256 und 1273 waren keine Zeit intensiver Königsherrschaft. Erst mit der Wahl Rudolfs von Habsburg am 1. Oktober 1273 kehrte das Königtum auf die politische Bühne zurück. Wer die energische königliche Reformpolitik Ludwigs IX. von Frankreich (1214–1270) mit dieser Politik königlicher Abwesenheit vergleicht, wird zu einem zurückhaltenden Urteil über diese Jahre in der deutschen Geschichte gelangen. Wer allerdings auch die englische Politik zum Vergleich heranzieht, sieht einen seit 1258 stark in Bedrängnis geratenen König, den die Barone seines Landes zeitweise entmachteten und der erst 1266 wieder die Oberhand über die Rebellen gewann.

Dieser Konflikt um die Herrschaft in England trug dazu bei, den Bruder des Königs, Richard von Cornwall, so lange von Deutschland fern zu halten. Allerdings war er nicht tot, wie Friedrich Schiller irrtümlich annahm. Wer die lange Zeit der abwesenden Könige sieht, der könnte daraus den Schluss ziehen, dass diese Abwesenheit den Reichsfürsten nicht unangenehm war, weil sie durch eine energische Königspolitik nur behindert worden wären. Die Forschung hat dies zumeist getan. Dabei sollte man allerdings bedenken, dass auch die Päpste zwischen der Absetzung Friedrichs II. 1245 und der Schlacht von Benevent 1266, die die staufische Herrschaft im Königreich Sizilien schließlich beendete, fast zwanzig Jahre lang erfolglos versucht hatten, ihre Ansprüche auf Sizilien umzusetzen. Auch das war eine lange Zeit, und die Kurie hatte sich ernsthaft bemüht. Die Lösung des sizilianischen Problems stand auf der Agenda der Päpste weit oben. So bedarf es für die angemessene historische Beurteilung des Interregnums einer vergleichenden Perspektive, die manche auffällige Erscheinung in ihrem zeitgenössischen Kontext gewichtet. Daher verlässt unsere Darstellung für die Jahre 1256/1257–1273 das strenge chronologische Ordnungsschema zugunsten eines systematischen Zugriffs auf die zentralen historischen Phänomene dieser Jahre. Im historischen Vergleich fällt das Urteil über das Interregnum deutlich milder aus.

II. Die Entscheidung: Friedrich II. und die Päpste 1239–1250

20./24. 03. 1239	Exkommunikation Friedrichs II. durch Papst Gregor IX.
3. 5. 1241	Friedrich lässt zahlreiche Prälaten, die zu einem Konzil nach Rom reisen wollen, gefangen nehmen
21. 8. 1241	Tod Papst Gregors IX.
10. 9. 1241	Bündnis der Erzbischöfe von Mainz und Köln gegen Friedrich II. und seine Anhänger
25. 6. 1243	Wahl Papst Innozenz' IV.
Juli 1244	Flucht Innozenz' IV. über Genua nach Lyon
28. 6.–17. 7. 1245	I. Konzil von Lyon
17. 7. 1245	Absetzung Friedrichs II. durch Papst Innozenz IV.
22. 5. 1246	Wahl Heinrich Raspes zum römisch-deutschen König in Veitshöchheim
16. 2. 1247	Tod Heinrich Raspes
3. 10. 1247	Wahl Wilhelms von Holland zum römisch-deutschen König
13. 12. 1250	Tod Kaiser Friedrichs II.

1. Papst Gregor IX. und Kaiser Friedrich II.

Bei der Behandlung des letzten Kapitels von Friedrichs Kaiserherrschaft lassen sich dramatische Begriffe kaum vermeiden. Zwischen dem Staufer und Innozenz IV. gab es einen Entscheidungskampf. Es war der Kampf zwischen zwei Personen, die keinen Weg des Ausgleichs mehr zueinander fanden und es war ein Konflikt über das Verhältnis von Kaisermacht und Papsttum. Es ging um die Frage, wer an der Spitze der Christenheit stand. Über diese grundsätzlichen Fragen der christlichen Weltordnung beim Übergang in das Spätmittelalter ist viel geschrieben worden. Eigentümlich wenig historische Literatur gibt es dagegen über die konkrete Absetzung Friedrichs II. auf dem Konzil von Lyon 1245. Unser zentrales Interesse an diesem letzten Kampf des Staufers richtet sich auf die Ordnungs- und Herrschaftsvorstellungen, die in der Auseinandersetzung prägnant hervortraten. Insbesondere Papst Innozenz formulierte den Anspruch auf Eindeutigkeit durch die Entscheidung eines Einzelnen – des Papstes – anlässlich der Absetzung des Kaisers mit beeindruckender Vehemenz. Gegenüber solchen zentralistischen Ansprüchen fiel die Vielstimmigkeit des Interregnums umso stärker auf. Doch hatte der Papst zunächst nur ein Urteil und dabei ein juristisches Ordnungsprinzip formuliert. Durchgesetzt hatte er es nicht. Die Spannung zwischen den immer präziseren Herrschafts- und Entscheidungsansprüchen und der politischen Realität ist das interessanteste Untersuchungsfeld der Interregnumsjahre. Wir beginnen in diesem Kapitel mit den eindrucksvollen Ordnungsvorstellungen und ihrem konkreten historischen Umfeld in den Jahren zwischen der Exkommunikation und dem Tod Friedrichs II. (1239–1250).

Zwischen Papst Gregor IX. (1227–1241) und Kaiser Friedrich II. war es immer wieder zu ernsthaften Konflikten gekommen, die ihre Ursachen weitgehend in der italienischen Politik hatten. Mit einem deutschen Kaiser und König von Sizilien, der seinen Lebens- und Herrschaftsmittelpunkt im Süden Italiens hatte, ergaben sich für den Papst in Rom viele Reibungspunkte. Sie liegen hier außerhalb unseres Zeitrahmens, aber die Folgen dieser Spannungen zwischen Papst und Kaiser führten zum dramatischen Auftakt unserer Darstellung. Am Palmsonntag (20. 3.) und dann nochmals am Gründonnerstag (24. 3.) 1239 exkommunizierte Papst Gregor IX. den Stauferkaiser und forderte dessen Untertanen auf, dem Gebannten keine Folge mehr zu leisten. Zur Begründung dieses Schrittes nannte der Papst eine Reihe von Anklagepunkten. Die Aufzählung nannte ebenso Versäumnisse Friedrichs wie schwerwiegenden Verfehlungen des Kaisers. Allgemein gehaltene und unbestimmt formulierte Vorwürfe hinsichtlich der Kirchenpolitik des Staufers im Königreich Sizilien standen neben der konkreten Anklage der widerrechtlichen Inhaftierung eines Gesandten an den päpstlichen Hof, dessen Name auch genannt wurde. Manche der angeführten Verfehlungen waren für sich genommen eher ein Ärgernis, doch Gregor IX. exkommunizierte Friedrich nicht nur für deren Gesamtheit, sondern für jede Einzelne (*pro omnibus et singulis supradictis*). Bei der Absetzung des Kaisers sechs Jahre später in Lyon sollte Gregors Nachfolger Innozenz IV. etwas umsichtiger vorgehen und seine Klagen differenzierter vortragen. Gregor IX. informierte alsbald die betroffenen Erzbischöfe und Bischöfe über sein Urteil und forderte sie auf, die Exkommunikation in ihren Diözesen und Städten bekannt zu machen. Damit trat der Kampf in seine letzte Phase.

In Rom plante Papst Gregor IX. ein Konzil *wegen großer Ereignisse und Anliegen der römischen Kurie.* Auf einer großen Kirchenversammlung wollte er das weitere Vorgehen gegen den Staufer abstimmen und beschließen. Im August 1240 ergingen die Einladungen an europäische Könige und Prälaten. Das Konzil sollte zu Ostern 1241 zusammentreten. Doch Friedrich II. kämpfte in Italien um seine Position. Seine Truppen hatten die Stadt Rom eingeschlossen, so dass die anreisenden Kirchenmänner den Konzilsort nicht auf dem Landweg erreichen konnten. Die Kurie ließ sich auf eine riskante Strategie ein. Die Prälaten sollten den Belagerungsring auf genuesischen Galeeren umfahren. Doch der Kaiser verfügte über die schlagkräftige sizilische Flotte. Am 3. Mai 1241 wurden die Schiffe mit den Prälaten unterhalb von Elba aufgebracht und über hundert Konzilsteilnehmer gerieten in staufische Gefangenschaft. Unter Papst Gregor konnte das Konzil nicht mehr zusammentreten, Gregor selbst starb kurz darauf am 21. August 1241. Es dauerte in der angespannten Situation einige Zeit, bis die Kirche schließlich wieder ein handlungsfähiges Oberhaupt erhielt. Als dies dann geschehen war, ließen die Handlungen nicht mehr lange auf sich warten.

In Deutschland fielen die Würfel am 10. September. An diesem Tag verbündeten sich die beiden bedeutendsten geistlichen Reichsfürsten, die Erzbischöfe von Mainz und von Köln, gegen den Kaiser. Damit begann der Kampf um die staufische Herrschaft in Deutschland.

Die Geschwindigkeit mittelalterlicher Nachrichtenübermittlung

Das Bündnis zwischen dem Erzbischof von Köln und dem Erzbischof von Mainz gegen den Stauferkaiser Friedrich II. ist ein anschauliches Beispiel für die Kommunikationsprobleme, mit denen die Politik in einer Zeit ohne moderne Nachrichtentechnik zurechtkommen musste. Die beiden Erzbischöfe schlossen am 10. September 1241 einen Vertrag, mit dem sie ihre Haltung in dem Konflikt bestimmten, der *gegenwärtig* – so der Text – zwischen Friedrich II. und Papst Gregor IX. ausgetragen werde. Die Erzbischöfe stellten sich auf die Seite des Papstes. Allerdings war Papst Gregor IX. zu diesem Zeitpunkt schon 3 Wochen tot. Die Nachricht war noch nicht nach Deutschland gelangt.

2. Innozenz IV.

Am 25. Juni 1243 wählten die Kardinäle Sinibaldus Fieschi zum neuen Papst. Er war ein ausgewiesener Kirchenjurist aus einer vornehmen Genueser Familie. Als Papst nannte er sich Innozenz IV. Eine Zeit lang verhandelte er mit dem exkommunizierten Kaiser, jedoch ohne greifbares Ergebnis. Entschlossen arbeitete der neue Papst nun auf eine alternative Lösung hin. Ein Jahr nach seiner Wahl ließ er sich in einer dramatischen Flucht von genuesischen Schiffen aus der Umklammerung durch den Kaiser befreien. Die Galeeren brachten ihn nach Genua. Am 7. Juli 1244 wurde er mit Jubel in seiner Heimatstadt empfangen. Am Ende des Jahres zog er nach Lyon, das nominell noch zum Reich gehörte, wo der Einfluss des französischen Königs aber schon sehr stark war. Zu Beginn des neuen Jahres, am 3. Januar 1245, verschickte Papst Innozenz die Einladungen zu einer großen Kirchenversammlung in Lyon, die am Johannestag (24. Juni) desselben Jahres zusammentreten sollte.

Diesmal konnte der Termin eingehalten werden. Es war eine stark eingeschränkte Kirchenversammlung, die sich zur Eröffnung im Juni 1245 in der Kathedrale von Lyon zusammenfand. Die verlässlichste Zahlenangabe nennt 150 Prälaten. Sie kamen überwiegend aus Frankreich und Spanien, einige wenige Kirchenmänner waren aus Italien und aus England angereist. Die Erzbischöfe von Mainz und Köln, die vor Ostern in Lyon eintrafen und dort mit dem Papst über die Verhältnisse und das weitere Vorgehen in Deutschland berieten, waren noch vor der Eröffnung des Konzils wieder abgereist. Angesichts der Tragweite des päpstlichen Vorgehens auf dem Konzil war dies eine auffällige Terminplanung. Friedrichs prominenteste und einflussreichste Gegner in Deutschland waren auf dem Konzil nicht vertreten. Das lässt sich kaum durch dringende Amtspflichten in der Heimat erklären. So war kein bedeutender deutscher Gegner Friedrichs dabei, als der Papst zum entscheidenden Schlag ausholte. Bei den Gesprächen vor dem Konzil hatte der Papst die Erzbischöfe von Mainz und Köln sicherlich in seine Absetzungspläne eingeweiht. Die **Absetzung** des deutschen Herrschers war keine kirchliche Routinehandlung. Offenbar hatten die Erzbischöfe Skrupel.

Das Konzil wurde am 28. Juni 1245 feierlich eröffnet. Insgesamt viermal tagten die Teilnehmer in großer Runde in der Kathedrale von Lyon. Dazwischen berieten sich die Prälaten untereinander und der Papst verhandelte mit den verschiedenen Würdenträgern und Delegationen. So bereitete er die spektakuläre Maßnahme gegen den Stauferkaiser vor, die er am 17. Juli 1245 in der Schlussversammlung verkündete: wegen vier äußerst schwerer Verbrechen (*quattuor gravissima*) – wiederholtem Meineid, Bruch des Friedens zwischen Kirche und Reich, Gefangennahme von Prälaten auf dem Weg zum Konzil und wegen erwiesener Ketzerei – habe Gott ihn verworfen und jeglicher Würde beraubt. Der Papst gab diese Absetzung (s. Quelle, S. 15) bekannt, bekräftigte sie durch sein eigenes, gleich lautendes Urteil und untersagte Friedrichs Untertanen, ihn weiter als König und Kaiser anzusehen. Diejenigen, denen im Reich die Wahl eines Kaisers zukäme, sollten einen Nachfolger wählen. Hinsichtlich des Königreichs Sizilien wollte der Papst sich mit den Kardinälen beraten und so verfahren, wie es ihm angemessen erschien. Dieses Urteil und seine spätere Interpretation durch Innozenz selbst lässt den für diese Epoche so charakteristischen Anspruch auf eine eindeutige Entscheidung in markanter Weise hervortreten.

Der Papst hatte den Kaiser nicht nach reiflichen Beratungen gemeinsam mit dem Konzil in einem formal abgesicherten Verfahren abgesetzt. Vielmehr verkündete er, dass der Kaiser durch göttliches Urteil abgesetzt worden sei. Die päpstliche Absetzungssentenz machte diese Rechtslage öffentlich. Damit trat der Papst als der berufene und exklusive Interpret des göttlichen Willens auf. Das war nicht wenig. Und um seine herausgehobene Position noch zu bekräftigen, verkündete er die Absetzung, die er durch seinen eigenen Urteilspruch wiederholte, nicht mit der Zustimmung des heiligen Konzils (*sacro approbante concilio*), sondern nur im Beisein des heiligen Konzils (*sacro presente concilio*). Eine Zustimmung des Konzils sei für seinen Schritt nicht erforderlich, so stellte er später fest. Das war nicht ganz unproblematisch. Auch in der Mitte des 13. Jahrhunderts war der Wille Gottes nicht immer eindeutig zu erkennen. Das war auch vielen Zeitgenossen klar. Sowohl Theologen als auch kirchliche Juristen hatten in der langen Tradition der Kirche hinreichend Anschauungsmaterial dafür gefunden, dass der göttliche Wille mitunter strittig war.

Die Absetzung des Kaisers durch den Papst

Mit der tatsächlichen Absetzung eines deutschen Herrschers hatten die Päpste wenig Erfahrung. Zuletzt war etwas Vergleichbares im Investiturstreit geschehen, als Papst Gregor VII. (1073–1085) König Heinrich IV. (1050–1106) abgesetzt hatte (1075). Allerdings war dies keine formale Absetzung gewesen. Denn Gregor VII. hatte dem Kaiser die Ausübung seiner Regierung verboten. Von einer *Absetzung* war in dem entscheidenden Text Gregors nicht die Rede. Der Text war als ein Gebet an den Apostel Petrus formuliert. Darin legte Gregor VII. gewissermaßen seinem Amtsvorgänger dar, dass ihn die Angriffe des Kaisers auf die Kirche genötigt hätten, von seiner Binde-und-Löse-Gewalt Gebrauch zu machen, und die Herrschaftsausübung Heinrichs zu unterbinden. Konkret geschah dies dadurch, dass er die Eide der Untertanen aufhob, und ihnen den Umgang mit und die Gefolgschaft gegenüber dem König bei Androhung der Exkommunikation verbot. So verfuhr auch Papst Gregor IX. im Jahre 1239. Die Absetzung war demgegenüber noch eine Steigerung.

Die Steigerung der Strafe bestand darin, dass die Absetzung ein endgültiger Schritt war. Der Kaiser und König verlor sein Amt unwiderruflich. Die Exkommunikation war nach dem Verständnis der Kirche eine therapeutische Maßnahme, die Kirchenrechtler sprachen von einer *medizinischen Strafe*. Ihre Anwendung sollte den Betroffenen zur Umkehr bewegen. In der Praxis war die Verschärfung zunächst nicht ohne weiteres sichtbar. Auch mit einem exkommunizierten Kaiser durften seine Untertanen keinen Umgang haben, auch ihm durften sie nicht gehorchen. Die Geschichtsschreibung ist zurückhaltend in der Frage, was die Absetzung Neues bewirkte? Eine Absetzung legte den Zustand, der bislang nur auf Zeit gegolten hatte, und auf dessen Revision man noch hoffen konnte, definitiv fest. Das war eine neue Erfahrung, weitere Verhandlungen zwischen Papst und Kaiser waren nun ausgeschlossen.

Die berühmte Sammlung kirchlicher Rechtssätze, mit der der Bologneser Mönch Gratian um 1140 die Grundlagen für die neuere kirchliche Rechtswissenschaft gelegt hatte, trug den Titel *Harmonisierung voneinander abweichender Rechtssätze* (*Concordantia discordantium canonum*). Dabei hatte man sich bemüht, die kirchlichen Rechtssätze auf den göttlichen Willen zurückzuführen – und war zu mitunter gegensätzlichen Ergebnissen gelangt. Innozenz IV. formulierte nun angesichts des schwerwiegenden Urteils gegen den Kaiser ein Harmonisierungsprinzip, das Eindeutigkeit garantierte: die Lenkung durch eine (einzige) Person (*regimen unius personae*).

Der Papst formulierte dieses Prinzip nicht als Papst, sondern als Rechtsgelehrter. Als solcher hatte er einen Kommentar zu dem Dekretalenwerk Gregors IX. (*Liber Extra*, eine Sammlung päpstlicher Rechtsentscheidungen, veröffentlicht 1234) begonnen. Diesen Kommentar, der wohl aus seiner eigenen früheren Lehrtätigkeit als Kirchenjurist hervorgegangen war, führte er als Papst weiter, und so kam es, dass er manche seiner eigenen Entscheidungen kommentierte. Darunter war auch die Absetzungssentenz gegen Kaiser Friedrich II. Innozenz leitete seine Berechtigung zu diesem Schritt aus der Nachfolge im Amt des Stellvertreters Christi ab und gelangte dabei zu der eindrucksvollen Feststellung: *denn er* [Christus] *wäre nicht als ein besonnener Herr erschienen, um mit Ehrfurcht vor ihm zu sprechen, hätte er nicht nach sich einen solchen einzigartigen Stellvertreter zurückgelassen, der dies alles könnte.*

Die Absetzung Friedrichs II. durch Papst Innozenz IV., 17. Juli 1245
MGH Epistolae saeculi XIII 2, Nr. 124 (dt. Übers. in: Miethke/Bühler, Kaiser und Papst, S. 111).

Über die genannten Vorfälle und über andere gottlose Auswüchse mehr haben wir mit unseren Brüdern und dem heiligen Konzil sorgfältig beraten, wie wir als Christi unwürdige Stellvertreter auf Erden tunlich gehalten sind und wie uns in der Gestalt des heiligen Apostels Petrus gesagt wurde: „Was du binden wirst auf Erden …". Daher haben wir offen gelegt, dass der genannte Fürst, der sich des Kaisertums, der Königreiche und aller Ehren und Würde so unwürdig erwiesen hat und der wegen seiner Ungerechtigkeiten von Gott verworfen wurde, damit er nicht regiere und nicht herrsche, befangen und verworfen ist aufgrund seiner Sünden und von unserem Herrn jeglicher Ehre und Würde beraubt wurde; wir zeigen dies an und entheben ihn umso mehr kraft unseres Urteils, indem wir alle, die ihm in geschworener Treue verbunden sind, von diesem ewigen Eid lösen; und kraft apostolischer Autorität verbieten wir streng, dass irgendjemand ihm fürderhin wie einem Kaiser oder König gehorcht oder ihn als solchen achtet, und wir befehlen, dass alle, die ihm von nun an wie einem Kaiser oder König Rat und Hilfe oder ihre Gunst gewähren, indem sie dies tun, der Exkommunikation verfallen. Diejenigen aber, denen in diesem Reiche die Wahl des Kaisers zusteht, sollen in freier Wahl einen Nachfolger bestimmen. Bezüglich des Königreichs Sizilien werden wir jedoch die nötigen Vorkehrungen treffen, mit dem Rat unserer Brüder, so wie es uns vorteilhaft erscheint.

Aus dem Kommentar Innozenz' IV. zu seinem Absetzungsurteil
Apparatus in V libros decretalium II. 27. 27 (dt. Übers. in: Miethke/Bühler, Kaiser und Papst, S. 112).

Es wird festgestellt, dass der Papst den Kaiser absetzt …, und dies geschieht von Rechts wegen: Denn da Christus, Sohn Gottes, solange er in dieser Welt weilte, und auch von Ewigkeit her natürlicher Herr war und nach Naturrecht gegen die Kaiser und jeden sonst Absetzungsurteile und Verdammungssentenzen und alle beliebigen Urteile hätte fällen können wie gegen Personen, die er geschaffen, mit natürlichen Gaben und Gnadengaben beschenkt und am Leben erhalten hatte, vermag dies aus demselben Grund auch sein Stellvertreter; denn er wäre nicht als ein besonnener Herr erschienen, um mit Ehrfurcht vor ihm zu reden, hätte er nicht nach sich einen solch einzigartigen Stellvertreter zurückgelassen, der dies alles könnte. Dieser sein Stellvertreter aber war Petrus …; und dasselbe gilt von den Nachfolgern des Petrus, da dieselbe Unvernunft wieder folgen würde, wenn er nach des Petrus Tod die von ihm geschaffene menschliche Natur ohne Lenkung durch einen einzigen Menschen zurückgelassen hätte.

Dies war keine Zeit für Zweifler. Hier machte ein Papst – oder ein kirchlicher Rechtsgelehrter, aber das war in einer Person schwer zu trennen – seine Wertschätzung der göttlichen Vernunft davon abhängig, dass Gott zu denselben Ordnungsvorstellungen gelangte, wie er selbst. Dies war gegenüber dem Gebet Gregors VII. an den Apostel Petrus noch einmal eine deutliche Steigerung im Selbstbewusstsein des Amtes. Es ist erkennbar, dass in einem solchen intellektuellen Klima wenig Raum für Kompromisse blieb. Dies umso weniger, als Friedrich II. auch kein Mann für Zugeständnisse war.

3. Die Wahl Heinrich Raspes 1246

Innozenz IV. hatte das Recht zur Absetzung des Kaisers in aller Klarheit für sich reklamiert, dennoch waren die Reaktionen auf die päpstliche Maßnahme verhalten. Die europäischen Monarchen, die mit Friedrich II. im Kontakt standen, machten wenig Anstalten, ihre Verbindungen zu dem Staufer abzubrechen. Sie wahrten Distanz gegenüber dem Konflikt und reagierten auch nicht erkennbar auf Friedrichs Appelle an ihre Solidarität: *Bei uns fängt es an ... und bei den anderen Königen und Fürsten wird es zu Ende geführt ... Verteidigt also in unserer Sache das Recht eueres Königs ...* Es blieb zunächst bei einer Konfrontation zwischen dem Papst und dem abgesetzten Kaiser. Eine erste greifbare Initiative entfalteten die geistlichen Gegner Friedrichs II. in Deutschland, die für den abgesetzten Herrscher einen Ersatz finden mussten. Am 22. Mai 1246 wählten die Erzbischöfe von Mainz und Köln gemeinsam mit verschiedenen Bischöfen, Grafen und Herren in Gegenwart eines päpstlichen Legaten den thüringischen Landgrafen Heinrich Raspe zum neuen König. Nicht jeder sah in dieser Wahl einen gültigen Vorgang. Im „Lexikon des Mittelalters" firmiert Heinrich Raspe nur als „deutscher Gegenkönig". Das ist kein mittelalterlicher Titel, aber Heinrichs Image wird durch diesen Titel wohl treffend beschrieben. Mit Heinrichs Königswahl gab es ein Problem.

Wir hatten in der Übersicht zu Beginn festgehalten, dass der Kreis der deutschen Königswähler zu Zeiten Friedrichs II. noch nicht eindeutig festgelegt war, doch gab es deutliche Hinweise darauf, wen die Zeitgenossen bei der Wahl eines Königs mit seiner Stimme beteiligt sehen wollten. In der Aufzeichnung des sächsischen Gewohnheitsrechts, dem so genannten ***Sachsenspiegel*** (1220–1235) wurde erstmals ein Kreis von Königswählern benannt.

Die deutsche Königswahl nach dem Sachsenspiegel
Nach dem Sachsenspiegel (Landrecht III 57 § 2, Druck: Schimmelpfennig, Die deutsche Königswahl 1, S. 56f.) sollten bestimmte geistliche Fürsten (die Erzbischöfe vom Mainz, Köln und Trier) und bestimmte weltliche Fürsten (Pfalzgraf bei Rhein, Herzog von Sachsen und der Markgraf von Brandenburg) zur Königswahl geladen werden. Sie waren die so genannten Vorwähler, deren Wahl die anderen anwesenden Fürsten anschließend zustimmten. Umstritten war das Wahlrecht des Königs von Böhmen, den der Verfasser des Sachsenspiegels nicht zu den Königswählern zählen wollte *(weil er kein Deutscher ist*). Der Anspruch des böhmischen Königs auf das Wahlrecht sollte sich am Ende des 13. Jahrhunderts durchsetzen. Über die Gründe für diesen Erfolg, die auch in den Erfahrungen des Interregnums zu suchen sind, werden wir noch zu handeln haben.

Die Auswahl des Sachsenspiegels nimmt dem Vorgang der Königswahl die Beliebigkeit. Sie weist auf eine gewohnheitsrechtliche Verfassungsvorstellung, die in der Zeit Friedrichs II. an Verbindlichkeit gewann, denn von der Auswahl der im Sachsenspiegel genannten möglichen Königswähler gab es künftig nur noch geringe Abweichungen. Dass dieser Kreis der Wähler unter Friedrich II. noch nicht in Erscheinung trat, ist wohl dadurch zu erklären, dass die Königswahlen seiner Regierung unter dem legitimierenden Eindruck seiner Kaiserherrschaft standen. Solange Friedrich II. unangefochten Kaiser war, war das Verfahren bei der Wahl seiner Söhne zu römisch-deutschen Königen zweitrangig. Dies wurde in dem Moment anders, als die Legitimität des neuen Königs nicht mehr auf der Dynastie, sondern allein auf dem Wahlverfahren aufbaute. Zu Heinrich Raspes Zeit war es noch Gegenstand politischer und publizistischer Konflikte. Dass der Landgraf von Thüringen in der deutschen Geschichte in so ungünstigem Licht erscheint, mag auch eine Folge dessen sein, dass von ihm und von seinen Verbündeten so wenig über sein Königtum hinterlassen worden ist

Heinrich Raspe wurde kein mächtiger König. Der König aus Thüringen erfüllte vor allem eine Bedingung mittelalterlicher Königsherrschaft nicht, die es selbst einem schwachen Herrscher mitunter ermöglichte, von den Glückswechseln seiner Epoche zu profitieren: Er lebte nicht lange genug. Schon am 16. Februar 1247 erlag er einer Krankheit, nachdem er kaum neun Monate lange König gewesen war. So konnte er die Hoffnungen der Feinde Friedrichs II. nicht erfüllen. Diese Hoffnungen richteten sich nun auf einen jungen Mann, der am 3. Oktober 1247 bei Worringen zum neuen (Gegen-)König gewählt wurde: Wilhelm, Graf von Holland und Seeland, zum Zeitpunkt seiner Wahl 19 Jahre alt.

4. Die Wahl Wilhelms von Holland 1247

Ein halbes Jahr hatten die Wahlfürsten gebraucht, um sich auf einen Kandidaten zu verständigen. Diese Verhandlungen sind für uns nicht mehr rekonstruierbar, von ihnen sind keine urkundlichen Vereinbarungen überliefert. Auch der Wahlhergang ist nur indirekt bezeugt - *durch einmütiges Votum der Fürsten, die bekannt dafür sind, dass sie das Recht zur Wahl des Kaisers hätten, wurde er zum Römischen König gewählt, wobei die anderen Fürsten ihren Beifall bekundeten.* So zitiert Innozenz IV. aus einem – nicht erhaltenen – Schreiben des neuen Königs an die Kurie. Der Papst zeigte sich erfreut, nun einen so glaubensstarken, klugen und kämpferischen Mann auf dem deutschen Thron zu wissen, der mit vielen Fürstenfamilien verwandt sei. Tatsächlich verfügte der neue König über eher moderate Mittel und er verdankte seine Erhebung in hohem Maße der päpstlichen Initiative. Das eigentliche Wahlverfahren können wir im Falle Wilhelms etwas deutlicher erkennen als im Falle Heinrich Raspes. Der Papst unterschied unter Berufung auf die Wahlmitteilung zwischen Fürsten, die ihr Wahlrecht ausübten und solchen, die dabeistanden und der erfolgten Wahl zustimmten.

Es waren bei der Wahl Wilhelms in Worringen wohl mehr geistliche und weltliche Würdenträger anwesend als in Veitshöchheim bei der Wahl Heinrichs. Doch wenn wir nach den eigentlichen Wählern fragen, so ergibt sich ein vergleichbares Bild: Auch Wilhelm wurde nur mit den Stimmen der rheinischen Erzbischöfe zum *Rex Romanorum* gewählt. Der König von Böhmen, der Pfalzgraf, der Herzog von Sachsen oder der Markgraf von Brandenburg, als die weltlichen Fürsten, die der Sachsenspiegel im Zusammenhang mit der deutschen Königswahl aufführte, waren an der Wahl in Worringen offenbar nicht beteiligt.

So beeindruckend die Befähigung des jungen Königs dem Papst auch erschienen war, den eigentlichen Adressaten dieser Königserhebung schien sie nicht sehr zu beunruhigen. Eine Reaktion Friedrichs II. ist nicht auszumachen. Der Kaiser überließ die Führung der Geschäfte in Deutschland seinem Sohn Konrad IV. und widmete sich mit Nachdruck und wechselndem Geschick der Überwindung seiner italienischen Gegner. In Deutschland war der Einflussbereich der Gegner der Staufer schon in den Wahlkoalitionen erkennbar. Wirkten in Worringen die drei rheinischen Erzbischöfe mit einem König zusammen, der seine Machtbasis am Niederrhein hatte, so wurde die wichtige Verkehrsader des Rhein und der angrenzenden Landschaften zu einem zentralen Konfliktfeld. In dieser Auseinandersetzung konnte keine der beiden Seiten wirklich durchgreifende Erfolge erzielen. Konrad IV. konzentrierte sich auf den Südwesten Deutschlands.

Wilhelm versuchte entlang des Rheins bisherige Anhänger der Staufer zu gewinnen, militärisch zu bezwingen oder durch Zugeständnisse auf seine Seite zu ziehen. Aufschlussreich für seine konkreten Möglichkeiten war seine Politik gegenüber der Stadt Köln. Die rheinische Metropole – tatsächlich war Köln die einzige Stadt in Deutschland, auf die eine solche Bezeichnung zutraf (vgl. das Kapitel „Der rheinische Städtebund“) – hatte den Staufergegnern vor der Wahl den Zutritt verwehrt. Eine knappe Woche nach der Wahl gelangte Wilhelm von Holland mit den Kölnern zu einer Einigung. Dazu musste er der Stadt unter anderem zusichern, bei einem Einzug in die Stadt keine Bewaffneten mit sich zu bringen – außer einer bescheidenen Eskorte. Er würde keine Streitmacht gegen die Stadt Köln führen und auch keinen Hoftag in ihrer Nähe veranstalten. Er würde in ihrer Umgebung keine Burgen errichten. Verzichtete der König so auf jedes militärische Druckmittel gegen die Stadt, so verpflichtete er sich selbst, die Bürger in keiner Situation, die als Folge ihrer Loyalität eintreten könnte, ungeschützt zu lassen.

Das war schwerlich ein Abkommen unter Gleichen. Es war auch kein Niederschlag eines Kräfteverhältnisses, in dem Wilhelm den Kölnern Gehorsam abverlangen konnte, obwohl das Dokument etwas mühsam versucht, diesen Eindruck zu vermitteln. Kölns Reichtum wäre dem König eine Hilfe gewesen, aber gegenüber dieser wichtigen Stadt war Wilhelm kein mächtiger König. Er musste sich vielmehr ausdrücklich zu einem Verzicht auf jede Finanzhilfe aus der Stadt verpflichten. Doch war diese Schwäche gegenüber einer Handelsstadt mit regem Geschäftsleben und einer Bevölkerung, die sich über das bescheidene Niveau der großen Zahl deutscher Städte deutlich erhob, für die deutschen Könige des späteren Mittelalters eine typische Erfahrung. Wir würden ein falsches Bild von Wilhelms Königsmacht gewinnen, wenn uns seine weitreichenden Zugeständnisse an die Kölner ungewöhnlich erschienen.

5. Das Ende Friedrichs II.

Der Kampf zwischen Papst Innozenz IV. und Kaiser Friedrich II. wurde nicht durch eine dramatische Entscheidungsschlacht entschieden. Es gab keinen Aufmarsch staufischer Getreuer auf der einen Seite der Ebene und ihrer Gegner und päpstlicher Anhänger auf der anderen Seite, bei dem sich alte Weggefährten vor der Schlacht noch einmal die Hände reichten und sich versprachen, bei einem Wiedersehen zu lächeln, aber gleichzeitig darauf gefasst waren, unter ihrem Feldzeichen bis zum Ende zu kämpfen. Der große Kampf zwischen Papst und Kaiser endete nicht durch den Sieg einer Seite. Friedrich verlor den Kampf, weil er vor seinem Gegenspieler starb. Die Reaktion Innozenz' IV. auf diese Wendung des Geschicks hatte nichts Ritterliches: *Erfreue sich Himmel und frohlocke die Erde* – so begann sein Mitteilungsschreiben an die kirchlichen Würdenträger und die Geistlichkeit des Königreichs Sizilien vom 25. Januar 1251. Darin verkündete er seine Freunde über den Tod Friedrichs II. und seine Zuversicht, dass nun der *Tag der Freude nach der Nacht der Betrübnis* anbrechen werde. Bedenkt man, wie unmittelbar sich dieser Papst auf dem Weg über die Nachfolge Petri in die Stellvertretung Christi gestellt hatte, so mag man fragen, ob sich aus dieser Amtstradition nicht ein stärkerer seelsorgerischer Charakter hätte ableiten lassen.

Der Tod Friedrichs II. am 13. Dezember 1250 befreite die Kurie von einem energischen Widersacher. Wir wissen nicht, an welcher Krankheit der Kaiser starb. So überraschend sein Tod gewesen sein mag, und angesichts der Tragweite mag man darüber nachdenken, wie der Kampf weitergegangen wäre, hätte die Krankheit den Staufer verschont – mit annähernd 56 Jahren starb Friedrich nicht auffallend jung. Ein Vergleich mit den Königen seiner Zeit, aber auch mit seinem direkten Gegenspieler zeigt das: Der englische König Heinrich III. (1207–1272) wurde 65 Jahre alt, er war wiederholt sehr ernsthaft krank gewesen; König Ludwig IX. von Frankreich (1214–1270) wurde mit 56 Jahren nicht älter als Friedrich, und Friedrichs Gegenspieler Papst Innozenz IV. (1195–1254) starb im Alter von 59 Jahren. Friedrich II. hinterließ einen Sohn, Konrad IV., den die deutschen Fürsten 1237 zum *Rex Romanorum* gewählt hatten, der aber nie gekrönt worden war. Beim Tode seines Vaters war Konrad 22 Jahre alt und er musste sich entscheiden, ob er in Deutschland weiter um die Durchsetzung seines Königtums kämpfen wollte, oder ob er die Erbfolge seines Vaters im Königreich Sizilien antreten wollte. Im Süden Italiens war die Herrschaft der Staufer auch durch die päpstliche Absetzung nicht wirklich in Gefahr geraten, hier boten sich Konrad konkrete Aussichten einer Herrschaftsnachfolge. In Deutschland hatte sich seine unsichere Lage durch den Tod des Vaters eher verschlechtert. So entschied sich Konrad IV. schließlich für sein sizilisches Erbe. 1252 zog er nach Italien.

6. Das schwierige staufische Erbe

Tatsächlich hatte der Tod Friedrichs II. dem Papst nun die Initiative verschafft. Doch währte die Freude darüber nur kurz. In der Forschung gilt Innozenz IV. als Sieger im Konflikt der universalen Ordnungsgewalten des hohen Mittelalters. Dies nicht zu Unrecht: Als Sieger galt, wer am Ende des Tages noch auf dem Kampfplatz stand. Doch nun begannen die Probleme. Der Papst hatte bei der Absetzung Friedrichs beansprucht, hinsichtlich des Königreichs Sizilien so zu verfahren, wie es ihm angemessen erscheine. Das mochte eine Provokation sein, solange es eine Herrschaft in Frage stellte, die sich ihrer selbst so gewiss war. Mit dem Tode Friedrichs aber war Innozenz nun gefordert, die bisherigen Ansprüche in eine reale Politik umzusetzen. Bei dieser Aufgabe zeigte sich bald, dass der Erfolg des Papsttums über Friedrich II. ein schwieriger Triumph war.

Das Interregnum erscheint zunächst als eine Erfahrung der deutschen Geschichte. Eine Erfahrung der Deutschen mit über zwei Jahrzehnten schwacher Herrschaftsgewalt, in denen die anderen europäischen Königtümer ihre Regierung stärkten und einen Vorsprung gewannen. Doch das ist ein irreführendes Bild. Das Interregnum begann mit dem Ende der Herrschaft Friedrichs II. Das ist allerdings eine unvollständige Feststellung, denn die krisenhaften Züge, die wir mit dem Interregnum verbinden, rühren daher, dass das Ende Friedrichs II. in einem Konflikt mit noch unentschiedenem Ausgang verschiedene Lösungen ermöglichte. Alle diese Lösungen konnten ihre Anhänger finden. Sie schlossen sich gegenseitig aus und so blieb der Streit um das deutsche Königtum noch eine Zeit lang lebendig.

Der Tod eines Herrschers barg immer ein Krisenpotential in sich. Selbst dort, wo die Nachfolge bereits feststand, endeten mit dem Tod des Königs persönliche Treueverhältnisse. Die Eide, auf denen das Untertanenverhältnis auch der mächtigen Herren gegenüber dem König basierte, mussten erneuert werden. Im engeren Umfeld des Königs musste sich erweisen, welche künftige Rolle bisherige enge Berater des Herrschers spielen würden. Dies war ein sensibles Feld, nicht frei von der Konkurrenz persönlicher Ambitionen und anfällig für persönliche Unverträglichkeiten. Die Kontinuität, die durch den allgemein anerkannten Anspruch einer Familie auf die Krone gestiftet wurde, konnte für eine gewisse Sicherheit sorgen.

Allerdings konnte diese Kontinuität den Spannungen nur unzureichend abhelfen, die durch den persönliche Auftritt des neuen Königs entstehen konnten, wenn er sich in seinem Stil deutlich von seinem Vorgänger unterschied. In Deutschland kam zu diesem allgemeinen Problem noch ein besonderes hinzu. Es war eine Schwierigkeit, aber auch eine große Chance, die die deutsche Verfassung von der Herrschaftsnachfolge in den großen europäischen Königreichen wie Frankreich und England unterschied: Der deutsche König wurde gewählt. Das Verfahren nahm in den Jahrzehnten des 13. Jahrhunderts, deren Kern die Jahre des Interregnums bilden, eine verbindliche Form an. Wir haben das bereits angesprochen.

Eine Wahlentscheidung ist immer auch eine Entscheidung über die Eignung eines Kandidaten für das betreffende Amt. Der zeitgenössische juristische Begriff für diese spezifische Eignung war *Idoneität.* Die Eignung wurde in der Regel dadurch festgestellt, dass der Kandidat bestimmte negative Eigenschaften nicht aufwies, also kein Ketzer oder kein Heide war, und dass er über ausreichenden Verstand verfügte. Das Kriterium der *Eignung* lässt erkennen, welche Vorteile eine Wahl gegenüber einer Nachfolgeregelung durch Erbfolge hatte. Bei einem erblichen Königtum konnte der Anspruch auf den Thron ohne weiteres auf eine Person übergehen, die für eine solche hohe Aufgabe eher ungeeignet war. Die Wahlentscheidung, die auch immer eine Auswahl ermöglichte, ja nach dem Sachsenspiegel sogar ausdrücklich vorsah, konnte solche Problemfälle verhindern – wenn sich die Wähler einigen konnten. Dies ist eines der zentralen Probleme der Interregnumsjahre. Denn in der Frage der Eignung konnten die Ansichten weit auseinander gehen. Die Ansichten konnten darüber geteilt sein, wie auch in der Frage, was man von einem König erwartete. Hier lag viel Konfliktpotential, ganz unabhängig davon, wer dem Kreis der Wähler angehörte. Eine Wahl ermöglichte es zudem den Wählern, ihre jeweiligen Interessen ins Spiel zu bringen, die sich keineswegs immer sinnvoll ergänzten. So lieferte allein das Verfahren der Wahl des deutschen Herrschers in Zeiten starker politischer Gegensätze den Anlass zu weiteren Konflikten. Die enorme Spannweite der Kontakte und Verbindungen Friedrichs II. trug dazu bei, dass diese Konflikte nicht allein unter deutschen Akteuren ausgetragen wurden.

Stupor mundi – das Staunen der Welt, so hat der englische Mönch und Geschichtsschreiber Matthäus Parisiensis († 1259) Friedrich II. anlässlich seines Todes genannt. Das ist nach unserer heutigen Kenntnis der Welt und der weiten Verbreitung ihrer Bewohner etwas übertrieben. Aber selbst wenn wir den Bekanntheitsgrad des Staufers in der Welt des 13. Jahrhunderts deutlich relativieren müssen, so bleibt die Ausdehnung seiner Kontakte und die Weite seiner persönlichen Verbindungen beeindruckend. Er pflegte gute Beziehungen zum norwegischen König und einen respektvollen Umgang mit dem ägyptischen Sultan. Er war mit Konstanze von Aragon (1183–1222), Isabel, Königin von Jerusalem (1212–1228) und mit Isabella von England (1214–1241), der Schwester Heinrichs III. von England verheiratet. Trotz dieser engen Verbindung mit England vermochte er ein gutes Verhältnis mit König Ludwig IX. von Frankreich aufrechtzuerhalten, so dass dieser sich gegenüber dem päpstlichen Absetzungsurteil reserviert verhielt.

Heiraten waren ein wichtiges Instrument hocharistokratischer und aristokratischer Familienpolitik. Durch Heiraten wurden Verbindungen zwischen mächtigen oder sogar herrschenden Familien geschlossen, Konflikte beigelegt und Bündnisse bekräftigt. So konnten Allianzen eingefädelt werden und es ließen sich traditionelle Verbindungen erneuern. Zudem konnte sich in dem einen oder anderen Fall, je nach Erbrecht, je nach den Klauseln des Ehevertrages und auch abhängig von der eigenen Entschlossenheit, die Möglichkeit zu aussichtsreichen Erbfällen ergeben. Zu Lebzeiten war Friedrich II. voller Zuversicht von der ruhmreichen Beständigkeit seiner Familie ausgegangen. So hatte er weitreichende Verbindungen geknüpft. Aus diesen Familienverbindungen ergaben sich nach seinem Tod vielfältige Ansatzpunkte für unterschiedliche Begehrlichkeiten hinsichtlich seines Erbes. Die Situation war je nach Interessenlage sehr unterschiedlich zu interpretieren.

Die Anhänger der Staufer konnten sich auf den Standpunkt stellen, dass Konrad IV. in Deutschland bereits zum *Rex Romanorum* gewählt worden war und die Herrschaft nun einfach weiterführen könne. Im Königreich Sizilien konnte er das Erbe seines Vaters antreten, da dort ein Erbrecht für die Krone galt, so dass insgesamt kein Anlass für Neuregelungen bestand. Die Staufergegner konnten dagegenhalten, dass gleichzeitig mit dem Vater auch sein Sohn die Herrschaftsrechte verloren habe, wie dies ja schon mit der Neuwahl Heinrich Raspes und dann später Wilhelms von Holland demonstriert worden war. Nun konnte Wilhelm nach Friedrichs Tod sein Königtum endlich ungehindert geltend machen. In diesem Fall war Sizilien noch ohne neuen König. Sizilien – also Süditalien –, war unter Friedrich eine Quelle seiner Möglichkeiten gewesen, ein reiches Land. Hierfür konnten sich nun solche Akteure interessieren, die noch zu Lebzeiten Friedrichs eine Vorstellung von den Schätzen des *Regnum Sicilie* bekommen hatten.

Dies waren Interessen, die miteinander in Gegensätze geraten mussten, und wir werden sehen, dass alle diese Grundfiguren in den Konstellationen der Interregnumszeit zu finden sind. Die Konflikte nach dem Tod Friedrichs II. haben eine deutsche Dimension, die aufgrund der beteiligten Akteure stark regional – und das heißt methodisch: landesgeschichtlich – geprägt waren. Sie haben auch eine europäische Tradition, die sich aus der Weite der staufischen Wirkungsgeschichte ergab. Beide Konflikt- und Entwicklungslinien müssen wir nun verfolgen. Da die europäische Entwicklungslinie bei der Doppelwahl 1256/57 direkt in die deutschen Geschichte mündete, beginnen wir mit der vorangehenden deutschen Entwicklung bis zum Tode Wilhelms von Holland 1256. Dadurch wurde eine erneute Königswahl erforderlich, die zu der gespaltenen Wahl des kastilischen Königs und des englischen Herzogs Richard von Cornwall führte. Den Anfang macht Wilhelm von Holland, der seit 1247 den Titel eines *Rex Romanorum* führte und der nach dem Tode Friedrichs II. 1250 die Gelegenheit bekam, den deutschen Thron alleine einzunehmen, um sich dort höchst königlich zu bewähren.

III. Das Königtum Wilhelms von Holland

3. 10. 1247	Wahl Wilhelms von Holland zum römisch-deutschen König
15. 8. 1248	Grundsteinlegung für den Kölner Dom
1. 11. 1248	Krönung Wilhelms von Holland in Aachen
13. 12. 1250	Tod Kaiser Friedrichs II.
April 1251	Wilhelm reist zu Papst Innozenz IV. nach Lyon
Jan. 1252	Wilhelm von Holland heiratet die Tochter des Herzogs von Braunschweig
25. 3. 1252	Nachwahl Wilhelms zum römisch-deutschen König durch den Herzog von Sachsen, den Markgrafen von Brandenburg und andere Herren und Bürger
Juli 1252	Hoftag Wilhelms bei Frankfurt
Juli 1253	Schlacht bei Westkappeln, Sieg Wilhelms über die Truppen der Gräfin von Flandern
21. 5. 1254	Tod Konrads IV.
13. 7. 1254	Gründung des Rheinischen Städtebundes
Jan. 1255	Attentat von Neuss auf König Wilhelm und einen päpstlichen Legaten
21. 3. 1255	Wilhelm ernennt den Grafen von Waldeck zum Hofrichter
28. 8. 1255	Papst Alexander IV. interveniert gegen den Plan einer Neuwahl des Königs
28. 1. 1256	Tod Wilhelms von Holland

1. Wilhelms Lage um 1250

Als Friedrich II. starb, stand Wilhelm von Holland kurz vor seinem 23. Geburtstag. Er hatte seine Zukunft noch vor sich und wie die Dinge standen, konnte das für seine persönlichen und seine politischen Aussichten gelten. Wilhelm trug die Krone seit Allerheiligen (1. 11.) 1248. Es war nicht die Originalkrone, denn diese befand sich noch im Gewahrsam der Staufer, aber es war doch eine Krone und sie wurde ihm in Aachen aufs Haupt gesetzt. Die Stadt hatte ihre Tore nicht freiwillig geöffnet und war deshalb längere Zeit belagert worden. Den Erfolg hatte Wilhelm mit Fachkräften und technischem Wissen seiner holländischen Heimat erzielt. Durch einen Deich stauten die Friesen im Heer des Königs verschiedene Gewässer so hoch an, dass das Wasser Teile Aachens überschwemmte und die Lage innerhalb der Mauern unerträglich wurde. So gelangte Wilhelm in die Stadt und auf den traditionellen Thron der deutschen Herrscher. Doch konnte er Deutschland nicht von Aachen aus regieren, sondern er musste die noch immer zahlreichen Anhänger der Staufer im Land für seine Sache gewinnen oder sie unter seine Herrschaft zwingen. Wilhelm bemühte sich darum, doch zeigt ein Blick auf sein Aktionsfeld, dass er bis zum Tode Friedrichs II. in einem sehr begrenzten Rahmen agierte.

Tatsächlich blieb der junge König im Wesentlichen auf vertrautem Terrain. Bis zum Ende des Jahres 1250 beschränkte er seine Tätigkeiten auf den Nieder- und den Mittelrhein. Einmal drang er in staufisches Gebiet vor, als er im Juli 1249 gegen die Stadt Frankfurt zog. Doch war diese Aktion kaum mehr als ein kurzer und wenig erfolgreicher Vorstoß aus dem nicht weit entfernten Mainz. Dort hatte Wilhelm am 9. Juli geurkundet und dort ließ er am 16. Juli wieder eine Urkunde ausstellen. Dazwischen war er gemeinsam mit dem Erzbischof von Köln und dem Bischof von Lüttich gegen Frankfurt gezogen, hatte den Vorort Sachsenhausen niedergebrannt und war wieder umgekehrt. Mehr war militärisch nicht zu erreichen. Das war nicht unbedingt eine Demonstration königlicher Macht. In Lüttich fand im Jahr 1250 eine Synode unter der Leitung eines päpstlichen Legaten statt, zu der sich neben verschiedenen Bischöfen die drei rheinischen Erzbischöfe von Mainz, Köln und Trier einfanden. Auch König Wilhelm war anwesend. Das genaue Datum dieser hochrangigen geistlichen Versammlung ist nicht klar und etwaige politische Überlegungen sind uns von diesem Treffen nicht überliefert, aber es sollte sicher dazu beitragen, dem jungen König Rückhalt zu geben. Dabei war die päpstliche Initiative nicht zu übersehen, und der kuriale Einsatz für Wilhelm nahm nach Friedrichs Tod noch zu.

Bald nachdem die Nachricht vom Tode des Staufers nach Deutschland gelangt war, reiste Wilhelm von Holland an den Hof des Papstes in Lyon. Sein Weg führte über Trier, wo sich der Erzbischof ihm anschloss. Eine Trierer Quelle hielt fest, dass der König mit seiner Reise dem Ruf des Papstes gefolgt sei (*vocatus est a domino papa).* Anfang April 1251 traf er in Lyon ein. Auch für den Papst hatte der Tod des staufischen Gegners eine neue Situation geschaffen. Die direkte Bedrohung in Italien hatte stark abgenommen und Innozenz IV. konnte seine Rückkehr nach Rom ins Auge fassen. Nach den Worten seines Biographen hatte er dies sogleich getan.

Bevor Innozenz IV. aufbrach, kam er während Wilhelms zweiwöchigem Aufenthalt in Lyon wiederholt mit seinem König zusammen. „Sein König“ ist eine durchaus zutreffende Charakterisierung des Verhältnisses von Papst Innozenz IV. zu Wilhelm von Holland. Der Papst bezeichnete den Grafen auf dem römisch-deutschen Königsthron als *unsere Pflanze, von unserer Hand gesät* und weder die Berichte über das Zusammentreffen der beiden noch Wilhelms eigene Äußerungen lassen einen selbstbewussten königlichen Vorbehalt gegenüber den kurialen Ordnungsansprüchen erkennen. Im Gegenteil erwies Wilhelm dem Papst manche Respektbezeugung, gegen die sich staufische Vorgänger mit Nachdruck gewehrt hatten, weil sie darin eine Herabsetzung ihrer eigenen herrschaftlichen Stellung gesehen hatten, und in dem Bericht über das gemeinsame Abendessen des Papstes mit dem König am Gründonnerstag spricht der Biograph Innozenz' IV. gar von dem *besagten Bruder Wilhelm.* Die Bezeichnung *Bruder* (*frater*) wurde in der päpstlichen Kanzlei ansonsten für Kardinäle verwandt. So erschien der römisch-deutsche König Wilhelm als Angehöriger des hierarchischen päpstlichen Ordnungsgefüges.

2. Die Braunschweiger Nachwahl 1252

Zu Beginn des Jahres 1252 heiratete Wilhelm von Holland in Braunschweig die Tochter des Herzogs von Braunschweig. Durch diese Heirat verband sich Wilhelm mit der traditionsreichen Familie der Welfen. Die Verbindung eröffnete ihm einen Zugang zu den Fürstenhäusern im Norden Deutschlands und es gelang Wilhelm, daraus Unterstützung für sein Königtum zu gewinnen. Allerdings war der Auftakt dramatisch. In der Hochzeitsnacht wurde das Schlafgemach des königlichen Paares durch eine Kerze in Brand gesteckt. Es war ein Unfall. Die königlichen Gewänder und andere Habe des frischvermählten Herrschers wurden ein Opfer der Flammen, das Brautpaar rettete sich nur mit knapper Not und in spärlicher Bekleidung aus dem brennenden Haus. Der König überstand den Verlust und blieb bis zum Mai im Norden. Am 25. März erlangte er die förmliche Anerkennung seiner Herrschaft durch die norddeutschen Fürsten und Herren. Dieser Schritt war sowohl für Wilhelms Politik als auch für die Geschichte der deutschen Königswahl von einer gewissen Bedeutung, die in der erkennbaren Unsicherheit der Beteiligten hinsichtlich des Verfahrens lag.

Wilhelm von Holland war am 3.10.1247 in Worringen bei Köln zum römisch-deutschen König gewählt und am 1.11.1248 in Aachen gekrönt worden. Diese Vorgänge lagen nun einige Jahre zurück. Dennoch berichten die Erfurter Annalen, dass er am Tage nach Palmsonntag (25. 3.) 1252 durch den Markgrafen von Brandenburg, den Herzog von Sachsen und andere hoch gestellte Männer dieser Gegenden, die seiner Wahl 1247 ferngeblieben waren, feierlich zum römischen König gewählt worden sei. Diese Nachwahl fand in Braunschweig statt. Auch die Bürger von Goslar hätten Wilhelm nun gewählt. Daran ist manches unklar. Konnten diese norddeutschen Wähler ihre Stimme noch Jahre nach der eigentlichen Wahl abgeben? Wer wählte hier eigentlich, die Annalen geben ein ganzes Wählerspektrum wieder – von den Fürsten über hohe Herren bis hin zu Stadtbürgern. Eines jedoch war klar, und das sollten wir auf der Grundlage der Erfurter Überlieferung festhalten: Wilhelm von Holland hatte im Norden Deutschlands deutlich an Zustimmung gewonnen. Eine zweite Quelle gibt uns Aufschluss über die rechtlichen Hintergründe des Wahlvorgangs. Es handelt sich dabei um ein Schreiben des päpstlichen Legaten, der bei dieser Gelegenheit anwesend war.

Er stellte in einem Brief an die Bischöfe von Schwerin und Havelberg fest, dass er am besagten Tag in Braunschweig zugegen gewesen sei, als der Herzog von Sachsen und der Markgraf von Brandenburg Wilhelm einträchtig *zur Sicherheit* (*ad cautelam*) zum König gewählt hätten. Dies sei deshalb *zur Sicherheit* geschehen, weil verschiedene Städte und Ortschaften die Wahl Wilhelms mit dem Hinweis angezweifelt hätten, dass der Herzog von Sachsen und der Markgraf von Brandenburg, die wahlberechtigt seien, ihre Zustimmung nicht gegeben hätten. Eigentlich sei Wilhelm aber schon rechtmäßig gewählter König gewesen. Die Königswahl Wilhelms hatte bereits stattgefunden, aber praktisch hatte der neue König im Norden bislang kaum Fuß gefasst. Diesen Zustand wollte Wilhelm ändern. Auch für den päpstlichen Legaten ging es um die Zukunft von Wilhelms Königtum. Um im Norden Deutschlands Zustimmung zu gewinnen, ließ man den Herzog von Sachsen und den Markgrafen von Brandenburg ihre Wahlstimme nachträglich abgeben. Das Eigentümliche dieses Vorgangs lag darin, dass hier zwei unterschiedliche Wahlauffassungen aufeinander trafen, die der Legat aus politischen Gründen miteinander zu harmonisieren versuchte.

Im Grunde geschah die Königswahl Falle Wilhelms von Holland nach dem traditionellen Muster deutscher Königswahlen in einem **gestreckten Verfahren**. Dabei hatten die Großen des Reiches die Gelegenheit, der Wahl des Königs auch noch nachträglich zuzustimmen – etwa wenn der König ihr Gebiet aufsuchte. Diese Praxis, die sich auch aus der enormen geographischen Erstreckung des Königreiches erklärte, wurde im 13. Jahrhundert zunehmend durch ein neues Rechtsverständnis in Frage gestellt, bzw. sie musste mit einem neuen, kirchlich geprägten, Rechtsverständnis in Einklang gebracht werden. Hier traten unterschiedliche Rechtsauffassungen nebeneinander in Erscheinung. Das war das eigentlich Spannende.

Da war zunächst die Vorstellung verschiedener deutscher Städte. Sie hatte die ganze Bewegung ausgelöst und aus dem Brief des Legaten geht hervor, dass dabei Lübeck eine führende Rolle zukam. Die Städte hatten sich geweigert, Wilhelm als rechtmäßigen König anzuerkennen, weil die beiden norddeutschen Fürsten, der Herzog von Sachsen und der Markgraf von Brandenburg, die bei dieser Wahl ein Stimmrecht hätten, der Wahl nicht zugestimmt hatten. Hier wurde in einer konkreten politischen Situation die Legitimität des Herrschers davon abhängig gemacht, dass bestimmte Wähler an seiner Wahl teilgenommen hatten. Dies war eine neue Entwicklung in der deutschen Geschichte. Wir haben oben im Zusammenhang mit dem Sachsenspiegel festgestellt, dass die Verbindung von Königswahl und Herrschaftslegitimation nach dem Ende der staufischen Dynastie zu einer drängenderen Frage wurde und zum Sachsenspiegel kehren wir an dieser Stelle zurück. Denn die beiden genannten Reichsfürsten wurden vom Sachsenspiegel als Königswähler genannt und hier im Norden befand man sich in dem Gebiet, dessen Rechtsbräuche der Sachsenspiegel aufgezeichnet hatte. Hier gab es offenbar eine präzisere Vorstellung von dem eigentlichen Verfahren der Königswahl. Dabei ging es zunächst um Mindeststandards: Wer musste an der Wahl teilnehmen, damit sie als gültig angesehen werden konnte? Die Erfurter Quelle berichtete von Herren und von Bürgern, die an der Wahl teilgenommen hätten. Insofern waren die Vorstellungen vom Wählerkreis nicht allzu genau eingegrenzt.

Die Königswahl im frühen und hohen Mittelalter: ein gestrecktes Verfahren
In früheren Jahrhunderten war die Wahl des römischen Königs der erste Schritt hin zur Anerkennung des Herrschers durch alle Untertanen. Doch musste sich der Gewählte diese Anerkennung in der Regel erst erwerben. Die Wahl war kein festgelegtes Verfahren, der Wählerkreis war unbestimmt und diejenigen, die den Kandidaten ablehnten, waren häufig gar nicht erst zur Wahl gekommen. Der König musste nach seiner Wahl jedoch auch diese Kritiker oder gar Gegner gewinnen, um ein starker Herrscher zu werden. Dazu musste er sie persönlich aufsuchen und von ihnen eine verbindliche Loyalitätsbezeugung, die so genannte Huldigung, einholen. Diesem Zweck diente der so genannte *Umritt* des gewählten und gekrönten Herrschers durch sein Reich. Bei dieser Gelegenheit erhielt er die nachträgliche Zustimmung derjenigen zu seiner Königserhebung, die seiner Wahl nicht beiwohnen wollten oder konnten. Dabei war der König zu manchem Zugeständnis gezwungen, die Loyalität kritischer Fürsten hatte ihren Preis. So wurde der deutsche Herrscher traditionell in einem gestreckten Verfahren zum unumstrittenen König erhoben. Der Kandidat wurde gewählt und versicherte sich nach der Wahl der Treue der Anwesenden, er wurde gekrönt und zog in der Regel dann durch sein Reich, um die noch fehlenden Huldigungen einzuholen. Dadurch wurden seine bisherigen Gegner in seine Herrschaftsordnung eingebunden.

Auch der päpstliche Legat hatte eine Vorstellung davon, wie eine rechtmäßige Wahl vor sich gehen sollte. In der Kirche wurden alle wichtigen Ämter durch Wahlen besetzt. Äbte, Bischöfe und der Papst gelangten durch Wahlen zu ihrer Würde und weil die Würde des päpstlichen Amtes im Leben der Kirche so eine bedeutende Rolle einnahm, hatten die kirchlichen Juristen die Wahlen sehr präzise geregelt. Ein neuer Papst machte keinen Umritt durch die Christenheit. Er wurde Papst durch die Wahl und die anschließende Krönung. Die kirchlichen Juristen legten Wert auf die Feststellung von qualifizierenden Mehrheiten bei einer Wahlentscheidung, so wurde der Papst seit 1179 mit einer Zweidrittelmehrheit der Kardinäle gewählt. Diese Präzisierungen waren nur dann möglich, wenn das Wahlverfahren zu einem festgelegten Zeitpunkt an einem festgelegten Ort stattfand, und wenn die Zahl der Wahlberechtigten feststand.

Die kirchliche Wahltheorie legte großen Wert auf die Geschlossenheit des Wahlvorgangs. Die Juristen sprachen von der *unitas actus*, der Einheit des Ortes, der Zeit und der Handlung (H. Mitteis). Eine solche klare verfahrensrechtliche Vorstellung versuchte der päpstliche Legat auf die deutsche Königswahl zu übertragen. Im Rahmen einer solchen Rechtsvorstellung ist die eigentümliche Nachwahl Wilhelms *zur Vorsicht* (*ad cautelam*) zu verstehen: Eigentlich sei er bereits rechtmäßiger König, aber zur Sicherheit sollten ihn die beiden Fürsten bei dieser Gelegenheit wählen. Damit wollte der Legat einer Rechtsvorstellung im Norden entsprechen, ohne dadurch anzuerkennen, dass der Anspruch auf diese Nachwahl Berechtigung hatte. Er tat es um des Rechtsfriedens willen. Solche Zugeständnisse *sicherheitshalber* waren aber nur dort sinnvoll, wo es präzise Erwartungen hinsichtlich eines ordentlichen Verfahrens gab.

Wilhelms Wahl war nach dem Ende der Staufer die erste Gelegenheit, ein altes Verfahren im Lichte eines geschärften Bewusstsein zu erproben und gegebenenfalls zu verändern. Unter den Staufern, in deren Schatten noch Heinrich Raspes kurzes Zwischenspiel stand, war der Legitimierungsdruck nicht so groß gewesen. Um die Mitte des 13. Jahrhunderts waren die Erwartungen der Spezialisten an ein ordentliches Wahlverfahren hoch und Wilhelm war ein Graf, der seine Legitimation als römisch-deutscher König allein aus der rechtmäßigen Wahl gewann. So ist es nicht überraschend, dass diese Wahl zum Gegenstand juristischer Interpretationsbemühungen wurde. Die kirchlichen Juristen bemühten sich sehr um eine Deutung in ihrem Sinne, die dem Papst in dem Vorgang eine entscheidende Rolle zuwies.

3. Wilhelms Agenda

Der päpstliche Einfluss wurde bei Wilhelms weiterem Auftreten sehr deutlich. Nun hatte sein Königtum eine breitere Grundlage erhalten und nun suchte er in einem traditionelleren Rahmen zu agieren. Für den Juli 1252 berief er einen Hoftag nach Frankfurt. In dem Bericht der *Erfurter Annalen* erhält dieser Vorgang einen herrschaftlichen Klang: *Danach gab der König bekannt, an den Kalenden des Juli* (1.7.) *einen feierlichen Hoftag in Frankfurt abzuhalten.* Die Wetterau mit **Frankfurt** als wichtigster Stadt galt den Zeitgenossen als *Reichsland* (*terra imperii*). Dorthin berief der gestärkte König seinen Hoftag.

Und schon zeigten sich die Grenzen von Wilhelms neuer Stärke. Es begann unglücklich mit dem Tod seines Schwiegervaters, des Herzogs von Braunschweig, bei der Vorbereitung zur Abreise nach Frankfurt. In Frankfurt selbst zeigte man sich vom erneuerten Auftritt König Wilhelms und der Besucher seines Hoftages unbeeindruckt. Noch lebte Konrad IV. und mochte er auch ferne sein, die Loyalität der Frankfurter blieb auf staufischer Seite. Einen König Wilhelm ließen sie nicht in ihre Stadt. So mussten Wilhelm und seine Anhänger die verschiedenen Rechtssprüche gegen Konrad IV., der seine Gegner in Süditalien bekämpfte, im Feldlager *vor Frankfurt* verkünden. Das galt auch für jene Feststellung, mit der der neue König seinen Herrschaftsanspruch auf eine Weise begründen ließ, die in der Geschichte der römisch-deutschen Könige eine auffallende Ausnahmeerscheinung darstellte. Die Rechtmäßigkeit seines Königtums resultiere aus folgenden Einzelschritten: *Nachdem wir von den Fürsten zum römischen König gewählt, vom Papst bestätigt und in Aachen, wie es der Brauch ist, mit der gebotenen Feierlichkeit geweiht und gekrönt* [worden sind] (MGH, Const. 2., Nr. 359). Dass zu einer gültigen Erhebung zum römisch-deutschen König die Bestätigung (*confirmatio*) durch den Papst gehöre, dies war in der deutschen Verfassungsgeschichte die kuriale Extremposition. Der Kampf um das Verhältnis von Papst und Kaiser war durch die Absetzung Friedrichs II. durch Innozenz IV. voll entbrannt und im Grunde bot jede Königswahl, deren Kandidat die Kaiserkrönung durch den Papst anstrebte, einen erneuten Anlass zur Behandlung dieses Themas. Die Auseinandersetzung um die verfassungsrechtliche Wertung der deutschen Königswahl dauerte ziemlich genau hundert Jahre. Wir überschreiten den Horizont dieser Darstellung ein wenig, wenn wir feststellen, dass die unmittelbare Übernahme der kurialen Position durch Wilhelm von Holland sich im Laufe des folgenden Jahrhunderts zunehmend abschwächte, zwischenzeitlich militant in Frage gestellt wurde (durch Ludwig IV., 1314–1347), um schließlich in einer Weise geregelt zu werden, die eine Mitwirkung des Papstes gar nicht mehr in Betracht zog (Die *Goldene Bulle* Karls IV. von 1356). Für uns reicht es hier festzuhalten, dass Wilhelm 1252 sein Königtum in einer Form begründete, die eine radikale Abkehr von dem Herrschaftsbewusstsein Friedrichs II. markierte. Diese Abkehr wurde von den Zeitgenossen deutlich wahrgenommen.

Frankfurt
Frankfurt war die bedeutendste Stadt der Wetterau, jener hessischen Region, die im 13. Jahrhundert eine starke wirtschaftliche Entwicklung erlebte und die traditionell eine enge Bindung an die Staufer hatte. Die Staufer hatten in der Wetterau durch gezielte Politik ein Netz von Verbindungen zu gegenseitigem Nutzen geschaffen, das ihnen eine starke Loyalität sicherte. Friedrich II. hatte 1240 die Besucher der Frankfurter Messe unter den *besonderen Schutz des Reiches* gestellt. Frankfurt war auf dem Weg, eine bedeutende Fernhandelsstadt zu werden. Von diesem dynamischen Handel profitierte auch das Königtum. Wir haben für die Feststellung der Abgabenlast deutscher Städte eine wertvolle Quelle in einem Steuerverzeichnis von 1241. Es war das erste dieser Art in Deutschland und darin rangiert Frankfurt an erster Stelle mit einer höheren Steuersumme als etwa Basel und Straßburg.

Bei aller Einschränkung, die der königliche Auftritt vor Frankfurt erkennen ließ, wiesen die Beschlüsse des Hoftages doch den Weg zu einer Agenda für Wilhelms Königtum. Auf drei Feldern hatte Wilhelm von den Teilnehmern der Zusammenkunft Rechtsfestlegungen erwirkt: die Städte sollten sich binnen Jahresfrist ihre Rechte bestätigen lassen, die Fürsten, Herren und Ministerialen (Dienstleute) sollten sich innerhalb von 6 Wochen und 3 Tagen ihre Reichslehen bestätigen lassen – und dabei einen Treueeid auf den König leisten, und die Gräfin von Flandern, die trotz erfolgter Mahnung nicht fristgerecht vor dem König erschienen sei, um ihre Reichslehen erneut verliehen zu bekommen, habe diese Rechte nun verwirkt, weswegen Johann von Avesnes (1218–1257) mit Reichsflandern belehnt worden sei. Das Verhältnis zu den Städten, zu den Fürsten und großen Herren und zu der Gräfin von Flandern, das waren die Herausforderungen, denen Wilhelm sich stellen musste, und dabei zeigte sich, wie schwierig es war, die Lösungen im Rahmen einer einheitlichen Königspolitik zu erreichen. Folgen wir in der Betrachtung der Reihenfolge der Frankfurter Beschlüsse und beginnen in der rhetorischen und politischen Dramaturgie mit dem ersten und am wenigsten wichtigen Punkt. Beginnen wir mit Wilhelms Haltung zu den Städten.

Wilhelms Heimat, die Grafschaften Holland und Seeland, lag in der Nachbarschaft der großen nordeuropäischen Städtelandschaft am Niederrhein. Städtische Interessen und die wirtschaftlichen Möglichkeiten erfolgreicher Handelsstädte sollten diesem römisch-deutschen König vertraut sein. Seine Vorgänger auf dem deutschen Thron hatten zu den Städten niemals ein zukunftsfähiges Verhältnis finden können. Friedrich II. hatte jede Äußerung städtischer Eigenständigkeit mit Misstrauen verfolgt und sobald eine Stadt Ambitionen erkennen ließ, die eigenen politischen Interessen zu vertreten, bekämpfte er diese. Seine Auseinandersetzungen mit den selbstbewussten oberitalienischen Städten, deren Wirtschaftskraft ihnen eine eigenständige politische Rolle ermöglichte, waren voller Erbitterung. Er sah in diesen Städten Rebellen gegen seine gottgegebene Herrschaft, und Friedrich II. schätzte keine Rebellen. Das Verhältnis zu den deutschen Städten war weniger problematisch, weil der Staufer den größten Teil seiner Herrschaftsjahre in Italien verbrachte und weil die Belastungen für die Städte moderat waren. Das können wir aus dem zitierten Steuerverzeichnis von 1241 erkennen. In der Herrschaftsordnung der Staufer spielten die Städte jedoch keine Rolle.

Es mag überraschen, aber Wilhelm von Holland führte die Politik seiner Vorgänger gegenüber den Städten zunächst fort. Wir können Wilhelms beschränkte Mittel gegenüber bedeutenderen deutschen Städten an drei Beispielen studieren, die in unterschiedlichen Regionen lagen, und von denen jede eine erfolgreiche Handelsstadt war: Köln, Frankfurt und Lübeck. Zwei dieser Fälle haben wir bereits angesprochen. Gegenüber Köln war Wilhelm zu Beginn seines Königtums zu sehr weitgehenden Zugeständnissen gezwungen gewesen, um diese niederrheinische Großstadt auf seine Seite zu bringen. Mit den Kölnern schloss der König einen Handel ab, mit den Frankfurtern gelang dies nicht.

Wir haben oben gesehen, wie Wilhelm die Stadt 1249 kurz und wirkungslos attackierte und wie er auch 1252 nicht in ihre Mauern gelangte. Solange der Staufer Konrad IV. am Leben war, blieben die Tore Frankfurts für Wilhelm verschlossen, da mochte Wilhelm auch vor den Mauern lagern und die Anerkennung seiner Herrschaft innerhalb eines Jahres verlangen. Auf die Frankfurter machte das wenig Eindruck. Sie warteten mit diesem Schritt noch über zwei Jahre und als sie im August 1254 wegen der Bestätigung ihrer Rechte bei Wilhelm vorstellig wurden, da gewährte sie der König, ohne an die alten Geschichten zu erinnern. Am Lübecker Beispiel lässt sich erkennen, dass der römisch-deutsche König im Streitfall die Interessen der Städte den Interessen der Fürsten nachordnete, auch wenn er damit gegen geltende Abmachungen verstieß.

Friedrich II. hatte den Lübeckern 1226 zugesichert, dass ihre Stadt immer eine freie Stadt bleiben würde, eine besondere Stadt des Reiches, von dem sie niemals getrennt werden dürfe. Anlässlich seiner Nachwahl in Braunschweig hatte Wilhelm einem seiner Wähler, dem Markgrafen von Brandenburg, ein Wahlgeschenk gemacht, das diese Zusicherung zumindest in Frage stellte. Wilhelm hatte dem Markgrafen und seinen Söhnen die Stadt Lübeck unterstellt. Den Lübeckern erschien dies als eine unzulässige Beschneidung ihrer Freiheit und sie verwahrten sich vehement gegen diese Maßnahme. Aus diesem Grund war das Dokument entstanden, das uns näheren Aufschluss über die Braunschweiger Nachwahl gegeben hat.

Weil die Lübecker sich der königlichen Anordnung widersetzten, trat der päpstliche Legat in Erscheinung und beauftragte die Bischöfe von Schwerin und Havelberg mit der Disziplinierung der Kaufleute. Daraus wurde ein längerer Streit, der mit Schriftsätzen an die Kurie ausgetragen wurde. So interessant dieser Konflikt war, wir wollen uns mit dem Ergebnis begnügen: Die Lübecker setzten sich durch und behaupteten ihre Freiheit. Die Kräfteverhältnisse waren eindeutig genug, die norddeutsche Handelsstadt war in eine dynamische Wachstumsphase eingetreten, ihre Kaufleute begannen, den Handel in der Ostsee und der Nordsee zu kontrollieren. Lübeck war bereits eine wohlhabende Stadt, deren Bürger ihre Interessen zu verteidigen wussten. Aber hier ging es nicht nur um Machtverhältnisse: die Lübecker konnten den Papst schließlich auch von ihrem Rechtsstandpunkt überzeugen.

Eine tatsächliche Bedrohung für die Stadt war die nominelle Vergabe an die Brandenburger Markgrafen wohl nicht. Etwas anderes ist in an diesem Vorgang bemerkenswert. Durch das Wahlgeschenk machte sich Wilhelm von Holland die Lübecker zu Gegnern, ohne dass die begünstigten Markgrafen aus der Übertragung irgendeinen Gewinn ziehen konnten.

In den ersten Jahren war Konrad von Hochstaden (1238–1261), der Erzbischof von Köln, Wilhelms wichtigster Verbündeter. Konrad war ein machtbewusster und ein mächtiger Mann, der sich gleich zu Beginn seiner Amtszeit auf die Seite Papst Gregors IX. stellte, als dieser 1239 Friedrich II. exkommunizierte. 1241 schloss Konrad gemeinsam mit dem Mainzer Erzbischof das Bündnis, das den Kern der antistaufischen Partei in Deutschland bildete und seine treibende Kraft wurde. Die beiden Erzbischöfe waren an den Wahlen Heinrich Raspes und Wilhelms von Holland beteiligt, der in der Nähe von Köln gewählt wurde. Der Kölner Erzbischof hatte sich an Wilhelms erstem Zug gegen Frankfurt beteiligt und war auch auf dem Hoftag vor der Stadt anwesend. Doch war die Reichspolitik nicht Konrads einziges Tätigkeitsfeld. Der Erzbischof, in dessen Amtszeit der Grundstein für den Kölner Dom gelegt wurde (15. 8. 1248), arbeitete energisch auf die Festigung seiner landesherrlichen Stellung am Niederrhein hin.

Die Kölner Kirche verfügte über eine Fülle von Besitztümern und verschiedenen Rechten, etliche davon waren an die zahlreichen Herren dieser Region als Lehen ausgegeben worden, sodass der Erzbischof einem eigenen Lehnshof vorstand. Daraus erwuchs ihm eine gewisse Ordnungsgewalt in Streitfällen seiner Vasallen (derjenigen, die von der Kölner Kirche ein Lehen innehatten). Gleichzeitig bemühten sich die zahlreichen kleineren Herren am Niederrhein um eine Emanzipation von der Vorrangstellung des Kölner Erzbischofs.

Die damalige politische Landschaft am Niederrhein zeigt auf historischen Karten ein buntes Bild mittlerer und kleinerer Herrschaftsbereiche. Alle diese Herrschaften strebten nach einem eigenständigen Ausbau ihrer kleinräumigen Institutionen. Der Niederrhein war keine Landschaft für einheitliche und weiträumige Machtverhältnisse. Der Erzbischof erfuhr dies und er verwendete einen bedeutenden Teil seiner Energie darauf, seine Position in dieser komplexen und dynamischen Gemengelage zu festigen. In den reichspolitischen Initiativen des Kölner Oberhirten spielten die Besorgnisse um die Lage daheim keine geringe Rolle. Das bekam auch Wilhelm von Holland zu spüren. Denn es zeigte sich, dass ihm sein bisheriger Verbündeter abhanden kam, als er an Eigenständigkeit gewann.

4. Wilhelms Politik in Holland und Flandern

Die zunehmende Eigenständigkeit Wilhelms war keine Folge seiner deutschen Politik. Sie resultierte vielmehr aus Erfolgen auf einem Feld, das nur am Rande mit dem römisch-deutschen Königtum verbunden war, wenn auch Wilhelm von Holland diese Verbindung schicksalhaft verkörperte. Auf dem Hoftag in Frankfurt 1252 hatte er einen Fürstenspruch gegen die Gräfin von **Flandern** erwirkt, wodurch der Gräfin ihre Reichslehen abgesprochen wurden. Damit wurde ein schon lange schwelender Konflikt noch einmal verschärft.

Die deutsche Königsherrschaft hatte sich im 13. Jahrhundert weitgehend aus dem Norden zurückgezogen, die Lehensherrschaft in Reichsflandern hatte vorwiegend nominellen Charakter. Die Region gehörte zu Deutschland, aber dessen König nahm sie kaum zur Kenntnis. Mit Wilhelm von Holland wurde das anders, denn nun kam der römisch-deutsche König aus dieser Region, und was die Sache noch verschärfte, er verfolgte dort handfeste eigene Interessen, die stark umstritten waren. So kam es zu der seltenen Verbindung von flandrischer und deutscher Politik.

Flandern
Die Lage in Flandern war etwas unübersichtlich. Die Grafschaft lag zwischen Deutschland und Frankreich und sie war insbesondere für den französischen König Gegenstand gezielter politischer Bemühungen. Flandern war eine Region mit reichen Handels- und Gewerbestädten, deren Bevölkerungszahl um die Mitte des 13. Jahrhunderts ihren mittelalterlichen Höchststand erreichte. Das bedeutende Tuchgewerbe pflegte eine traditionell enge Bindung an England, dessen Schafe die Wolle für die weitere Verarbeitung in Flandern lieferten. Der französische König, der sich ohnehin in einem schwierigen Verhältnis zum englischen König befand, weil dieser auch im 13. Jahrhundert noch Festlandsbesitzungen in Frankreich behauptete, sah diese flandrisch-englische Verbindung mit einer gewissen Sorge. So war seine wiederholte Einflussnahme auf die flandrischen Entwicklungen auch politisch motiviert. Eine Möglichkeit zur Einflussnahme ergab sich für den französischen König daraus, dass er der Lehensherr des flandrischen Grafen war. Flandern war ein französisches Lehen und die Grafen von Flandern, unter denen sich der Name Balduin einer gewissen Beliebtheit erfreute, standen in einem spannungsreichen Verhältnis zum französischen König. Doch ist dies noch nicht die ganze Geschichte. Flandern war ein französisches Lehen, aber das galt nicht für das ganze Flandern. Denn im Südosten der Grafschaft, unterhalb der Schelde lag das so genannte Reichsflandern, ein Gebiet, das der Graf oder die Gräfin von Flandern vom Reich als Lehen erhielt, mit dem römisch-deutschen König als Lehensherrn.

Wilhelm von Holland hatte einen Teil des Lehens, das die Grafen von Flandern vom Reich erhielten, von den Grafen zu Lehen. Es waren die westseeländischen Inseln, die diese komplizierte Lage herbeiführten. Herrschaft und Einkünfte aus Herrschaftsrechten mussten geteilt werden und dies bot einen ständigen Anlass zum Streit zwischen den Grafen von Flandern und Holland. Die Lage wurde in Wilhelms Fall auch nicht dadurch vereinfacht, dass der Graf von Flandern eine Frau war: Gräfin Margarethe von Flandern (1244–1278). Sie war die jüngere Tochter von Graf Balduin IX. (1194–ca. 1204), der sich am 4. Kreuzzug und an der Eroberung Konstantinopels beteiligt hatte. Nach der Plünderung der Stadt wurde Balduin IX. von Flandern zu Kaiser Balduin I. von Konstantinopel. Es war eine kurze Herrschaft. Er geriet in bulgarische Gefangenschaft, aus der er nie zurückkehrte. So kam die Erbschaft an seine Töchter und schließlich (1244) an die jüngste, Margarethe.

Margarethe war in zweiter Ehe verheiratet, die erste Ehe war aus politischen Erwägungen annulliert worden, jedoch waren aus ihr zwei Söhne hervorgegangen. Diese Söhne wollten nicht akzeptieren, dass sie infolge einer vorwiegend politisch motivierten Entscheidung ihrer Mutter zu illegitimen Nachkommen ohne Erbrecht geworden waren. Besonders der ältere von beiden bekämpfte die Haltung seiner Mutter Margarethe mit großer Energie. Sein Name war Johann von Avesnes. Er hatte durch den Frankfurter Spruch vom Juli 1252 die verwirkten Reichslehen seiner Mutter zugesprochen bekommen. Seit etwa 6 Jahren war er mit einer Schwester Wilhelms von Holland verheiratet. Wilhelm befand sich in einer eigentümlichen Lage gegenüber der Gräfin von Flandern, er war gleichzeitig ihr Vasall und ihr Lehensherr. Die Lage war hinreichend verworren, doch die jeweiligen Eigeninteressen waren klar. Es verwundert nicht, dass die Gräfin von Flandern den Frankfurter Spruch überhörte. So kam es zum Kampf.

Ein Jahr nach dem Spruch von Frankfurt traf auf den seeländischen Inseln bei Westkappeln ein Heer aus flandrischen und französischen Rittern auf eine Streitmacht aus deutschen und holländischen Rittern, die diesen eine schwere und blutige Niederlage beibrachte (Juli 1253). Margarethe von Flandern musste einen schweren Rückschlag verkraften. Wilhelm hatte einen wichtigen Etappenerfolg erzielt, allerdings in seiner Eigenschaft als Graf von Holland, nicht als römisch-deutscher König. Für seine Amtsgeschäfte als König war der Sieg keine Bestärkung, es ist eher das Gegenteil zu beobachten.

Wilhelm hatte kaum noch Zeit für deutsche Angelegenheiten. Schon vor dem Hoftag bei Frankfurt war der König für zwei Monate in Utrecht und Antwerpen gewesen (Mai/Juni 1252), und auch vor seinem Erfolg bei Westkappeln im Juli 1253 war er schon seit April in Utrecht und Seeland. Nach dem Sieg war er erst im September wieder dort zu finden, wo er auf die deutsche Politik Einfluss nehmen konnte: in Worms. Aber der Beleg für diesen Aufenthalt stammt allein aus einer etwas problematischen chronikalischen Mitteilung und bezieht sich nur auf Verhandlungen mit Gesandten der Gräfin von Flandern. Ansonsten hat Wilhelm keine Spuren seiner Tätigkeiten in den Monaten September und Oktober hinterlassen. Zu Weihnachten 1253 war er bereits wieder in Antwerpen, und während des gesamten folgenden Jahres 1254 blieb er in Flandern, Holland und Seeland. Erst im Januar 1255 kam er nach Neuss und erlebte dort bei einem Zusammentreffen mit dem Erzbischof von Köln, wie sehr seine Königsmacht in Gefahr war.

Das Bemühen um seine Machtposition als Graf von Holland und Seeland band seine Kräfte. Ein militärischer Erfolg wie der Sieg bei Westkappeln musste vorbereitet werden. Nach dem Sieg bei Westkappeln galt es den Vorteil in politische Verträge umzusetzen. Die besiegten Gegner fanden jedoch neue Verbündete, der Konflikt stand eher vor einer Ausweitung als vor seiner Lösung.

5. Wilhelm allein auf dem Thron

So kam es 1254 zu einer eigentümlichen Situation. Obwohl Wilhelm von Holland im Mai 1254 mit einem eindrucksvollen Sieg gegen die Friesen seine Grafenmacht stärken konnte und obwohl im selben Monat Konrad IV. starb, der nach seinem Weggang noch immer loyale Anhänger in Deutschland gehabt hatte, erschien Wilhelms Königtum auf einmal fragwürdig. Nach dem Tode Konrads hatte Wilhelm keinen Konkurrenten mehr, aber seine Position verbesserte sich kaum. Zwar erkannten ihn die bislang staufischen Städte der Wetterau als König an, aber die Vorbehalte gegenüber Wilhelm blieben und bei seinen bisherigen Verbündeten nahmen sie zu. Insbesondere sein wichtigster Helfer, der Erzbischof von Köln, ging auf Distanz. Diese Distanz nahm im Januar 1255 drastische und skrupellose Züge an. Im Januar kam Wilhelm gemeinsam mit einem päpstlichen Legaten nach Neuss, um dort mit dem Kölner Erzbischof über verschiedene offene Fragen zu verhandeln. Die Gesprächsatmosphäre war angespannt und als das Haus, in dem der Legat und der König ihr Quartier genommen hatten, in Flammen aufging, war für die Zeitgenossen klar, dass der Kölner Erzbischof für den Brand verantwortlich war. Der König und der Legat entkamen mit knapper Not. Für diesen Anschlag musste sich Konrad von Hochstaden niemals verantworten. Woher kam dieses Zerwürfnis?

Wir brauchen die Einzelheiten hier nicht zu verfolgen und die Überlieferung erlaubt das auch gar nicht. Es genügt vielleicht, festzustellen, dass Wilhelm von Holland am Niederrhein durch seine Erfolge eine stärkere Position zuwuchs, als dies dem Erzbischof von Köln recht war, der in dieser Region eigene Pläne verfolgte. Der Konflikt Wilhelms mit Flandern weitete sich aus und es schien, als könne Wilhelm in dieser regionalen Auseinandersetzung von seinem Königstitel profitieren. Der Titel machte ihn zumindest zum Lehnsherren der Gräfin von Flandern für einen Teil ihrer Herrschaft. Die niederrheinischen Territorialpolitik machte Wilhelms stärksten Verbündeten, den Kölner Erzbischof, zu seinem Gegner und entzog ihn gleichzeitig der deutschen Politik. Das geschah zu einer Zeit, in der er nach dem Tode Konrads IV. die Möglichkeit gehabt hätte, neue Unterstützung zu gewinnen und alte Verbindungen zu festigen. So stellen wir überrascht fest, dass in der Situation, in der Wilhelm von Holland erstmals als unbestrittener König gelten konnte, ein informierter Zeitgenosse über die Städte am Rhein schrieb, sie seien des königlichen Schutzes beraubt (*quasi destitute regia defensione*). Damit waren vor allem die Städte am Mittel- und Oberrhein gemeint, die sich nun in einem großen Bündnis zusammenfanden, um die Sicherheit ihres Handels zu gewährleisten.

Im Juli 1254, also zu der Zeit, in der die Nachricht vom Tode Konrads IV. nach Deutschland gelangte, schlossen sich verschiedene rheinische Städte mit den rheinischen Erzbischöfen und einigen rheinischen Bischöfen zu einem Friedensbündnis zusammen. Den Frieden zu sichern, das war auch eine Aufgabe des Königs, doch der befand sich in Flandern. Im ersten Dokument des Friedensbundes vom Juli 1254 wurde er nicht einmal erwähnt. Die Geschichte dieses großen Bundes von Städten und Herren ist das Thema des folgenden Kapitels, daher wollen wir uns hier auf die Grundzüge beschränken.

Im Januar 1255 kam Wilhelm nach Deutschland zurück. Damit begann das letzte Jahr seiner Herrschaft. Dieses Jahr begann dramatisch und endete tragisch. In hastigem Rhythmus folgten die verschiedenen Konflikte aufeinander und der Beobachter hat den Eindruck, dass Wilhelm nunmehr auf sehr unsicherem Boden agierte. Sein Königtum stand weiter unter Druck und er versuchte, die verlorene Unterstützung durch neue Bündnisse auszugleichen. Er war nun stärker auf sich allein gestellt, der Erzbischof von Köln stand gegen ihn und sein Förderer, Papst Innozenz IV. war am 7. Dezember 1254 gestorben. Zwar hatten die Kardinäle mit Alexander IV. (1254–1261) wenige Tage später einen neuen Papst gewählt, doch Alexander neigte eher zu apokalyptischer Weitschweifigkeit als zu der juristischen Schärfe seines Vorgängers. Er war Wilhelm keine große Hilfe, auch wenn es den Anschein hat, als wäre nun ein Projekt ins Auge gefasst worden, dass zuletzt nicht mehr erwähnt worden war. Die Überlieferung ist etwas unsicher, aber im Juni 1255 ist wieder von einem Romzug Wilhelms zur Erlangung der Kaiserkrönung die Rede. Nähere Nachrichten fehlen. Das Unternehmen hätte einen deutlich defensiven Charakter besessen, denn man war sich zu dieser Zeit auch an der Kurie über Wilhelms Schwierigkeiten klar.

Ende August 1255 schickte Alexander IV. ein scharfes Schreiben an den Erzbischof von Köln. Das Reich habe einen König, etwaige Vorbereitungen einer neuen Königswahl müssten sofort unterbleiben. Dem Papst waren entsprechende Gerüchte zu Ohren gekommen. In einer solchen Situation wäre es für Wilhelm nicht ungefährlich gewesen, nach Rom zu ziehen. Seine Präsenz als Herrscher war erforderlich, um den Kritikern wirksam zu begegnen. Im März des Jahres hatte Wilhelm eine Einrichtung neu belebt, die Friedrich II. 1235 im Rahmen einer Friedensordnung für Deutschland, dem so genannten *Mainzer Reichslandfrieden*, schon einmal ins Leben gerufen hatte, den Hofrichter. Er sollte den Herrscher in seinem Hofgericht vertreten, wenn dieser in Regierungsgeschäften abwesend war. So verfuhr auch Wilhelm von Holland. Am 21. 3. 1255 berief den Grafen von Waldeck zum allgemeinen Hofrichter – *denn wir können ja nicht an allen Orten selbst anwesend sein.*

Die Begründung aus der Einsetzungsurkunde klang wie eine direkte Antwort auf die aktuellen Schwierigkeiten, in die Wilhelm auch durch seine langen Aufenthalte in Holland, Seeland und Flandern geraten war. Er suchte nun größere Nähe zu dem sich rasch ausbreitenden Friedensbündnis der Städte und Herren und auch sein Hofrichter trat dabei in Erscheinung. In der Geschichtsforschung ist die Frage umstritten, inwieweit er daraus eine neue Perspektive für sein Königtum hätte entwickeln können. Wir werden darauf im nächsten Kapitel zurückkommen. Praktische Folgen hatten die neuen Ansätze von Wilhelms Politik nicht mehr. Dazu war schon die Zeit zu kurz, die ihm noch blieb. Ende 1255 brach Wilhelm zu seiner letzten Unternehmung auf.

König Wilhelm zog nicht nach Rom, er zog gegen die Friesen. Beim winterlichen Kampf zur Festigung seiner holländischen Herrschaft verlor er sein Leben. Zweimal hatte Wilhelm sich in den letzten Jahren aus brennenden Häusern retten können, nun starb er, weil er, im Eis eingebrochen, sich der Angreifer nicht erwehren konnte. So endete der erste römisch-deutsche König nach den Staufern, der nicht nur der König einer Partei gewesen war. Wilhelm hatte den Thron zuletzt allein eingenommen, doch unumstritten war er nie. Er starb in einer Auseinandersetzung, die mit seinem Königtum nichts zu tun hatte. Dennoch standen diese holländischen Kämpfe mit seiner Königsherrschaft in Verbindung, weil sie Wilhelms politisches Gewicht stärken sollten, das für ein effektive Machtausübung nötig war, denn die Institution des Königtums verfügte nur über sehr bescheidene Mittel.

6. Bilanz

Wilhelm von Holland war als römisch-deutscher König eine typische Erscheinung der nachstaufischen Epoche. Peter Moraw hat in Hinblick auf diese Herrscher von den „kleinen Königen" gesprochen. Das ist ein hilfreiches Bild, wenn man es nicht zu sehr auf die Körpergröße bezieht. Die ältere Forschung sprach von „Hausmachtkönigtum". Diese Begriffe verweisen auf einen bedeutenden Unterschied zwischen dem römisch-deutschen König der nachstaufischen Zeit und den Königen in Frankreich oder England: Das Königtum, die Institution der königlichen Herrschaft, die in eigentümlicher Weise eine abstrakte Amtsvorstellung mit der Geschichte und den Leistungen einer herrschenden Dynastie verband, hatte etwa in Frankreich ein stärkeres Gewicht. Während der französische König auf eine jahrhundertelange Herrschaftstradition seiner Familie verweisen konnte, kamen die römisch-deutschen Könige nach den Staufern aus jeweils neuen Familien. Sie mussten immer wieder von vorn beginnen. Dabei ging es nicht nur um die Macht der Tradition in einer traditionsorientierten Welt, sondern es ging auch um konkrete Probleme. Ein kontinuierlicher Herrschaftsmittelpunkt erlaubte den Aufbau eines gewissen Apparates; der häufige Wechsel unterband ihn.

Wilhelm von Holland konnte durchaus Erfolge vorweisen. Er hatte in den militärischen Konfrontationen mit seiner Hauptrivalin, der Gräfin von Flandern, eine glückliche Hand. Er erzielte einen wichtigen Sieg, langjährige Gegner gerieten in seine Gefangenschaft, und doch nutzten diese Erfolge seiner Königsmacht nicht. Das Hauptproblem war, dass die eigentümliche politische Realität Deutschlands dafür sorgte, dass Wilhelms Erfolg als Graf von Holland und seine Stellung als römisch-deutscher König sich nicht gegenseitig stützten. Wenn der französische König oder der englische König einen mächtigen Aristokraten in seine Schranken wiesen, ihn eventuell in einem Kampf besiegten, der eine Familienangelegenheit war und die Königsherrschaft gar nicht betraf, so nützte das dennoch der Macht des Königs. Die Teilerfolge addierten sich. Wilhelm von Holland aber konnte seine Erfolge nicht in gleicher Weise addieren, denn die unterschiedlichen Konfliktfelder hatten keinen gemeinsamen Fluchtpunkt.

So war eine einheitliche Politik kaum möglich. Sie ist ohnedies ein hoher Anspruch und der mittelalterlichen Realität kaum angemessen. Aber selbst im historischen Rückblick sind die Konstanten von Wilhelms Königspolitik etwas unklar. Angetreten als ein Mann des Papstes und des Kölner Erzbischofs suchte er zunächst die Abstimmung mit den Fürsten, auch zu Lasten reicher und mächtiger Städte. Am Ende seiner Herrschaft musste er den Kölner Erzbischof fürchten und suchte eine zunehmend engere Verbindung zu einem Zusammenschluss der deutschen Städte, der in kurzer Zeit eine beeindruckende Ausbreitung erfuhr. Wilhelm plante einen Romzug zur Stärkung seiner Autorität und zog dann nach Holland und verlor sein Leben in einem winterlichen Scharmützel.

Diese Sprünge lagen in der Natur der Aufgabe begründet. Ein König brauchte Freunde, Berater und Verbündete, aber er durfte nicht von ihnen abhängig sein. Um zu herrschen brauchte er eigenes Gewicht, eine reale Machtstellung. Das Amt allein reichte dafür nicht aus. Die ältere Forschung hat davon gesprochen, dass die Könige der nachstaufischen Epoche ihre „Hausmacht" als Stütze ihres Königtums einsetzten und dass sie ihr Königtum dafür nutzten, ihre Hausmacht zu stärken. Wilhelms Hausmacht lag in Holland und Seeland. Um sie zu bewahren und auszubauen, kämpfte er gegen die Friesen und gegen Margarethe von Flandern und wir können auch erkennen, dass er sein Königtum nutzte, um im Kampf gegen Margarethe Vorteile zu erzielen. Der König konnte hoffen, durch Erfolge auf dem Feld adlig-dynastischer Konkurrenz Rückendeckung für sein Königtum zu erlangen. Doch erhöhten sich durch diese Konstellation auch die Zahl möglicher Konflikte. Die Frage war, ob es zu dieser anfälligen Ordnung eine Alternative gab: Ein Königtum, unterstützt von den aufstrebenden deutschen Städten, denen an einer starken Zentralgewalt gelegen war, die die Sicherheit der Handelswege garantieren konnte. Die Forschung hat in dem Zusammenschluss der deutschen Städte 1254–1256/57 die Ansätze zu einer solchen Alternative gesehen und mancher Historiker tut dies noch heute. Dieser Frage wollen wir nun nachgehen.

IV. Der Rheinische Städtebund 1254–1256/57

13. 7. 1254	Gründung des Rheinischen Städtebundes in Mainz
6. 10. 1254	2. Bündnistreffen in Worms, Anerkennung König Wilhelms
7. 10. 1254	Unterstützung des Bundes durch den päpstlichen Legaten
10. 3. 1255	Bestätigung des Bundes durch König Wilhelm
21. 3. 1255	Ernennung des Grafen von Waldeck zum Hofrichter
30. 6. 1255	Treffen der städtischen Mitglieder des Bundes mit dem Hofrichter
10. 11. 1255	Vermittlung König Wilhelms bei internen Problemen des Bundes
28. 1. 1256	Tod König Wilhelms
17. 3. 1256	Beschluss des Bundes zur Verhinderung einer gespaltenen Königswahl
23. 6. 1256	geplanter und ausgefallener Königswahltag in Frankfurt
8. 9. 1256	geplanter und ausgefallener Königswahltag in Frankfurt
2. 10. 1256	Aufnahme Regensburgs in den Bund, letzte dokumentierte Bündnishandlung

1. Übersicht

König Wilhelm führte mit der Gräfin von Flandern und mit den Friesen Krieg. Weil sie den Schutz durch den König entbehrten, schlossen sich die rheinischen Städte zu einer Gesellschaft zusammen, wählten Hauptleute, beseitigten die von Etlichen errichteten Zölle am Rhein, zwangen die benachbarten Fürsten und Grafen ihrer Gesellschaft beizutreten, und überall in ihren Gebieten setzten sie einen höchst wirkungsvollen und bis dahin unerhörten Frieden … Aber dieser Frieden, in der Weise der lombardischen Städte begonnen, dauerte wegen der Bosheit der sich ihm Widersetzenden nicht lange … (Ruser, Die Urkunden, S. 200).

Dies ist der knappe, aber vielzitierte Bericht des Abtes Hermann von Niederaltaich (1242–1272). Hermann war ein aufmerksamer und wohlinformierter Beobachter des Zeitgeschehens. Geboren um 1200, war er während der Interregnumsjahre Abt seines Klosters, und er hatte ein besonderes Interesse für den Rheinischen Städtebund entwickelt, dessen Verträge und Vereinbarungen er in seinem Kloster eigens abschreiben ließ. Der Rheinische Städtebund war eine der auffälligsten Erscheinungen der Interregnumsjahre und er gilt manchem als ein Hoffnungszeichen in finsterer Zeit. Wir wollen in diesem Kapitel untersuchen, was es mit diesem vorwiegend städtischen Bündnis auf sich hatte.

Am 13. Juli 1254 schlossen sich die Städte Mainz, Köln, Worms, Speyer, Straßburg, Basel und andere mit den Erzbischöfen von Mainz, Köln und Trier und anderen rheinischen Bischöfen, Herren und Adligen zu einem Bündnis zusammen. Das Bündnis wurde in nobler Absicht geschlossen: *zur Pflege des Friedens* (*propter culturam pacis*) und die Vereinbarung sollte 10 Jahre lang gelten (bis zum 13. 7. 1264). Der Vertrag führte die vielfältigen Gefahren auf den Straßen des Landes als den Hauptgrund für den Zusammenschluss an. Das Ziel war die Errichtung eines allgemeinen Landfriedens, zu dessen Einhaltung sich alle Bündnispartner durch Eidesleistung verpflichteten. In den

Schutz dieses Landfriedens waren die jüdischen Gemeinden ausdrücklich eingeschlossen. Unter dem Unfrieden, dem das Bündnis entschlossen begegnen wollte, verstanden die Verbündeten nicht nur Gewaltakte, sondern auch unrechtmäßige Zölle, deren Zunahme als Problem angesehen wurde. Bei diesem allgemeinen Zusammenschluss von Städten, Erzbischöfen, Bischöfen und Herren entlang des Rheins, wo Wilhelm von Holland bislang seine stärkste Wirkung entfaltet hatte, war vom König als einem Garanten des Friedens von Amts wegen nicht die Rede.

Das änderte sich erst im Oktober desselben Jahres. Am 6. 10. 1254 trafen sich die Vertreter der verbündeten Städte in Worms, um über die Zukunft ihres Bundes zu beraten. Nun kamen zu den allgemeinen Absichtserklärungen auch erste präzisere Ausführungsbestimmungen hinzu, und nun brachten die Versammelten ausdrücklich ihre Wertschätzung des *hochehrwürdigen Herrn Wilhelm, des Römischen Königs,* zum Ausdruck. Danach wurde es konkret. Die Städte beschlossen, nur nach vorheriger Absprache Militäraktionen zu unternehmen, im Falle einer solchen Notwendigkeit wollten sie sich dann gegenseitig unterstützen. Gegnern des Bundes gegenüber beschloss man ein Handels- und Finanzembargo. Ritter und Herren, die gegen Mitglieder des Bundes feindselig vorgingen, sollten dafür bestraft werden. Die Städte sollten die Rheinfähren in ihre Kontrolle bringen, um die Bewegungen ihrer Gegner zu behindern. Zwischen Städten und Herren sollte ein friedlicher und gerechter Umgang herrschen.

Da das Bündnis bereits eine weite Ausdehnung erreicht hatte und das Bündnisziel eine regelmäßige Konsultation verlangte, wurde der Bund in zwei Bereiche eingeteilt, für die jeweils eine Stadt als Organisator bestimmt wurde. Die Mobilisierung der Städte *rheinabwärts* wurde Mainz übertragen, für die Mobilisierung der *rheinaufwärts* gelegenen Städte sollte Worms zuständig sein. Wo die Grenze beider Bereiche verlief, wurde nicht ausdrücklich festgehalten, aber da der Beschluss auf einer Versammlung in Worms gefasst wurde, können wir dort die Trennlinie annehmen. Sie spielte allerdings keine besondere Rolle in der weiteren Geschichte des Bündnisses. Von Mainz und Worms aus sollten die Mitglieder über Angelegenheiten des Bundes informiert werden, und zu den notwendigen Beratungen sollten alle Mitglieder vier Abgesandte schicken.

Das Bündnis war auf Zuwachs ausgelegt. Jede Stadt sollte von ihren Nachbarstädten den Beitritt verlangen und bei einer Weigerung sollten die Bürger dieser Städte vom Frieden gänzlich ausgeschlossen sein. Das bedeutete, dass es den Mitgliedern des Bundes erlaubt war, gegen diese Außenstehenden mit Gewalt vorzugehen. Um seine Schutzfunktion wahrnehmen zu können, beschloss der Bund die Aufstellung einer Streitmacht. Die Städte zwischen Basel und der Mosel sollten 100 Schiffe mit Bogenschützen ausrüsten, die Städte von der Mosel rheinabwärts sogar 500 Schiffe. Die *Pflege des Friedens* sollte sich nicht auf gute Worte beschränken.

Das Bündnis nahm konkretere Gestalt an. Zumindest erweckte es in seinen Beschlüssen den Eindruck einer Kraft, die sich wehrhaft um die öffentliche Ordnung sorgte: *Wir wollten beim Vollzug dessen, was für das Gemeinwesen förderlich schien, weder Sachen noch Personen schonen.* So hieß es in dem Beschluss. Doch der Beschluss wurde offenbar schon nicht mehr von allen ursprünglichen Verbündeten mitgetragen. Die rheinischen Erzbischöfe traten bei dieser Gelegenheit nicht in Erscheinung. Wir haben im vorangehenden Kapitel festgestellt, dass König Wilhelm im Sommer und Herbst 1254 die Unterstützung seines bisher wichtigsten Förderers, des Erzbischofs von Köln, verlor. Der Erzbischof von Köln war bei der Gründung des Rheinischen Städtebundes beteiligt gewesen. Im Oktober, als der Bund seine Kräfte formierte und sich ausdrücklich auf König Wilhelm berief, da fehlte der Erzbischof von Köln. Er bekämpfte zur selben Zeit mit Erfolg einen alten Rivalen, den Grafen von Jülich. Als Aussteller der Beschlüsse vom Oktober treten nur die Städte in Erscheinung. Es ist unklar, wie sich der Erzbischof von Mainz verhielt. Am Tag, nachdem die Beschlüsse gefasst worden waren (7. 10. 1254), schickte ein päpstlicher Legat, der schon zuvor für König Wilhelm gewirkt hatte, ein Schreiben an einen hohen Geistlichen des Mainzer Domkapitels. Darin beauftragte er ihn, das Bündnis für den allgemeinen Frieden, das der Erzbischof von Mainz, der Bischof von Worms, die Bürger von Mainz und Worms und viele Städte geschlossen hätten, zu unterstützen. Die Gegner dieses Bündnisses sollten mit kirchlichen Strafen belegt werden.

Am 10. 3. bestätigte König Wilhelm die Friedensmaßnahmen des Bundes und am 21. 3. setzte er den Grafen von Waldeck zu seinem Hofrichter ein, der eine engere Verbindung zu dem Bündnis aufrechterhielt. Der König ging auf die Bündnispartner zu, auch wenn er dazu Wendungen wählte, die den Eindruck erweckten, als ließe er die Verbündeten zu sich kommen.

Bald darauf erhöhte sich die Dynamik. Im Mai 1255 traten nacheinander 14 westfälische Städte bei. Am 30. 6. trafen die Abgesandten von mehr als 70 oberdeutschen Mitgliedsstädten in Mainz zusammen. Der neuernannte Hofrichter war bei diesem Treffen zugegen. Ein Mitgliederverzeichnis, das die Forschung in den Herbst des Jahres 1255 datiert, verzeichnet neben den drei rheinischen Erzbischöfen, weiteren Bischöfen, einem Fürsten und einer Reihe von Herren, eine größere Zahl von Städten zwischen Zürich und Bremen. Das Bündnis hatte einen Höhepunkt erreicht. Im November traf König Wilhelm mit den Vertretern der Städte zusammen und man bekräftigte erneut die Entschlossenheit zu gemeinsamen Strafaktionen, falls die Verbündeten oder ihre Vertreter Gewalt erleiden mussten. Schon bald gab es Gelegenheit, diese Entschlossenheit zu beweisen. Bereits im September hatte der Graf von Leiningen Boten der Städte Mainz und Worms überfallen und im November/Dezember wurden sogar die Königin und der Hofrichter durch den Ritter Hermann von Rietberg auf seine Burg entführt. Eine Streitmacht aus Herren und Bürgern belagerte die Burg und erzwang die Herausgabe der Gefangenen. Im Januar 1256 kamen die Vertreter der Städte noch einmal in Köln zusammen und beschlossen für den Mai einen großen Einsatz gegen alle Feinde des Friedens. Doch im Januar starb König Wilhelm und das Bündnis stand nun vor einer großen politischen Aufgabe.

Tatsächlich stellten sich die Verbündeten diese Aufgabe selbst und es sollte sich schnell erweisen, dass sie ihr nicht gewachsen waren. Nach dem Tode König Wilhelms kamen die Vertreter der Städte am 17. 3. 1256 in Mainz zusammen und beschlossen, für die Zeit, in der Deutschland ohne König sei, das Reichsgut zu schützen und bei den Fürsten darauf hin zu wirken, dass sie in einmütiger Wahl einen neuen Herrscher wählen sollten. Für den Fall, dass dies nicht geschehe und die Wähler in zerstrittener Wahl zwei verschiedene Könige wählen würden, drohten die Städte mit einem Boykott bei Waren und Krediten. Dieser Beschluss sollte für alle Mitglieder gelten, wer gegen ihn verstieß, sollte als Feind des Friedens und als *Staatsfeind* (*inimicus publicus*) gelten. Der Text formulierte ein hohes Maß an öffentlicher Verantwortung und er hat gemeinsam mit der eingangs zitierten Passage des Abtes von Niederaltaich einen bedeutenden Anteil an dem positiven Bild, das die Forschung von dem rheinischen Städtebund entwirft. Dieses Bekenntnis zur Verantwortung für das Reich und das Königtum ist gewissermaßen der Schlusschor im tragischen letzten Akt des Bündnisses.

Als die Fürsten im folgenden Jahr 1257 doch in einer gespaltenen Wahl zwei verschiedene Kandidaten wählten, zeigte sich, dass das Bündnis zu schwach war, diesen Schritt zu verhindern oder durch Zwangsmaßnahmen eine Korrektur zu erwirken. Der rheinische Städtebund verschwand einfach von der Bühne, ohne dass er sich förmlich aufgelöst hätte. Hermann von Niederaltaich machte die Bosheit der Friedensgegner für das Ende des noblen Unternehmens verantwortlich.

2. Bündnisprobleme

Wie konnte ein Bündnis, das zuvor so geschlossen und so entschieden aufgetreten war, angesichts der ersten großen Herausforderung so einfach scheitern? Die Verbündeten wurden nicht in einem dramatischen Finale überwunden. Nachdem sie ihre ehrgeizigen politischen Ziele formuliert hatten, verschwanden sie einfach sang- und klanglos. Man wird fragen dürfen, welches politische Potential ein Bund hatte, der angesichts von Schwierigkeiten, die er kommen sah und für die er eine Strategie festgelegt hatte, auf weitere Bemühungen verzichtete, und das Feld denen überließ, die er ursprünglich zur Räson bringen wollte – die zerstrittenen Wahlfürsten. Der Rheinische Städtebund war ja als Ordnungsfaktor angesichts der allgegenwärtigen Gewalt der Interregnumszeit gegründet worden, da durften ihn Widerstände eigentlich nicht überraschen. Diese mitunter gewalttätigen Einzelinteressen zu überwinden, war ja ein Ziel des Zusammenschlusses gewesen. Und nun scheiterte das Bündnis so einfach an diesen Einzelinteressen. Vielleicht waren nicht die Einzelinteressen außerhalb des Bündnisses das eigentliche Problem?

Das unspektakuläre Ende des Bundes lässt im Grunde nur einen Schluss zu: Das Bündnis war sehr viel weniger geschlossen und sehr viel weniger entschlossen, als dies die Überlieferung vermittelt. Es scheiterte weniger am Widerstand seiner Gegner als an seinen eigenen unterschiedlichen Kräften. Diese Feststellung ist nicht nur für die Beurteilung des Rheinischen Städtebundes von Bedeutung. Sie spielt eine zentrale Rolle für die Bewertung der ganzen Interregnumszeit. Wenn der Städtebund nicht so sehr an seinen hartnäckigen Gegnern, den „egoistischen" Fürsten scheiterte, sondern eher an seinen eigenen internen Problemen, die verhinderten, dass er so geschlossen auftrat, wie es seine weitgehenden Beschlüsse vorsahen, dann wird das bisherige kontrastreiche Bild der Interregnumsjahre in Frage gestellt. Darum geht es hier. Der Abt Hermann von Niederaltaich hatte den Rheinischen Städtebund als eine Reaktion auf die tägliche Gewalt angesehen. Die untragbaren Zustände, die eine Folge schwacher Königsherrschaft waren, hätten zu einer starken und geschlossenen Reaktion der Städte geführt. Nun erwies sich die Reaktion der Städte als weniger stark und entschlossen als erwartet. Bedeutete das, dass die Zustände gar nicht so untragbar waren, dass sie eine energische Reaktion erfordert hätten? Dies ist die Frage.

Bei der Antwort auf diese Frage müssen wir uns vor Augen halten, dass die Berichte über die Zustände während des Interregnums vor allem aus Quellen stammen, die denen des rheinischen Städtebundes eng verwandt sind: aus einer nicht sehr großen Zahl von Werken zeitgenössischer Geschichtsschreiber und aus zahlreichen Urkunden, die kleinere und größere Bündnisse begründeten und die als Grund für ihre Zusammenschlüsse anführten, sie würden *um des Friedens willen* vereinbart. Daraus hat die historische Forschung geschlossen, dass die allgemeinen Zustände diesem Frieden entgegenstanden, so wie im Fall des rheinischen Städtebundes, der *zur Pflege des Friedens* gegründet wurde.

Das Bild des Interregnums in der historischen Forschung wird wesentlich durch Schlussfolgerungen geprägt, die aus dem erklärten Friedenswillen der Zeitgenossen auch das tatsächliche Bedürfnis nach der Überwindung gewalttätiger Zustände ableiten. Die Logik dieser Schlussfolgerungen erweist sich in dem Moment als problematisch, in dem wir weniger darauf achten, was die Zeitgenossen über ihre Handlungen zu sagen hatten, als vielmehr darauf, was sie tatsächlich zu tun bereit waren. Diese konkrete Bereitschaft blieb hinter den programmatischen Erklärungen zurück. Weil sich aus einer solchen Analyse des rheinischen Städtebundes auch der Zugang zu einem veränderten Interregnumsbild ergibt, wird sie hier eingehender vorgeführt. Der Methode kommt für die weitere Darstellung ein exemplarischer Charakter zu.

Wir beginnen die Überprüfung des traditionellen Bildes vom Rheinischen Städtebund mit einem differenzierteren Blick auf die Entwicklung der Kräfte innerhalb des Bündnisses. Dabei tritt die Initiative der Städte noch deutlicher hervor. Die traditionelle Sicht des rheinischen Städtebundes scheint zunächst bestätigt zu werden. Doch das ist nur der erste Schritt.

Der Chronist **Albert von Stade** (ca. 1199–1266) schilderte die Anfänge des Rheinischen Städtebundes als dezidierte städtische Initiative, die von einem Mainzer Bürger mit Namen Walpod ausgegangen sei. Fürsten, Ritter und Räuber hätten an der Initiative keinen Gefallen gefunden. Bei dem Initiator handelte es sich um Arnold Walpod. Er begegnet uns verschiedentlich in den Urkunden des Bündnisses. Er war Kämmerer der Stadt Mainz. Viel mehr ist über ihn nicht in Erfahrung zu bringen, aber dass er und die Mainzer Bürger zu Initiatoren des Bundes gehörten, lässt sich feststellen.

Albert von Stade über die Anfänge des Rheinischen Städtebundes
Annales Stadenses, A. D. 1255 (dt. Übers. in: Ruser, Die Urkunden, S. 199f.)

Ein bedeutender Bürger zu Mainz unternahm es, seine Mitbürger zu ermahnen, sich zur Wiederherstellung des Friedens gegenseitig zu verbinden. Sie und die meisten anderen Städten stimmten ihm zu. Er hieß Waltbod. Die Sache gefiel den Fürsten und Rittern nicht, besonders gefiel sie den Räubern nicht und am wenigsten denen, die ständig auf Raub aus waren. Sie sagten, es sei schimpflich, Kaufleute über ehrbare Männer und Adlige mit Herrschaftsrechten zu erheben.

Der Kern des Rheinischen Städtebundes lag in einem Bündnis der drei Städte Mainz, Worms und Oppenheim im Jahr 1254. Im Vertragstext wurde Arnold als Verantwortlicher genannt. Die Urkunde dieses mittelrheinischen Städtebündnisses lieferte die zum Teil wörtliche Vorlage für die Gründungsurkunde des größeren Rheinischen Städtebundes, der im selben Jahr in Mainz zusammentrat. Allerdings war das große Bündnis nicht mehr auf die Städte beschränkt. Tatsächlich waren bei der Gründung des erweiterten Rheinischen Bündnisses im Juli 1254 so viele Erzbischöfe, Bischöfe, Grafen und Herren beteiligt, dass man nur mit Vorbehalt von einem Städtebund sprechen konnte. Jedoch erwies sich in der weiteren Entwicklung bis hin zu dem Beschluss zur Vermeidung einer Doppelwahl, dass die Städte die eigentlich treibende Kraft des Bündnisses waren. Insofern ist der Name *Rheinischer Städtebund* angemessen.
Im Juni 1255 mehren sich die Anzeichen, dass es zwischen Herren und Städten im Bündnis Konflikte gab. Die Bürger setzten ihre Hoffnung auf König Wilhelm, mit dem sie am 10. 11. 1255 zusammentrafen, um über die Schwierigkeiten des Bundes zu beraten. Dabei bestätigte der König das Friedensbündnis und er befahl den Herren, dass

sie zur Vermeidung künftiger Unstimmigkeiten mit den Bürgern nur die Rechte beanspruchen sollten, die ihnen zustünden, und die ihnen vor *30 oder 40 oder 50 Jahren* auch gewährt worden waren. Dies war eine etwas unbestimmte Bezugsgröße und der Eindruck bleibt, dass die internen Konflikte des Bundes im November 1255 durch Wilhelm nicht gelöst wurden. Der Tod des Königs im Januar 1256 ließ die Spannungen noch deutlicher hervortreten. Der Ton des Beschlusses vom März 1256 in Hinblick auf eine mögliche gespaltene Königswahl lässt die Wahlfürsten vornehmlich als Gegner erscheinen, die durch Zwangsmittel zu einem akzeptablen Wahlverhalten gebracht werden mussten. Eigentlich waren die rheinischen Erzbischöfe noch Mitglieder des Bundes. Diese Erzbischöfe hatten bei den zurückliegenden Königswahlen eine entscheidende Rolle gespielt, ihrer Initiative waren die Wahlen Heinrich Raspes und Wilhelms von Holland zu verdanken. Als aktive Mitglieder des Bündnisses, das eine einheitliche Königswahl wünschte, konnten sie wirksam werden, ohne dass ein formeller Beschluss mit Sanktionsdrohungen sie dazu drängte. Doch solche Möglichkeiten spielten bei den Erwägungen keine Rolle mehr. Die Abstimmung im Bündnis funktionierte nur noch eingeschränkt. Die Trennlinie lief zwischen den Wahlfürsten und den Städten.

3. Initiativen für eine Königswahl 1256

Die Fürsten hatten für den 23. 6. 1256 einen Wahltag nach Frankfurt einberufen und die städtischen Gesandten kamen einen Monat vorher zur Abstimmung ihres Vorgehens zusammen. Dabei beschlossen sie, die Fürsten durch Boten zu einer einheitlichen Wahl aufzufordern. Doch der Wahltag in Frankfurt fand nicht statt, ohne dass wir die Gründe für den Ausfall erkennen können. Offenbar war eine Einigung der Wähler zu diesem Zeitpunkt nicht möglich gewesen. Für Anfang September wurde ein neuer Termin ins Auge gefasst.

Die einzige fürstliche Reaktion auf die Initiative der Städte zur einheitlichen Königswahl kam im August aus dem Nordosten Deutschlands. Der Herzog von Sachsen, der Markgraf von Brandenburg und der Herzog von Braunschweig, also die Wähler, die Wilhelm in der Braunschweiger Nachwahl 1252 unterstützt hatten – bzw. ihre Söhne, antworteten auf die städtische Aufforderung mit dem gemeinsamen Vorschlag, den Markgrafen Otto von Brandenburg zum König zu wählen. Der brandenburgische Kandidat forderte die Städtevertreter mit gleicher Post auf, zum Wahltag am 8. 9. 1256 nach Frankfurt zu kommen, um im Falle einer Zwietracht demjenigen beizustehen, dem Unrecht geschehe. Die Aussichten auf eine einmütige Königswahl schienen nicht günstig zu sein.

Die Städte beschlossen nach Erhalt der Briefe die Entsendung ihrer Boten zum Frankfurter Wahltag. Doch dieser Termin entfiel und der Vorstoß der norddeutschen Fürsten zur Wahl Markgraf Ottos von Brandenburg verlief im Sande. Im Herbst 1256 hatten sich unter den Königswählern offenbar Fraktionen herausgebildet, die schon bald Verhandlungen mit verschiedenen Kandidaten aufnahmen. Die Zerstrittenheit führte zur Doppelwahl des Jahres 1257. Die Städte hatten diese Entwicklung nicht beeinflussen können. Wie ein Nachspiel erscheint die Aufnahme der Stadt Regensburg in den Städtebund durch dessen Initiator Arnold Walpod am 2. 10. 1256. Die Ausweitung des Bundes bis an die Donau bedeutete keinen Zugewinn an politischer Bedeutung, sondern sie geschah zu einem Zeitpunkt, als die Verbündeten die Vergeblichkeit ihres Bemühens wohl schon erkannten. Woran hatte es gelegen?

4. Die Struktur des Rheinischen Städtebundes

Mediävisten sollten die Fragestellungen und die Ergebnisse ihrer Arbeit nicht unbedacht aktualisieren. Zu sehr unterscheiden sich die Zeiten, über die sie schreiben, von ihrer eigenen Gegenwart, in der sie schreiben. Die Geschichtsschreiber des dreizehnten Jahrhunderts sind keine Kollegen, denen wir uns schulterklopfend nähern können. Doch kann man die Ferne auch übertreiben. Die Forschung leistet einen Brückenschlag in eine fremde Welt, aber es ist doch keine ganz andere Welt. Wer die Quellen des dreizehnten Jahrhunderts intensiver studiert, wer insbesondere die vielen Urkundentexte der Interregnumszeit eingehender prüft, um die es in dieser Darstellung bald gehen wird, der kann sich einem Eindruck auf die Dauer kaum verschließen: einem augenzwinkernden Wiedererkennen menschlicher Probleme.

Die Menschen der Interregnumsjahre waren dort, wo sie Entscheidungen über die Zukunft zu treffen hatten, in einer Weise zögerlich, vorsichtig und misstrauisch, die uns nicht unbekannt ist. Damit sind wir beim Thema. Die Jahre des Interregnums waren Jahre, in denen demokratische Entscheidungsstrukturen keine Rolle spielten, Entscheidungsstrukturen dagegen schon. Wir haben bereits zu Beginn dieser Darstellung gesehen, dass die wichtigen Entscheidungen nach der idealen Vorstellung des 13. Jahrhunderts durch einen Einzelnen getroffen wurden. So war die Eindeutigkeit garantiert. Auf Einheit und Eindeutigkeit bei der Königswahl und der Politik der Fürsten hatte der Beschluss der verbündeten Städte vom März 1256 gezielt. Entschlossenheit und Führungsstärke, das waren auch die Eigenschaften, die der Abt von Niederaltaich an dem Rheinischen Städtebund gelobt hatte: sie *schlossen sich zu einer Gesellschaft zusammen, wählten Hauptleute … zwangen die benachbarten Fürsten und Grafen ihrer Gesellschaft beizutreten …* Dies war der Eindruck des Abtes von Niederaltaich. Doch er täuschte sich. Tatsächlich war das Bündnis sehr viel lockerer und unverbindlicher. Die Verlautbarungen klangen entschlossen, doch die Verbündeten waren es nicht, denn da gab es ein Problem.

Wenn wir heute ein realistisches Bild vom Zustand und von der Zusammengehörigkeit eines heterogenen politischen Verbandes, sagen wir: der Europäischen Union, erhalten wollen, so tun wir gut daran, neben den vielen feierlichen Erklärungen einen Blick auf die Entscheidungsstrukturen zu werfen. Hier sehen wir klarer, wie die Interessen wirklich liegen, wenn die Feiern vorbei sind. Dieses Vorgehen empfiehlt sich auch für den rheinischen Städtebund und bei einer Analyse seiner Entscheidungsstrukturen tritt uns schon bald ein deutlich anderes Bündnis vor Augen als jener entschlossene und schlagkräftige Verband, den der Abt von Niederaltaich zu sehen glaubte. Die Verbündeten haben einen solchen Zusammenschluss nicht gewollt und wir müssen feststellen, dass der verbindliche Beschluss zur Königswahl im März 1256 durch den Konsens kaum gedeckt war.

Es gab ein Problem mit der Entscheidungsbereitschaft des Bundes. Das Problem der Eindeutigkeit von Entscheidungen lag darin, dass es wünschenswert war, Beschlüsse entschieden umzusetzen, wenn man diese Beschlüsse für richtig hielt, dass es aber das Risiko gab, von Beschlüssen gebunden zu werden, die den eigenen Interessen zuwiderliefen. Das war eine Gefahr in jedem größeren Zusammenschluss von Teilnehmern mit unterschiedlichen Bedürfnissen. Entschlossenheit und Einheit waren nur um diesen Preis zu haben. In unserer modernen Demokratie sprechen wir davon, dass Eigeninteressen gegenüber dem allgemeinen Interesse zurückstehen sollten und die Geschichtsforschung hat die Bekundungen des Eigeninteresses in der Zeit des Interregnums als „Egoismus" gewertet und tut dies in neuesten Darstellungen noch immer. Doch wir sollten mit moralischen Kategorien zurückhaltend operieren. Die Zeitgenossen im 13. Jahrhundert haben das Problem gekannt und daher war ihre Antwort auf die Widerstände der Einzelnen die starke Macht an der Spitze. „Macht bedeutet jede Chance, innerhalb einer sozialen Beziehung den eigenen Willen auch gegen Widerstreben durchzusetzen", diese klassische Definition von Max Weber bezeichnet sehr klar die ordnende Kraft, die von dem Konzept der starken Königs-, Kaiser- oder Papstmacht ausging. Dies ist ein wichtiger Grund für die theoretische Faszination der Zeitgenossen durch solche machtvollen Konzepte, denn Widerstände gab es genug. In der Praxis war man allerdings vorsichtiger.

Falls alle vier schwören, ihr Herr oder ihre Stadt sei nach der Rechtsordnung nicht verpflichtet, das auszuführen, was ihr auferlegt wird, (dann soll) dieser Herr oder diese Stadt von dem gänzlich befreit sein, was ihr auferlegt wird (Weinrich, Quellen 1250–1500, Nr. 5a). Auch diese Bestimmung war Teil der Gründungsurkunde des Bundes. Sie hielt fest, in welcher Weise die verbündeten Städte eventuelle Meinungsverschiedenheiten oder gegenseitige Ansprüche untereinander regeln wollten. Diese Klausel bedeutete nichts anderes, als dass jedes Mitglied sich der Verbindlichkeit gemeinsamer Entschlüsse bei Bedarf entziehen konnte. Nach der oben getroffenen Feststellung hieß das, dass der Bund seine Beschlüsse gegenüber den Mitgliedern nicht mit Macht, sondern nur durch Überzeugung durchsetzen konnte. Doch wie wurde eigentlich beraten und entschieden? Der Rheinische Städtebund hatte sich für seine Entscheidungsfindung ein Modell gewählt, das in den Interregnumsjahren in Deutschland weite Verbreitung fand. Es ist ein Modell, das für die politische Ordnung dieser Jahre in Deutschland eine gewisse Bedeutung hat und dessen erhaltene Dokumente unser Bild der Interregnumsjahre entscheidend mitgeprägt haben. Um es zu verstehen, müssen wir einen kleinen Umweg einschlagen. Die Rede ist vom **Schiedsverfahren**, dem friedlichen Ausgleich von Konflikten in einem formalisierten Verfahren.

Schiedsverfahren wurden immer „um des Friedens willen" vereinbart: *pro bono pacis*. Die enorme Zunahme solcher Verfahren ab der Mitte des 13. Jahrhunderts führte dazu, dass dieser Friedenswunsch häufig in den Urkunden des Interregnums auftaucht. Von der Forschung wurde er als emphatischer Wunsch nach Frieden in einer Zeit der Gewalt verstanden. Das ist ein Missverständnis, denn es handelt sich um ein formales Element eines technischen Vokabulars, um mehr nicht. Der gerne bekundete Wunsch nach Frieden bekundete keineswegs die Bereitschaft, den konkreten Bedingungen des Friedens zuzustimmen. Und hier lag das Risiko der Beteiligten und das Problem des Verfahrens.

Der Graf von Leiningen fungierte 1266 als Schiedsrichter zwischen Klerus und Bevölkerung von Speyer und setzte sich dabei eine Frist: Wenn er beide Parteien nicht innerhalb eines bestimmten Zeitraumes zur Annahme des Spruches bewegen könne, wolle er sein Amt niederlegen – und jede Seite bliebe dann bei ihrem Standpunkt. Das Problem bliebe ungelöst. Hier lag das Hauptproblem, und die Urkunden dieser Epoche sind da ganz eindeutig – es war ein sehr verbreitetes Problem: Keineswegs waren die streitenden Parteien von vornherein bereit, sich jedem Spruch zu unterwerfen, selbst wenn er dem Frieden diente. Die verbreitetste Vorsorge gegen unliebsame Schiedssprüche war, dass jede Partei die gleiche Anzahl von Schiedsrichtern in ein Schiedsgremium entsandte. Das Verfahren war bereits so weit formalisiert, dass die

Sprüche mit der Mehrheit der Schiedsrichter gefasst wurden – aber dazu musste es eine Mehrheit geben.

Dass die Parteien zur Einsetzung einer entscheidungsfähigen Kommission nicht ohne weiteres bereit waren, zeigt anschaulich ein rheinisches Beispiel aus dem Jahr 1260. Damals hatten die Abtei Deutz und die Stadt Köln Verantwortlichkeiten für die Zerstörung von Klosterbauten und für die notwendigen Wiederaufbauarbeiten zu klären. Man einigte sich auf ein Schiedsverfahren und hielt den ausgeklügelten Prozess in einer Urkunde fest. Abt und Konvent von Deutz benannten vier Vermittler, denen die Bürger von ihrer Seite vier hinzufügten. Es gefiel außerdem beiden Seiten, diesen acht Vermittlern – *arbitri* – noch zwei besondere Vermittler – *mediatores* – hinzuzufügen, die bei den Beratungen helfen sollten.

Schiedsverfahren
Das Schiedsverfahren, in der Fachsprache auch die *freiwillige Gerichtsbarkeit* genannt, war der Weg, unterschiedliche Interessen verschiedener Parteien ohne herrschaftliches Machtwort auf gütlichem Wege auszugleichen. Dieses Verfahren hatte bereits eine lange Tradition in den Adelskonflikten des frühen und des hohen Mittelalters. Es eignete sich in besonderer Weise für den Konfliktausgleich zwischen Gleichrangigen, die sich nicht ohne weiteres einem herrschaftlichen Urteil fügen mochten oder die keinen mächtigen König über sich hatten. Im 13. Jahrhundert ändert das Phänomen der Schiedsgerichtsbarkeit sein Gesicht und zwar in mindestens zweierlei Hinsicht. Zum einen wurden Schiedsverfahren zu einem Massenphänomen und dies galt in besonderer Weise für Deutschland. Nicht nur Adlige suchten die Vermittlung in Konflikten, auch Städte taten es, Geistliche aller Ebenen und Bürger suchten eine Entscheidung von Rechtsproblemen im Schiedsverfahren. Dieser Befund ist so augenfällig, dass wir ihn zumindest auf der Ebene des höheren Adels mit der schwachen Königsmacht in Deutschland in Verbindung bringen können. Anders als in England oder Frankreich war das königliche Gericht kaum präsent und so mussten Streitfälle zwischen den Parteien ohne königlichen Richter geregelt werden. Die Urkundenbücher des 13. Jahrhunderts sind voll von Schiedsurkunden. Diese Urkunden sind mitunter sehr ausführlich und bilden mit ihren Vorbehalten, ihren Winkelzügen und ihren sehr verständlichen Besorgnissen gemeinsam mit einer gleichzeitig entstehenden juristischen Literatur die zweite Seite der Veränderung: ihre Formalisierung. Die Anlage von Schiedsverfahren wurde mehr und mehr zum Gegenstand der Reflexion und die vielen hundert Schiedsurkunden bieten reiches Anschauungsmaterial für die grundsätzlichen juristischen Möglichkeiten ihrer Durchführung.

Diesen insgesamt zehn Vermittlern – fünf von jeder Seite – sollte nun noch ein *superior* zugesellt werden, der für den Fall, dass eine Einigung nicht möglich war, den Umfang der städtischen Entschädigungsleistungen festlegen sollte. Dieser Schritt wurde dann auch nötig. Die Vermittler konnten sich nicht einigen und die besonderen Vermittler konnten nicht erfolgreich vermitteln – so verkündete der *Superior* seinen Spruch mit der Autorität der entscheidenden Stimme. Die Bereitschaft, die heikle Frage von Entschädigungsleistungen letztlich einem *superior* anzuvertrauen, resultierte wohl daher, dass dieser entscheidende Mann der berühmte Albertus Magnus (um 1200–1280) war, der in Köln schon eine Reihe von Streitigkeiten umsichtig beigelegt hatte. Ohne Albertus hätten sich die verschiedenen Vermittler in diesem mehrfach abgestuften Verfahren ohne Einigung getrennt.

Weil die Natur des Menschen zum Streite neigt – *naturalis facilitas hominum ad dissentiendum prona est* –, deswegen dürfe man in einem Schiedsverfahren nicht darauf setzen, dass sich die Schiedsrichter einvernehmlich zu einem Spruch entschließen könnten, und deswegen müsse das Gremium ungeradzahlig besetzt sein – um mit

Mehrheit entscheiden zu können. Das war die klare Lösung der Juristen, in diesem Fall die des Kanonisten Heinrich von Segusio (um 1200–1271), des berühmten Hostiensis. In der Praxis ist diese Überlegung enorm hilfreich, um die Entscheidungsfähigkeit eines Schiedsgremiums und die Entscheidungsbereitschaft der Beteiligten zu ermessen. Die Zeitgenossen wussten, was sie taten, wenn sie ein Schiedsverfahren einrichteten, und sie richteten nur dann ungeradzahlige Gremien ein, wenn das Vertrauen, das Zusammengehörigkeitsgefühl oder der äußere Druck so weit ging, dass man um der Entscheidungsfähigkeit willen die Gefahr in Kauf nahm, sich einem nachteiligen Schiedsspruch beugen zu müssen. Ansonsten richtete man lieber geradzahlige Schiedskommissionen ein, dann konnte man schon im Verfahren unliebsame Urteile blockieren. Dies war beim Rheinischen Städtebund der Fall.

Viele Bündnisverträge dieser Jahre hatten Schiedsklauseln für den Fall interner Probleme. Die Forschung nennt diese Einrichtungen *institutionelle Schiedsgerichte*, um sie von den Vereinbarungen abzuheben, die von Fall zu Fall abgeschlossen wurden. Auch der rheinische Städtebund hatte eine solche Schiedsklausel, sie war bereits Bestandteil des Bündnisses zwischen Mainz, Worms und Oppenheim gewesen und wurde in leicht geänderter Form übernommen. Ähnlich wie in dem oben zitierten Kölner Fall entsandten auch die Städte jeweils vier Vertreter zu den Bündnistreffen. Doch im Vergleich mit dem Kölner Beispiel gab es einen entscheidenden Unterschied.

Im Rheinischen Städtebund gab es keinen *Superior*, der in einer Patt-Situation unterschiedlicher Interessen mit entscheidender Stimme einen Beschluss herbeiführte, der für alle verbindlich war. Das Gegenteil war der Fall, und wir haben diese Klausel bereits oben zitiert. Die Verbündeten hatten festgelegt, dass jedes Mitglied, Stadt oder Herr, vier Vertreter zu den Bündnistreffen entsenden könne **(Gründungsurkunde)** Diese vier Vertreter sollten etwaige Streitfälle nach dem Recht oder auf gütlichem Wege beilegen. Die Formulierung *auf gütlichem Wege* (*per amicabilem viam*) war der Fachbegriff für ein Schiedsverfahren. Entscheidungen im Städtebund wurden, wenn sie nicht einhellig fielen, nach den Regeln des Schiedsverfahrens getroffen. Nun hatte das Bündnis mehr als nur zwei Mitglieder. Aber die Entscheidungen wurden nicht in einer größeren Delegiertenversammlung mit der Mehrheit der Stimmen getroffen. Dies wäre eine zu moderne Vorstellung.

Wir haben leider keine Berichte von diesen Versammlungen, doch können wir uns die Entscheidungsfindung als ein *großes Palaver* vorstellen. Überstimmt wurde niemand, die Gründungsurkunde hatte diesen Fall ausdrücklich ausgeschlossen. Konkrete Streitfälle wurden zwischen den betroffenen Parteien verhandelt: jeweils zwei Parteien, repräsentiert durch je vier Vertreter. Wir haben keine Berichte über komplexere Problemlagen, in die mehr als zwei Betroffene involviert waren, doch werden auch in diesen Fällen die Streitpunkte jeweils auf zwei Kontrahenten reduziert worden sein. Die Mitglieder des Rheinischen Städtebundes legten Wert darauf, innerhalb des Bündnisses ihre Entscheidungsfreiheit zu behalten – so weit sie sie hatten, und sie vereinbarten Entscheidungsstrukturen, die ihnen diese Freiheit garantierten.

Die Entscheidungsstrukturen des Rheinischen Städtebundes lassen erkennen, dass die Verbündeten sich dezidiert gegen ein Modell entschieden hatten, das den einzelnen Herrn oder die einzelne Stadt zugunsten eines allgemeinen Interesses in die Pflicht nahm. Es gab andere Bündnismodelle während des Interregnums, die einen verbindlicheren Charakter hatten. *Das, was zwei Städten notwendig erscheint, kann die dritte nicht zurückweisen*, dies war der Weg, auf dem drei westfälische Städte in einem Bündnis von 1270 ihre Entscheidungen treffen wollten. Allerdings hatte dieses Bündnis einen anderen Charakter als der weit verzweigte rheinische Städtebund. Der westfälische Zusammenschluss war exklusiv und zeitlich eng befristet. Der Vertrag wurde zunächst für zwei Jahre abgeschlossen, und obwohl die beteiligten Städte noch in andere Bündnisse eingebunden waren, wurden die anderen Städte in diesen verbindlichen Vertrag nicht einbezogen. Dergleichen Regelungen unterwarf man sich nur, wenn der äußere Druck groß genug war, wenn der Verbündete so überlegen war, dass das Schiedsverfahren im Grunde ein hierarchisches Verhältnis widerspiegelte, oder wenn die Probleme, denen man sich ausgesetzt sah, anders nicht zu bewältigen waren. Beim Rheinischen Städtebund können wir diese Entwicklung verfolgen.

Die Gründungsurkunde des Rheinischen Städtebundes: Entscheidungsstrukturen
Weinrich, Quellen 1250–1500, Nr. 5b

Im Namen der heiligen und ungeteilten Dreifaltigkeit ...
(1) Da die Gefahren in den Landen und Verbrechen auf den Straßen im langen Verlaufe der Zeit schon manchen von unseren Leuten gänzlich vernichtet und viele gute und ehrbare Leute zugrunde gerichtet haben, so dass Unschuldige ohne rechtliche Erkenntnis bedrückt werden, war es angebracht, um derartigen Unwettern und Stürmen zu begegnen, ein Mittel aufzuspüren und zu untersuchen, durch das zumindest unsere Grenzen und Gebiete unter Ausschluss einer Rechtsüberschreitung auf den Pfad des Friedens zurückgerufen werden könnten. (2) So kommt es, dass wir durch den Wortlaut des gegenwärtigen Schriftstücks allen bekannt machen wollen: Mit Hilfe des Herrn Jesus Christus – Urheber und Freund des Friedens, durch den es den Anfang und Weg zu jeglichem Guten gibt – sind wir zur Pflege des Friedens (*propter culturam pacis*) und zur Beachtung der Gerechtigkeit über folgende Abmachung übereingekommen, wobei wir uns durch Eidesleistung untereinander binden vom jetzt bevorstehenden Festtag der heiligen Margarethe (13.7) auf zehn Jahre, also im Jahre des Herrn 1254 haben wir geschworen, den allgemeinen Frieden zu halten.
...
(4) Wegen der Ansprüche jedoch, die es jetzt unter den durch den Friedensbund Verschworenen gibt und die vielleicht in Zukunft auftauchen könnten, wurde ... folgendes Mittel gefunden: und zwar sollen in jeder Stadt oder von jedem Herren, der mit uns verschworen ist, vier glaubwürdige Männer unter Eid besonders dazu gewählt werden, die, kraft der ihnen dafür übertragenen Vollmacht, unter Eidespflicht alle Streitigkeiten in freundschaftlichem Schiedsspruch oder durch Urteilsspruch beenden sollen. (5) Wenn sie aber diese Streitsachen nicht nach dem Recht oder auf freundschaftlichem Wege beseitigen oder besänftigen können, soll falls alle vier schwören, ihr Herr oder ihre Stadt sei nach der Rechtsordnung nicht verpflichtet, das auszuführen, was ihr auferlegt wird, dieser Herr oder diese Stadt von dem gänzlich befreit sein, was ihr auferlegt wird.

Wir haben bereits gesehen, dass die internen Spannungen zwischen Städten und Herren im Rheinischen Städtebund bis zum Herbst 1255 ein kritisches Ausmaß erreicht hatten. Für die Beilegung solcher Streitpunkte waren eigentlich die vereinbarten paritätischen Kommissionen zuständig, doch hatten sie diese Aufgabe nicht bewältigen können. Daher hatte man im November ein Zusammentreffen mit dem König vereinbart. Bei dieser Gelegenheit sollten die Streitpunkte ausgeräumt werden. Man installierte dafür nun ein Schiedsverfahren, für das beide Parteien eine gleiche Anzahl von Vertretern entsandten, in dem der König aber die entscheidende Stimme hatte. Bei seiner Ankunft sollten acht Vertreter der Herren mit acht Vertretern der Städte zusammenkommen und unter Vermittlung des Königs einen Ausweg aus den Problemen suchen.

Dies war harmonischer formuliert als in dem oben angeführten Kölner Beispiel, bei dem Albertus Magnus als *Superior* fungiert hatte, aber es war dasselbe Modell. Daran können wir sehen, dass kritische Situationen andere Entscheidungsformen erforderten. Den Zeitgenossen war dies durchaus klar. Es war ihnen bereits klar gewesen, als sie im Juli 1254 den Bund ins Leben riefen und dabei eine offene Struktur wählten. Diese Feststellung bringt uns noch einmal zu dem Bericht des Abtes von Niederaltaich zurück, dem der Städtebund einen großen Teil seines Images verdankt.

5. Ein offenes Bündnis

Hermann hatte dem Bund drei Charakteristika zugeschrieben:
1. Geschlossenheit und starke Führung (die Wahl von Hauptleuten)
2. einen Rechtscharakter als *Gesellschaft* (***societas***)
3. eine bewusste Ausrichtung an dem Vorbild der lombardischen Städte.

Es ist nach dem bisherigen Befund nötig und sinnvoll, diese Punkte einer erneuten Prüfung zu unterziehen. Beginnen wir mit dem ersten Punkt, mit der Führungsstruktur des Bundes. Hier irrte der Abt. Die Verbündeten verzichteten gerade auf die Wahl von Hauptleuten (*capitanei*), die es in anderen Städtebünden durchaus gab. Diese Hauptleute hätten in der Entscheidungsfindung eine Funktion gehabt, die denen der *Superiori* im Schiedsverfahren entsprochen hätte. Darauf hatte man verzichtet und wir können wohl hinzufügen, gezielt verzichtet, denn alle Beteiligten hatten ausreichende Erfahrungen mit dem Verfahren, um seine Regeln zu kennen. Bei näherem Hinsehen werden auch die anderen Punkte, auf die Hermann Wert legte, problematisch.

Societas

Societas war ein juristischer Begriff. Er stammte ursprünglich aus dem römischen Recht, wo er eine Körperschaft bezeichnete. Die Juristen des 13. Jahrhunderts charakterisierten mit ihm einen Personenverband, der stellvertretend für seine Mitglieder agieren konnte. Der Verband konnte für seine Mitglieder Privilegien erwerben und Verträge abschließen. Eine *societas* war eine Rechtskörperschaft, in der sich etwa die Angehörigen bestimmter Berufsstände zur Wahrung ihrer Interessen zusammenschließen konnten. So musste nicht jeder Kaufmann die Bedingungen des Geschäfts, die Höhe von Zöllen und Abgaben, neu aushandeln, sondern er konnte sich als Angehöriger der *societas* auf die vereinbarten Verträge berufen. Das hatte auch den Vorteil, dass er nicht auf sich allein gestellt war, die *societas* bot ihren Mitgliedern einen gewissen Rechtsschutz.

Tatsächlich war der Rheinische Städtebund auch keine *Gesellschaft (societas). Societas* war die Bezeichnung für einen juristisch verfassten Verband. Diese Gesellschaften benötigten eine rechtliche Struktur und sie hatten eine verantwortliche Leitung, etwa in Hauptleuten, die in den Quellen häufiger *capitanei* genannt wurden. Sie hatten das Recht, für den Verband zu sprechen. Ein solcher Verband hatte eine deutlich verbindlichere Struktur, als wir sie beim Rheinischen Städtebund beobachten können. Als der Verband der Kaufleute, die nach Gotland fuhren, um Handel zu treiben, im Jahr 1287 vor dem Problem stand, interne Streitigkeiten beilegen zu müssen, da errichtete man ein Schiedsgericht; der direkte Vergleich ist aufschlussreich.

Wer sich dem Schiedsspruch des Rheinischen Städtebundes nicht unterwerfen mochte, der stellte die Unzumutbarkeit der Entscheidung für seine eigene Situation fest, und war dann von der Verbindlichkeit *gänzlich befreit* (*super eo, quod ei imponitur, pe-*

nitus absolvatur). Anders bei der Gesellschaft der Kaufleute: wer sich dem Schiedsspruch nicht unterwarf, der *war aus der societas gänzlich ausgeschlossen* (*de societate penitus eicietur*). Eine *societas* war kein lockerer Zusammenschluss, sondern brachte für ihre Mitglieder Verpflichtungen mit sich. Es ist daher wichtig, festzustellen, dass der Rheinische Städtebund keine *Gesellschaft* (*societas*) war, wie Abt Hermann das angenommen hatte. Keines der erhaltenen Schriftstücke des Bundes verwendet eine solche Bezeichnung oder spricht von einem Personenverband. Die Frage der *societas* bringt uns auch zum letzten Punkt, dem Einfluss des lombardischen Vorbildes.

Nach Art der lombardischen Städte hätten sich die Städte am Rhein verbündet. Diese Feststellung hat die Forschung wiederholt interessiert, doch ist sie bei ihrer Suche nicht fündig geworden. Die Gesellschaft der lombardischen Städte, die *societas Lombardie* war den Zeitgenossen ein Begriff, wenn sie alt genug waren, um den Kampf Kaiser Friedrichs II. gegen die norditalienischen Kommunen miterlebt zu haben. Die lombardischen Städte hatten sich 1226 zusammengeschlossen und dem Kaiser im Norden Italiens große Schwierigkeiten bereitet. Er hatte ihr Bündnis als illegitim angesehen und tatsächlich galt die Bildung solcher Zusammenschlüsse, die bei der Vertretung ihrer Interessen mitunter Herrschaftsrechte des Kaisers an sich zogen, den meisten Juristen als rechtswidrig.

Mit Entschiedenheit verbot Friedrich II. jeglichen Zusammenschluss dieser Art in Deutschland. Der Herrscher sorgte allein für seine Untertanen. Nur in dem Falle, dass es keinen rechtmäßigen Herrscher gab, war die Gründung einer *societas* unproblematisch. Aus staufischer Sicht hätte man zum Gründungszeitpunkt des Rheinischen Städtebundes von einer solchen Situation sprechen können, denn er wurde nach dem Tode Konrads IV. gegründet. Aber dieser Gesichtspunkt spielt in den Dokumenten keine Rolle. Zudem waren an der Gründung des Rheinischen Städtebundes nicht nur staufische Städte beteiligt, sondern auch die rheinischen Erzbischöfe, die König Wilhelms Wahl und Königtum unterstützten. Diese Verbündeten hatten einen rechtmäßigen König und sie gründeten keine *societas*. Eine *societas* war von den Gründungsmitgliedern nicht gewollt.

So entsteht ein anderes Bild vom Rheinischen Städtebund als das eines schlagkräftigen Bündnisses mit einem letztlich ungenutzten politischen Potenzial. Das Bündnis hatte keine Struktur, um die vielen Mitglieder mit ihren unterschiedlichen Interessen energisch einzubinden, und die vielen Mitglieder hatten dies wohl auch gar nicht gewollt – gerade weil sie so unterschiedliche Interessen hatten. Nur unter größerem Druck und nur in realer Gefahr entschloss man sich für eine begrenzte Zeit zum Eintritt in Bündnisse, die die eigene Handlungsfreiheit deutlicher beschränkten. Waren die Zustände, die zur Gründung des Bundes führten, also gar nicht so schlimm, wie es die Gründungsurkunde dargestellt hatte? Damit kommen wir zu einem letzten notwendigen Vergleich des Städtebundes mit den zeitgenössischen Schiedsverfahren, ihren Formen und ihren Dokumenten. Die Historiker, die sich bislang mit diesem Bündnis befasst haben, haben es weitgehend isoliert betrachtet. Sie haben die eindrucksvolle Formulierung, der Bund sei *zur Pflege des Friedens* (*propter culturam pacis*) gegründet worden, als eine Zustandsbeschreibung verstanden.

Der Bund, der zum Zwecke des Friedens gegründet wurde, war in dieser Sichtweise eine Reaktion auf die tägliche Gewalt, die die Urkunde benennt. Der Wunsch nach Frieden war kein Einzelfall. Er gehörte zum Standard der Schiedsurkunden, die regelmäßig versicherten, das Verfahren erfolge *zum Wohle des Friedens*. Die Gründer des

Rheinischen Städtebundes hatten Größeres im Sinn und sie holten dazu etwas weiter aus, aber im Grunde handelte es sich um die Variation eines Formelelementes, das wir in den Schiedsurkunden dieser Jahre in großer Zahl finden.

Gab es also gar keine Gewalt in diesen Jahren von König Wilhelms Königtum? Wir haben die offenkundigen Schwierigkeiten von Wilhelms Herrschaft deutlich gesehen. Konflikte gab es genug. Die Frage war, ob sie insgesamt zugenommen hatten, seit Wilhelm von Holland den Thron beanspruchte. Das ist tatsächlich schwer zu ermessen, wir können nur festhalten, dass die dunkle Zeichnung dieser Jahre, die sich aus der Beschäftigung mit dem Rheinischen Städtebund ergeben hat, ein falsches Bild vermittelt.

Die Straßburger Kirche hatte 1251 ihre Synodalstatuten verschärft, um durch höhere Strafen ihre Kleriker zu schützen, die unter den gewalttätigen Kämpfen um das Erbe Friedrichs II. litten, und die Stadt Straßburg hatte zu den Gründungsmitgliedern des Rheinischen Städtebundes gehört. Im September 1256 war die Lage nach Auffassung der Geistlichen wieder so friedlich geworden, dass die Verschärfung unter ausdrücklichem Verweis auf die Besserung der Lage aufgehoben wurde. Im traditionellen Bild der Geschichtsschreibung war der Herbst 1256 als Zeit zerstrittener Fürsten und als Zeit ohne König besonders problematisch. Die Straßburger kamen mit diesen Problemen offenbar gut zurecht.

Trotz dieser Einschränkungen bleibt der Rheinische Städtebund eine eindrucksvolle Erscheinung. Allerdings ist die Perspektive eine andere. Der Rheinische Städtebund ist nicht deshalb so beeindruckend, weil er der fürstlichen Gewalt mit Entschlossenheit entgegentrat, sondern weil in diesem rasch wachsenden und weit gespannten Bündnis das Bewusstsein einer gemeinsamen Identität seinen Ausdruck fand. Bei aller Einschränkung seiner Leistungsfähigkeit war seine Bündnisstruktur durchaus typisch für Städtebünde der Interregnumsjahre und wir können annehmen, dass diese Bündnisse für ihre Mitglieder eine gewisse Sicherheitsfunktion erfüllten. Doch beim Rheinischen Städtebund erscheint neben der wahrscheinlich bescheidenen Sicherheitsleistung gegen gewalttätige Übergriffe ein anderer Aspekt als ebenso auffällig. Der Bund war auch Ausdruck einer neuen städtischen Freiheit. Unter Friedrich II. waren städtische Zusammenschlüsse strikt verboten gewesen. Die Fürsten schätzten solche Bündnisse nicht und der Kaiser hatte sie in dieser Abwehr energisch unterstützt.

Mit dem Ende der Staufer gewannen viele Städte einen neuen Freiraum. Es ist auffällig, wie viele Städte erst nach dem Tod Friedrichs einen Stadtrat einsetzten, um praktische städtische Fragen in Angriff zu nehmen. Die Staufer hatten gegenüber den Städten eine überwiegend restriktive Politik verfolgt und dem Rhein hatte die besondere Aufmerksamkeit des Herrschers gegolten. Versuchen, einen städtischen Bund von Mainz aus zu gründen, war der Kaiser scharf entgegengetreten. 1254 waren die mittelrheinischen Städte wieder unter den Gründungsmitgliedern. Nach 1250 bot sich den Städten die Möglichkeit, bislang verbotene Bündnisformen zu erproben. Wie das rasche Anwachsen des Rheinischen Städtebundes zeigte, gab es dafür einen großen Bedarf.

Allerdings mussten die Verbündeten die neuen Formen erst erproben. Sie mussten herausfinden, welche Bündnisform sich bewährte und wie weit sie sich in eine Struktur einbinden wollten, die ihre Handlungsfähigkeit beschränkte. Dabei waren die deutschen Städte sehr zurückhaltend. Sie wählten ein „offenes" Bündnis, und das war sicher eine realistische Wahl. Denn die Gemeinsamkeiten von Zürich und Bremen, Regensburg und Köln waren durchaus überschaubar. Mehr als ein kleiner gemeinsamer Nenner war in einer solchen Situation nicht zu erreichen.

Das Scheitern des Bündnisses im Vorfeld der Doppelwahl 1256/57 zeigt die engen Grenzen städtischer Politik in Deutschland. Die meisten dieser Städte hatten eine bescheidene Bevölkerungszahl von 2000 bis 5000 Einwohnern. Anders als viele italienische Städte konnten sie den Adel der Umgebung nicht ihrem Regiment unterwerfen. Die politische Kraft des Rheinischen Städtebundes reichte nicht aus, um die Fürsten zu einer einheitlichen Königswahl zu bewegen, obwohl dazu 1256 keine allzu energische Initiative nötig gewesen wäre. Wir werden im folgenden Kapitel sehen, wie unsicher die Königswähler selber waren, und wie sie sich auf zwei Kandidaten einigten, die eher als Verlegenheitslösung gewertet werden können. Eines der großen Themen des Rheinischen Städtebundes war aus heutiger Sicht ein arbeitsfähiger Ausgleich zwischen gemeinsamen Identitätsgefühl und effizienter politischer Struktur. Für diese Herausforderung erwies sich das Bündnis als zu groß. Die Gruppe der Wahlfürsten war kleiner, jedoch zeigte sich an der Doppelwahl von 1257, dass auch diese Gruppe 1257 die anstehenden Probleme nicht zu bewältigen vermochte. Diesem Kapitel wenden wir uns nun zu. Es ist weniger ein Schritt in die Dunkelheit fürstlicher Egoismen als vielmehr ein Blick auf die Folgen einer unglücklichen Verbindung aus Ratlosigkeit und ungeklärten Verfahrensregeln.

V. Die Doppelwahl 1256/57

18. 3. 1256	Ein Vertreter Pisas wählt König Alfons X. von Kastilien in Soria zum römischen König und zum Kaiser.
5. 8. 1256	Norddeutsche Fürsten erklären ihre Absicht, Markgraf Otto von Brandenburg zum römisch-deutschen König zu wählen.
Jul./Aug. 1256	Der Erzbischof von Köln und König Ottokar von Böhmen beraten sich in Prag.
13. 9. 1256	Gesandte der Stadt Marseille wählen Alfons von Kastilien zum römischen König und zum Kaiser.
26. 11. 1256	Der Pfalzgraf verpflichtet sich, bei der Königswahl für Richard von Cornwall zu stimmen.
15. 12. 1256	Der Kölner Erzbischof verpflichtet sich zur Wahl Richards.
26. 12. 1256	Gesandte deutscher Fürsten tragen Richard von Cornwall auf einem Parlament in Westminster die deutsche Krone an.
13. 1. 1257	Richard von Cornwall wird mit den Stimmen der Erzbischöfe von Köln und Mainz und des Pfalzgrafen zum römisch-deutschen König gewählt. Der König von Böhmen schließt sich der Wahl an.
1. 4. 1257	Alfons von Kastilien wird mit den Stimmen des Trierer Erzbischofs, des Herzogs von Sachsen, des Markgrafen von Brandenburg und des Königs von Böhmen zum römisch-deutschen König gewählt.
April 1257	Der Erzbischof von Köln überbringt Richard von Cornwall in London die Wahlnachricht.
17. 5. 1257	Königskrönung Richards von Cornwall in Aachen

1. Die Suche nach einem geeigneten Kandidaten

Im Jahr 1257 wurden Richard von Cornwall, der Bruder des englischen Königs, und König Alfons von Kastilien von zwei rivalisierenden Fürstengruppen zu römisch-deutschen Königen gewählt. Diese Doppelwahl gehört nicht zu den beeindruckenden Kapiteln der deutschen Geschichte. Das ist zumindest das Urteil aus historischer Sicht. Dabei haben sich die Gründe für eine solche verhaltene Beurteilung im Laufe der Zeit gewandelt. Auf einem Höhepunkt nationaler Leidenschaften nahm die historische Zunft vor allem Anstoß an der Tatsache, dass die Wahlfürsten zwei *Ausländer* auf den deutschen Thron beriefen. „Wie war es nur möglich, dass Deutschland sich von fremden, ausländischen Mächten einen fremden ausländischen Herrscher aufdrängen ließ …?" so fragte sich G. Lemcke in einer kleinen Studie über Richard von Cornwall zu Beginn des 20. Jahrhunderts. Eine moderne Untersuchung würde die Frage anders stellen, aber auch unser Urteil käme nicht an der Feststellung vorbei, dass die beiden Könige Randfiguren der deutschen Geschichte waren. Als römisch-deutsche Könige bewährten sie sich nicht. Was steckte hinter dieser Entwicklung?

Die Wahl eines kastilischen Königs und eines englischen Königsbruders zu konkurrierenden Inhabern des deutschen Thrones hatte etwas Überraschendes und die Vorbereitungen zu diesen Wahlen sind nur undeutlich zu erkennen. Diese Unklarheit hat manchen Historiker dazu herausgefordert, die vermeintlichen strategischen Hintergründe dieses Geschehens mit einer entschiedenen Linienführung zu rekonstruieren. Eine französische und eine konkurrierende englische Planung wurden ebenso ins Feld geführt wie das dezidierte Interesse der deutschen Wahlfürsten an einem schwachen König, der der fürstlichen Territorialpolitik nicht im Wege stünde.

Die Belege für diese Erklärungen sind dünn und die vielen ungesicherten Voraussetzungen, von denen die Autoren dieser Erklärungen ausgehen, machen die Lektüre mitunter mühsam. Wir können hier keine neue Version dieser „Masterplan"-Geschichte vorstellen, aber wir können mithilfe der Überlieferung die Frage prüfen, welche realistischen Erwartungen im Jahr 1257 mit den beiden Kandidaten verknüpft werden konnten. Die Doppelwahl 1257 war im Grunde die erste deutsche Königswahl nach dem Tode Friedrichs II., die allein in der Hand der deutschen Fürsten lag. Die Kurie hatte keinen Einfluss auf das Geschehen und hielt sich auch in den Folgejahren weitgehend zurück. Dieser ersten Wahl eines römisch-deutschen Königs durch die Fürsten, die in der späteren Verfassungsordnung zu alleinigen *Kurfürsten* wurden, wenden wir uns nun zu.

Als Wilhelm von Holland im Januar 1256 starb, trat in der deutschen Politik eine Situation ein, für die es in der jüngeren Vergangenheit des Reiches kein Vorbild gab. Deutschland hatte keinen König und es gab keinen konkreten Kandidaten für die Nachfolge, der von einer Institution unterstützt wurde, die über Autorität und Tradition verfügte. Das Königtum war eine Ordnungsmacht, auch wenn ein Mann die Krone trug, der selber machtlos war. Der König bot zumindest eine Orientierung und so begrenzt seine Mittel waren, so versah er doch ein Amt, das von niemanden in Frage gestellt wurde. Zwar wurde der römisch-deutsche König gewählt, doch dies war keine freie Wahl im modernen Sinne, und die Person, die zur Wahl stand, entstammte in der Regel einer etablierten Dynastie. Die Wahl war keine freie und ungebundene Entscheidung. Dass die dynastische Nachfolge von der Wahl der Fürsten abhing, hatte in der deutschen Geschichte bei wenigen Gelegenheiten dazu geführt, dass eine aristokratische Opposition einen eigenen König wählte. Auch Friedrich II., der beim Tode seines Vaters ein kleiner Junge gewesen war, konnte seine Herrschaft erst antreten, nachdem ein Rivale überwunden worden war. Doch stammte dieser Rivale aus einer Familie, die durchaus als königsfähig gelten konnte, so gab es für seine Wähler eine Orientierung.

Die Könige Heinrich Raspe und Wilhelm von Holland, die gegen Friedrich II. gewählt worden waren, wurden durch die Kurie energisch unterstützt, so dass es auch in ihrem Fall eine Orientierung gab. Es war aus der Sicht der deutschen Verfassungsordnung ein problematisches Verfahren, dass der Papst die Vorgaben für die Besetzung des Thrones gab, doch hatten die Wähler daran keinen erkennbaren Anstoß genommen. In beiden Fällen hatten sich die rheinischen Erzbischöfe besonders engagiert, deren Gegnerschaft zu den Staufern und deren kirchliche Loyalitäten stärker wogen als eventuelle Bedenken gegenüber dem kurialen Einfluss. Bislang hatte es bei den Königswahlen klare Kandidaturen gegeben, zu denen die Wähler ihre Haltung erklären mussten. Das war 1257 anders.

Heinrich Raspe und Wilhelm von Holland hatten keine Söhne, denen man den Königstitel übertragen konnte. Es ist auch offen, ob die Wahlfürsten dies gewollt hätten, doch hätte auch ein abgelehnter Kandidat der Beratung einen Anhaltspunkt gegeben. Der Papst, der die Gegner Friedrichs II. gefördert hatte, war tot. Auch Konrad IV. war nicht mehr am Leben. So taten sich die Fürsten offensichtlich schwer, einen aussichtsreichen Kandidaten zu benennen, der auf ausreichende Unterstützung hoffen konnte.

Einen konkreten Wahlvorschlag hatte es gegeben. Er stammte von den Fürsten – oder ihren Nachfolgern, die 1252 in der Nachwahl von Braunschweig für Wilhelm von Holland gestimmt hatten (vgl. Kap. III, 2). Der Herzog von Sachsen, die Markgrafen von Brandenburg und der Herzog von Braunschweig hatten bei den Städten für die Unterstützung der Kandidatur des Markgrafen Otto von Brandenburg geworben. Die Briefe, in denen sie ihre Wahlabsichten bekannt gaben, stammten vom 5. 8. 1256 und sie zielten auf einen Wahltag am 8. 9. in Frankfurt. In der Bitte um Beistand klang bereits die Möglichkeit einer zerstrittenen Wahlversammlung an, und dafür gab es gute Gründe.

Der Erzbischof von Mainz hatte unter den Reichsfürsten eine herausgehobene Position. Das Erzbistum Mainz war die größte Kirchenprovinz Deutschlands, tatsächlich war es eine der größten Kirchenprovinzen der lateinischen Christenheit. Dem Oberhaupt der Mainzer Kirche kam eine führende Rolle bei der deutschen Königswahl zu und in der Regel lud er zu den Wahlversammlungen ein. Mit diesem Vorgehen gab es 1256 ein Problem, denn der Erzbischof befand sich seit Januar 1256 in der Gefangenschaft des Herzogs von Braunschweig. Die weite Ausdehnung der Erzdiözese Mainz hatte auch eine weite Erstreckung der Interessen des Erzbischofs zur Folge. In einer der Fehden zur Verteidigung dieser Interessen stand der Erzbischof gegen den Herzog von Braunschweig, unterlag ihm und geriet in seine Gefangenschaft. Dies geschah noch vor dem Tode Wilhelms von Holland. Dadurch war der Handlungsspielraum des Mainzers erheblich eingeschränkt als Deutschland einen neuen König brauchte, und aus dieser Lage erklärt sich auch die Skepsis der norddeutschen Fürsten hinsichtlich der Aussichten ihres Kandidaten auf eine einmütige Unterstützung.

Der Herzog von Braunschweig konnte den Mainzer Erzbischof unter Druck setzen, vielleicht sogar seine Zustimmung zu einem eigenen Vorschlag erzwingen, aber das reichte für eine Königswahl nicht aus. Die Situation war wohl auch ein Grund dafür, dass wir zwar von verschiedenen anberaumten Wahltagen hören, aber keinerlei Berichte darüber haben, dass diese Wahlversammlungen tatsächlich stattfanden. Dies gilt auch für die Wahlversammlung, die für den 8. 9. 1256 einberufen worden war und auf der Markgraf Otto von Brandenburg sich um die Krone bewerben wollte. Sie fiel aus oder sie fand statt, blieb dann aber völlig folgenlos. Die Kandidatur des Markgrafen von Brandenburg wurde nicht weiterverfolgt. Die historische Forschung hat viel Scharfsinn aufgewandt und tut dies bis in jüngste Beiträge hinein noch immer, um zu zeigen, dass die geplanten Wahlversammlungen zwar keine Spuren in den Quellen hinterlassen haben, dass sie aber dennoch abgehalten wurden und weitreichende Folgen für die deutsche Geschichte gehabt hätten. Die Beschlüsse dieser Versammlungen seien aus dem weiteren Gang der Geschehnisse deutlich zu erkennen.

Diese Logik ist nicht für jeden Betrachter gleichermaßen zwingend und wir werden uns hier an eine alte Richtlinie der Geschichtsforschung halten, die in enger Auslegung den Blick beschränkt, die aber als Orientierung in weiterer Auslegung nützlich ist: Was nicht in den Quellen zu finden ist, sollte nicht als Voraussetzung für weitere Schlussfolgerungen herangezogen werden. Für das Jahr 1256 haben wir keinen einzigen Beleg für eine stattgefundene Wahlversammlung deutscher Fürsten mit dem Ziel einer Königswahl. Spuren von Initiativen, die wahrscheinlich der Vorbereitung einer solchen Wahl dienten, haben wir dagegen schon.

Konrad von Hochstaden, der Erzbischof von Köln, hatte sich bei den Wahlen Heinrich Raspes und Wilhelms von Holland stark engagiert. Seine enge Abstimmung mit der päpstlichen Linie in der Reichspolitik endete 1255, als er in Neuss einen Anschlag auf das Leben des päpstlichen Legaten und König Wilhelms verübte. Der Legat exkommunizierte den Erzbischof daraufhin. Konrad verfolgte eine eigene Politik und so stellte sich die Frage, welche Initiative der Erzbischof von Köln hinsichtlich der Königswahl 1256 ergreifen würde. Im Juli/August 1256 hielt sich Konrad für einige Zeit in Prag auf. Er traf dort mit Ottokar von Böhmen zusammen, dem mächtigsten Reichsfürsten dieser Jahre.

Ottokar war König von Böhmen – wenn auch noch ungekrönt – und Herzog von Österreich. Er war ein wichtiger Mann, den man bei der Planung der zukünftigen Reichspolitik berücksichtigen sollte. Das war die grundsätzliche Situation, doch wir wissen nicht, warum Konrad nach Prag gereist war. Spätere Quellen gingen davon aus, dass der Erzbischof von Köln mit Ottokar über die Königswahl verhandelt habe und die Forschung hat dies ebenfalls angenommen. Es ist eine plausible Annahme, aber die zeitgenössischen Beobachter wissen nichts davon. Wir wollen auf Spekulationen verzichten und uns darauf beschränken, dass der Erzbischof von Köln und der König von Böhmen Ende Juli/Anfang August 1256 in Prag die Gelegenheit hatten, ihre Standpunkte hinsichtlich der notwendigen Königswahl zu klären. Bei der Rückkehr aus Prag wird der Erzbischof von Köln einen Brief des Papstes in dieser Angelegenheit erhalten haben, der in eine ganz andere Richtung wies.

Das Schreiben Alexanders IV. stammte vom 28. Juli 1256 und war an die drei rheinischen Erzbischöfe gerichtet. Der Papst holte, wie es seine Art war, etwas weiter aus, aber kam dann klar zur Sache. Er verbot jede Unterstützung für eine mögliche Königswahl Konradins, des Sohnes Konrads IV., dem letzten Staufer, der zu diesem Zeitpunkt vier Jahre alt war. Die Angelegenheit geriet in Bewegung. Im Sommer 1256 wurden offenbar verschiedene Optionen für den deutschen Thron in Erwägung gezogen. Aber bei dieser Unbestimmtheit blieb es. Tatsächlich war kein Kandidat in Deutschland in der Lage oder bereit, eine ausreichende Unterstützung zu mobilisieren. Und an dieser Stelle kommen die *Ausländer* ins Spiel. Als Erster wurde König Alfons X. von Kastilien aktiv.

2. Alfons von Kastilien und Richard von Cornwall als Kandidaten für den deutschen Thron

Die ersten Bemühungen des Kastiliers standen mit den Sondierungen der deutschen Fürsten nicht im Zusammenhang. Sie verliefen parallel zu ihnen. Erst als die deutschen Fürsten zu keiner Einigung gelangten, brachten die Vorarbeiten des Kastiliers ihn als eine ernsthafte Alternative ins Spiel. Es begann im März 1256. Im kastilischen Soria, unweit der Quelle des Duero, wählte der Gesandte und Beauftragte der Stadt Pisa König Alfons zum König der Römer und zum Kaiser des Römischen Reiches. Der Gesandte beanspruchte, diese Erhebung im Namen des gesamten Reiches und für dessen gesamtes Volk, dessen Geschäfte er bei diesem Vorgang nützlicherweise führe, vorzunehmen. Das war nicht wenig, denn Pisa war bislang nicht zu den Wählern des römisch-deutschen Königs gezählt worden.

Der pisanische Gesandte leitete Alfons' Eignung für das Amt aus der dynastischen Tradition ab. Alfons stamme in direkter Linie aus dem Hause Schwaben, dem durch ein Privileg der Fürsten und das Zugeständnis der Römischen Kirche das Reich zustehe. Das war zum Teil richtig, denn damit bezog sich der Gesandte auf die staufische Mutter des kastilischen Königs, Beatrix von Schwaben (1205–1235). Die Staufer hatten seit dem späten 12. Jahrhundert verschiedene Hochzeitsverbindungen mit dem kastilischen Königshaus geknüpft. Wir kommen darauf zurück. Die schwere Krise der staufischen Familie hatte auch die direkten Erben für das Herzogtum Schwaben getroffen und so bot sich entfernteren Anwärtern auf das staufische Erbe im Süden Deutschlands eine Gelegenheit.

Nach dem Tod Konrads IV. hatte Alfons offenbar seine Ansprüche auf das Herzogtum Schwaben geltend gemacht. Im Februar 1255 fand er dafür Unterstützung bei Papst Alexander IV. Seit dieser Zeit hatte Alfons zumindest ein Interesse für die Entwicklungen in Deutschland erkennen lassen. In Deutschland war das Interesse an Alfons' Bemühungen zunächst nicht sehr groß. Im September, als in Deutschland die Diskussion um einen geeigneten König konkreter wurde, erhielt der kastilische König weitere Unterstützung. Diesmal kam sie aus Marseille. Am 13. 9. 1256 wählten drei Gesandte der Stadt Marseille im Namen des ganzen Reiches – es hieß sogar im Namen des *gesamten christlichen Reiches* – Alfons von Kastilien zum Kaiser. Ort des Geschehens war die Kathedrale von Segovia. Die Gesandten von Marseille bestätigten damit die Wahl *durch andere*, d. h. durch die Pisaner, bezeichneten das Reich aber immer noch als vakant. In der Sache stimmte das in jedem Fall.

Bislang waren diese Wahlen des Kastiliers Planspiele ohne politisches Gewicht. Sie konnten sogar kontraproduktiv sein, denn die deutschen Königswähler mochten ein solches Vorgehen eventuell als Anmaßung ansehen, was den Aussichten von Alfons nicht förderlich sein würde. Doch zunächst taten sich die deutschen Fürsten schwer mit eigenen Vorschlägen. Im November 1256 kam dann Richard von Cornwall ins Spiel.

Zu diesem Zeitpunkt können wir Richards Bemühungen um den deutschen Thron sicher fassen, denn die einschlägigen Vorverhandlungen führten im November 1256 zu ersten Vertragsabschlüssen. Wie lange vorher verhandelt worden war, lässt sich nicht sagen, und wir wollen uns der Spekulationen enthalten. Am 26. 11. 1256 verpflichtete sich der Pfalzgraf bei Rhein, der unbestritten zum Kreis der Königswähler zählte, dazu, Richard von Cornwall bei der anstehenden Königswahl seine Stimme zu geben. Insgesamt wurden verschiedene Vereinbarungen getroffen, die die Zahlung von insgesamt 12 000 Mark Sterling an den Pfalzgrafen vorsahen. Die Zahlung war an festgelegte Termine gebunden und mit einer Hochzeitsabsprache verknüpft. Eine Hochzeitsvereinbarung war ein klassischer Weg, um eine Verbindung zwischen aristokratischen Familien zu befestigen. In diesem Fall wurde sie mit eigentümlicher Umsicht vorbereitet. Denn der Unterhändler Richards von Cornwall, der die Vereinbarung festhielt, formulierte sie folgendermaßen: Der Pfalzgraf solle eine Tochter des Bruders des englischen Königs (also Richards) oder eine Tochter der Schwester des englischen Königs heiraten *falls eine Tochter des Bruders aus irgendeinem Grunde nicht existiert.*

Allzu gründlich war dieser Vertragsabschluss nicht vorbereitet worden. Tatsächlich hatte Richard eine Tochter gehabt, die über 20 Jahre zuvor im ersten Lebensjahr gestorben war. Von seinen Schwestern war nur noch eine am Leben, die ihrerseits nur eine Tochter hatte, über deren Geburtsdatum eine gewisse Unsicherheit herrscht. Nach Meinung der älteren Forschung war sie im Jahre 1256 etwa vier Jahre alt, nach neueren Stammbäumen war sie zu diesem Zeitpunkt noch gar nicht geboren. In jedem Falle war es für den Pfalzgrafen nicht einfach, sie bis zum 27. 5. 1257 zu heiraten, um die Vereinbarung einzuhalten. Das war vielleicht auch ganz gut so, denn der Pfalzgraf war deshalb in der Lage, solche Eheverträge abzuschließen, weil er zu Beginn des Jahres seine Ehefrau Maria wegen des bloßen Verdachts der Untreue hatte hinrichten lassen. Es war ein falscher Verdacht, wie sich herausstellte. Der Termin der Königswahl und die beiden Zahlungstermine für das zugesagte Geld lagen vor dem vereinbarten Heiratstermin, und das war wohl das eigentlich Wichtige. Ein weiterer Punkt wurde noch geklärt.

Der Pfalzgraf hatte sich des kleinen Konradin angenommen, dessen Vater Konrad IV. 1254 gestorben war. Er erwirkte nun anlässlich von Richards bevorstehender Königswahl eine ausdrückliche Erklärung des Engländers, dass seine Ambitionen nur auf die deutsche Krone zielten und dass er die Rechte des letzten Staufers in Sizilien und in Schwaben nicht antasten werde. So verpflichtete sich der vornehmste weltliche Reichsfürst mit einem Eid, seine Stimme bei der Königswahl für Richard von Cornwall abzugeben. Diese Verpflichtung war begrenzt; wenn der Kandidat bis zum 24. 6. 1257 nicht persönlich in Deutschland erschien, war der Pfalzgraf nicht mehr gebunden. Bis zu diesem Zeitpunkt musste Richard eine ausreichende Unterstützung erlangen. Drei Wochen später sicherte er sich die Stimme des Erzbischofs von Köln.

Am 15. 12. 1256 setzten die Unterhändler Richards eine detaillierte Urkunde über die Vereinbarungen zwischen dem Engländer und dem Erzbischof von Köln auf. Für seine Unterstützung von Richards Kandidatur und seine Wahlstimme erhielt der Kölner eine Reihe von Ausgleichszahlungen, die präzise festgelegt wurden. Richard von Cornwall verpflichtete sich außerdem, die Aussöhnung der Kurie mit dem Erzbischof bis zum Pfingstfest (27. 5. 1257) zu erreichen – noch immer war Konrad von Hochstaden wegen des Anschlags von Neuss exkommuniziert – und er willigte ein, im Interessenbereich des Kölner Erzbischofs Amtleute nur mit dessen Zustimmung einzusetzen.

Zu Weihnachten 1256 (26. 12.) bestätigte Richard die Zusagen seiner Unterhändler. Der Vertrag sprach von den Stimmen des Pfalzgrafen, des Kölner Erzbischofs und des Mainzer Erzbischofs, die offenbar einmütig wählen wollten. Der Mainzer befand sich noch immer in Gefangenschaft und wir können annehmen, dass der Kölner Erzbischof bevollmächtigt war, seine Stimme zu führen. In jedem Falle wurde der Mainzer Erzbischof für den Engländer gewonnen. Die Hamburger Annalen hielten fest, dass Richard das Lösegeld für den Mainzer gezahlt habe, um ihn seiner Wahl gewogen zu stimmen. Im Januar 1257 kam der Erzbischof von Mainz nach einjähriger Gefangenschaft frei. Zuvor war die Kandidatur Richards von Cornwall für den deutschen Thron öffentlich geworden.

Der englische König versammelte traditionellerweise die Barone seines Landes an Weihnachten zur gemeinsamen Beratung über die Angelegenheiten des Landes. Auf dieser Versammlung erschienen zu Weihnachten 1256 Gesandte der deutschen Fürsten, um vor den überraschten Baronen Richard von Cornwall davon in Kenntnis zu setzen, dass er in großer Einmütigkeit zum deutschen König gewählt worden sei. Sie legten entsprechende Briefe des Kölner Erzbischofs und anderer bedeutender Männer vor und versicherten, dass noch niemals jemand *so verdientermaßen, so einmütig*, ohne Widerspruch in dieses Amt gewählt worden sei. Der so geehrte schien zu zögern, da ergriff sein Bruder, König Heinrich III., das Wort und bewegte Richard durch seine engagierte Zurede, das Angebot anzunehmen. So erschien es zumindest den Anwesenden, die die Vorgeschichte nicht kannten. Die Botschaft der Gesandten war etwas irreführend, denn gewählt war Richard noch nicht, auch wenn nun alles für eine Wahl vorbereitet worden war, und was die Einmütigkeit anging, da gab es Probleme.

3. Die Königswahlen

Die Probleme wurden zwei Wochen später sichtbar, als sich die verschiedenen Königswähler tatsächlich in Frankfurt versammelten. Es waren nur wenige gekommen: Der Erzbischof von Köln und der Erzbischof von Trier, der Pfalzgraf bei Rhein und der Herzog von Sachsen. Der Mainzer Erzbischof, noch in Gefangenschaft, ließ sich durch seinen Kölner Amtsbruder vertreten. Manches deutet darauf hin, dass auch Gesandte des Königs von Böhmen anwesend waren. Richard von Cornwall war nicht gekommen. Die wenigen Wähler waren sich nicht einig. Der Erzbischof von Trier und der Herzog von Sachsen, die als Erste in der Stadt Quartier bezogen hatten, verweigerten dem Kölner Erzbischof und dem Pfalzgrafen den Einlass, zu bedrohlich erschien ihnen das militärische Gefolge der Anhänger Richards von Cornwall. So schlugen diese ihr Lager vor der Stadt auf und luden zur Wahl. Als der Ladung niemand folgte, wählten der Erzbischof von Köln mit seiner und des Mainzers Stimme und der Pfalzgraf bei Rhein am 13. 1. 1257 Richard von Cornwall zum römisch-deutschen König.

Die Doppelwahl von 1257 – Die Anhänger Richards von Cornwall
Wahlanzeige Richards von Cornwall, MGH Constitutiones 2, Nr. 385 (dt. Übers. In: Weinrich, Quellen 1250–1500, Nr. 12)

Allen getreuen Christgläubigen, die im Römischen Reich leben, entbieten Konrad, von Gottes Gnaden Erzbischof der Kölner Kirche, Erzkanzler Italiens, und Ludwig, Pfalzgraf bei Rhein, ewiges Heil im Herrn.
Jüngst war das Römische Reich verwaist, und während mehrere Tage in Aussicht genommen waren zu Verhandlungen über die Wahl des Römischen Königs, wurde schließlich der Oktavtag von Erscheinung des Herrn dieses Jahres 1256 [13. 1.] in Aussicht genommen für die feierliche Durchführung der Wahl dieses Königs zu Frankfurt. Als wir zu diesem Termin selbst erschienen – der ehrwürdige Vater Gerhard, von Gottes Gnaden Erzbischof von Mainz, der durch ein echtes Hindernis abgehalten wurde, hatte Uns, dem Erzbischof von Köln, für diesmal sein Amt bei dieser Wahl übertragen – und wir an dem gebührenden Platz zusammenkamen, ließen wir den hochwürdigen Vater Arnold, von Gottes Gnaden Erzbischof von Trier, und den erlauchten Fürsten Albrecht, Herzog von Sachsen, durch hohe Gesandte rufen und ermahnen, zur gemeinsamen Verhandlung und Wahl des Römischen Königs zu erscheinen; doch wenn auch aufgerufen und erwartet, kamen sie bis zum Abend nicht und übertrugen auch niemanden ihr Amt. Als nun weder der erlauchte Fürst, der König von Böhmen, noch der Markgraf von Brandenburg zu dem Termin noch dem Ort gekommen waren, noch ihr Amt jemanden übertragen hatten, noch auch eine Entschuldigung für sie eingetroffen war, und da nun bei uns das volle Recht der Wahl verblieb, haben wir daher Herrn Richard, Graf von Cornwall, den Bruder des Herrn Heinrich, des erlauchten Königs von England, einen an Adel des Charakters und der Abkunft hervorragenden mächtigen Mann, zum Römischen König gewählt.

Einige Tage später schlossen sich die Gesandten des Königs von Böhmen dieser Wahl an, ohne dass wir genauer feststellen könnten, in welcher Form, an welchem Ort und zu welchem Zeitpunkt diese böhmische Zustimmung erfolgte. Die anderen Wähler handelten mit Verzögerung, doch am 1. April wählten der Erzbischof von Trier, der Herzog von Sachsen, der Markgraf von Brandenburg und noch einmal der König von Böhmen Alfons X. von Kastilien zum römisch-deutschen König. Tatsächlich wählte nur der Erzbischof von Trier, die anderen hatten ihn durch Vollmachten zur Stimmabgabe in ihrem Namen berechtigt. Auch der Gewählte war nicht anwesend. Insgesamt war es eine prosaische Zeremonie, aber sie brachte zum Ausdruck, dass die Bemühungen des kastilischen Königs um die Krone des Reiches, die sich bisher auf dubiose Wahlerklärungen fernab des eigentlichen Geschehens beschränkt hatten, in Deutschland Unterstützung fanden.

Nun waren die Würfel gefallen und Deutschland hatte zwei gewählte Könige. Gekrönt waren sie noch nicht. Dazu reiste der Erzbischof von Köln im März 1257 nach England. In London huldigte er dem neuen König und erhielt von diesem reiche Geschenke. Neben 500 Mark übergab Richard dem Erzbischof auch eine wertvolle Mitra – die bischöfliche Kopfbedeckung, in diesem Fall mit wertvollen Steinen geschmückt. Der Erzbischof setzte sie auf und erklärte, so wie er sich diese Mitra aufgesetzt habe, werde er Richard die Krone aufsetzen. In Frankfurt erwählte zur selben Zeit der Erzbischof von Trier Alfons von Kastilien zum römisch-deutschen König. Zu Ostern (10. 4. 1257) machte sich der Kölner Erzbischof auf die Heimreise von London, um Richards Krönung vorzubereiten. Richard selber brach mit großem Gefolge zwei Tage später auf. An Himmelfahrt war er in Aachen.

Die Doppelwahl von 1257 – Die Anhänger Alfons' von Kastilien
Gestorum Treverorum Continuatio V, zum Jahr 1256/1257
MGH Script. 24, S. 412

Endlich beriefen die deutschen Fürsten, denen bekannterweise das Wahlrecht zukommt, einen Tag ein, um über die Wahl zu beraten, und – welch ein Kummer – ihre Stimmen waren in Lager gespalten. Der Herr Konrad nämlich, Erzbischof von Köln, wählte wegen der ungeheuren Menge Geldes, die er bekommen hatte, einen Mann aus England, den Herrn Richard, Grafen von Cornwall, Bruder des englischen Königs, zum König – nicht aus Eifer für das Recht, sondern wegen des Wunsches nach Geld. Und er zog den Herrn Gerhard, Erzbischof von Mainz, der damals in Thüringen gefangen gehalten und für 8000 Mark Sterling des genannten Grafen von Cornwall freigelassen wurde, und den Pfalzgraf bei Rhein, der mit 10 000 Mark gewonnen wurde, auf seine Seite. Der Herr Arnold aber, Erzbischof von Trier, wollte (gemeinsam) mit dem Herzog von Sachsen, der vom König von Böhmen und vom Pfalzgraf von Brandenburg zu ihm geschickt worden war, in heilsamer und kluger Umsicht, der notwendigen Treue gegenüber dem Reich eingedenk, auf keinen Fall einen fremden Mann wegen des Geldes wählen. 15 000 Mark Sterling waren dem Erzbischof Arnold von Trier nämlich angeboten worden, doch sie konnten seine Haltung nicht ändern ...
Er selbst, in Begleitung der Bischöfe von Speyer und Worms und vieler anderer Herren, ging mit starker Hand und in angemessener Begleitung voran und nachdem er einen Tag in Frankfurt festgelegt hatte, wählte er dort den hochherzigen Herrn Alfons, den König von Spanien, Verwandten des erlauchten Königs von Böhmen und des hervorragenden Herzogs von Brabant, in seinem Namen und stellvertretend für die vorgenannten Fürsten mit gebotener Feierlichkeit zum Römischen König und zum zukünftigen Kaiser, und alle Anwesenden traten der Wahl durch ihren freudigen Beifall und ihre Zustimmung bei.

Am 17. 5. 1257 wurde Richard, Herzog von Cornwall und Bruder Heinrichs III. von England, in Aachen zum römisch-deutschen König gekrönt. Damit war er seinem Konkurrenten einen Schritt voraus. Der wusste zu diesem Zeitpunkt noch gar nicht, dass die deutschen Fürsten ihn gewählt hatten. Aus einem Brief des Bischofs von Konstanz, der zu Alfons gereist war, um ihm die Nachricht über die erfolgte Wahl zu überbringen, entnehmen wir, dass die deutsche Gesandtschaft am 15. 8. 1257 in Burgos mit ihrem neuen König zusammentraf. Wir haben keinerlei Spuren von Alfons' Regierungstätigkeit als römisch-deutschem König aus dieser Zeit. Nach den Wahlen durch Vertreter von Pisa und

Marseille im Jahr 1256 hatte sich Alfons als *zum König der Römer und zum Kaiser Gewählten* bezeichnet. Im September 1257, als die Nachricht von der erfolgten Königswahl aus Deutschland eingetroffen war, titelte Alfons als *König der Römer.* Die Einschränkung *gewählt* ließ er weg, dabei war er nun eher gewählt als zuvor.

Richard von Cornwall war ohne größere Verzögerungen zur Krönung nach Aachen aufgebrochen, nachdem er Gewissheit über seine Wahl erlangt hatte. Alfons von Kastilien machte sich nie auf den Weg. Seine Wähler begannen schon bald, an der Weisheit ihrer Entscheidung zu zweifeln.

4. Die dynastische Vorgeschichte der Wahlen

Aus heutiger Sicht erscheinen die beiden gewählten Kandidaten nur als bedingt geeignet für die übernommene Aufgabe. Doch dies ist ein Befund, der das Wissen um das tatsächlich schwache Engagement der beiden Könige in den folgenden Jahren in das Urteil einbezieht. Die Wähler konnten 1257 noch nicht absehen, wie sich die Gewählten als römisch-deutsche Könige bewähren würden. Wenn wir uns darum bemühen, den realistischen Erwartungshorizont der Fürsten zu Beginn des Jahres 1257 zu rekonstruieren, erscheint die Wahl plausibler, als sie in im historischen Urteil wirkt.

Der Erwerb von Herrschaftsrechten folgte in hohem Maße den wechselvollen Gesetzen dynastischer Politik. Dadurch entstanden mitunter überraschende Konstellationen, deren politischer Erfolg nicht nur von allgemeinen oder strukturellen Voraussetzungen abhing, sondern auch in hohem Maße vom Einsatz der jeweiligen Erben und ihrem Geschick. Erbrecht, Familienschicksal und günstige Heirat hatten in der Mitte des 12. Jahrhunderts dazu geführt, dass der König von England über größere Landbesitzungen in Frankreich verfügte, als der französische König. Ende des 12. Jahrhunderts heiratete der Staufer Heinrich VI. die sizilianische Prinzessin Konstanze, deren Vater das Königreich Sizilien regierte.

Das Königreich Sizilien umfasste neben der Insel Sizilien das gesamte Land südlich von Rom (Apulien und Kalabrien). Konstanze entstammte der dritten Ehe ihres Vaters, der aus seiner ersten Ehe bereits 5 Söhne und 1 Tochter hatte. Sie heiratete spät, im Alter von 32 Jahren, und aus dieser Ehe ging nur ein Kind hervor: Friedrich II., der geboren wurde, als seine Mutter bereits 40 Jahre alt war. Dieser Friedrich erbte schließlich das Königreich Sizilien, das zum Mittelpunkt seiner Herrschaft und zur Basis seines Kaisertums wurde. Verfolgt man die Stationen, die zu dieser Erbschaft geführt hatten, so war der Erfolg Friedrichs II. von manchem Zufall abhängig.

Das Erbrecht war nicht die einzige Begründung des staufischen Anspruchs auf Sizilien, der sich auch aus der kaiserlichen Herrschaft über Italien ableiten ließ, aber Friedrich II. hat dieses *ius imperii* nicht mehr beansprucht, sondern seine Herrschaft allein auf sein dynastischen Recht zurückgeführt. Zu Beginn war dieses dynastische Recht kaum mehr gewesen als eine vielfältig bedrohte Chance, die Friedrich energisch genutzt hatte. So gesehen, waren große Entfernungen und kulturelle Unterschiede kein zwingendes Hindernis für einen neuen Herrscher, wenn er sich auf ein legitimes Recht berufen konnte, und wenn er es mit Nachdruck verfolgte. Die Differenzen zwischen Cornwall und Deutschland oder zwischen Kastilien und Deutschland waren kaum größer als die zwischen Schwaben und Palermo, und sowohl Richard als auch Alfons konnten sich bei ihren Thronansprüchen auf eine Tradition berufen, die in etwa so alt war wie die staufischen Verbindungen nach Süditalien.

Im April 1188 hatten Kaiser Friedrich Barbarossa (1152–1190) und der kastilische König Alfons VIII. (1158–1214) einen Heiratsvertrag für ihre Kinder Konrad und Berenguela geschlossen. Konrad (ca. 1171–1196) war der siebte Sohn Barbarossas. Einige seiner Brüder waren bereits gestorben, als seine Ehe mit der kastilischen Prinzessin vereinbart wurde, doch waren noch immer drei ältere Brüder am Leben, so dass Konrads Aussichten auf den Thron seines Vaters gering waren. Berenguela (1177–1246) war die älteste Tochter des kastilischen Königs, der zum Zeitpunkt des Vertrages noch keinen Sohn hatte.

Der Vertrag regelte die Eventualitäten dynastischer Erbfolge mit penibler Präzision. Der kastilische König hoffte noch auf einen männlichen Thronfolger, aber für den Staufer wäre unter bestimmten Bedingungen eine Thronfolge möglich gewesen – wenn er Berenguela tatsächlich geheiratet hätte. Das Projekt zerschlug sich, ohne dass wir wissen, warum. Konrad starb der Überlieferung zufolge wenige Jahre später durch die Rache eines Mannes, dessen Ehefrau er vergewaltigt haben soll. Berenguela aber lebte noch lange, sie war eine Zeit lang verheiratet und hatte Kinder. Sie lebte so lange, dass sie ihre beiden später geborenen Brüder, die sie in der Thronfolge überholt hatten, überlebte und nun den Thron an ihren Sohn weitergeben konnte. Der heiratete im Jahr 1217 die Stauferin Beatrix (1205–1235), eine Tochter Philipps von Schwaben (1176–1208).

Philipp war einer der jüngeren Söhne Barbarossas, der in einer Krise der staufischen Herrschaft 1198 als einziger Vertreter des Hauses stark genug erschien, den Anspruch auf den Thron zu wahren, und zum König gewählt wurde. Er wurde 1208 in Bamberg ermordet. So war Beatrix die Tochter eines römisch-deutschen Königs und sie wurde die Mutter von Alfons X. von Kastilien, der seit 1255 seine Ansprüche auf das Herzogtum Schwaben erkennen ließ, der 1256 durch Vertreter von Pisa und Marseille zum römischen König und Kaiser gewählt wurde, und den verschiedene deutsche Fürsten 1257 zum römisch-deutschen König wählten. Ganz so abwegig war diese Wahl nicht. Der dynastische Anspruch, der im Zusammenhang mit Alfons' Königswahl angeführt worden war, hatte eine reale Grundlage, auch wenn nach dem Ende Friedrichs II. solche Ansprüche aus staufischer Familientradition erkennbar an Bedeutung verloren.

Die Tradition, auf die Richard von Cornwall seinen Thronanspruch stützen konnte, lief weniger direkt auf seine Person zu, dafür aber war ihm die Eignung für das königliche Amt bereits von den schärfsten Gegnern Friedrichs II. attestiert worden. Zwischen der englischen Königsfamilie und den deutschen Herrschern hatte es seit dem späten 12. Jahrhundert wiederholt Verbindungen gegeben. Dabei handelte es sich um dynastische Verbindungen der herrschenden Familien, nicht um Verbindungen der Länder miteinander. Wie wenig die englische Königsfamilie das ganze Land repräsentierte, können wir an einer Bemerkung des Chronisten Matthäus Parisiensis (ca. 1200–1259) sehen, der anlässlich der Wahl Richards zum römisch-deutschen König 1257 festhielt, dass Richard die englische Sprache beherrsche. Das war für Mitglieder des Königshauses und des hohen Adels, die von den normannischen Eroberern abstammten und deren Sprache das höfische alte Französisch war, ungewöhnlich. Der Chronist Matthäus, Mönch des Benediktinerklosters St. Albans bei London, ging so weit, in Richards englischen Sprachkenntnissen einen Vorzug für seine Königsherrschaft in Deutschland zu sehen, da sich die deutsche und die englische Sprache ähnlich seien. Die Logik dieser aristokratischen, dynastischen Politik sollte nicht mit neuzeitlicher Außenpolitik verwechselt werden.

Unter Friedrich Barbarossa waren die Verbindungen der Staufer mit Kastilien ange-

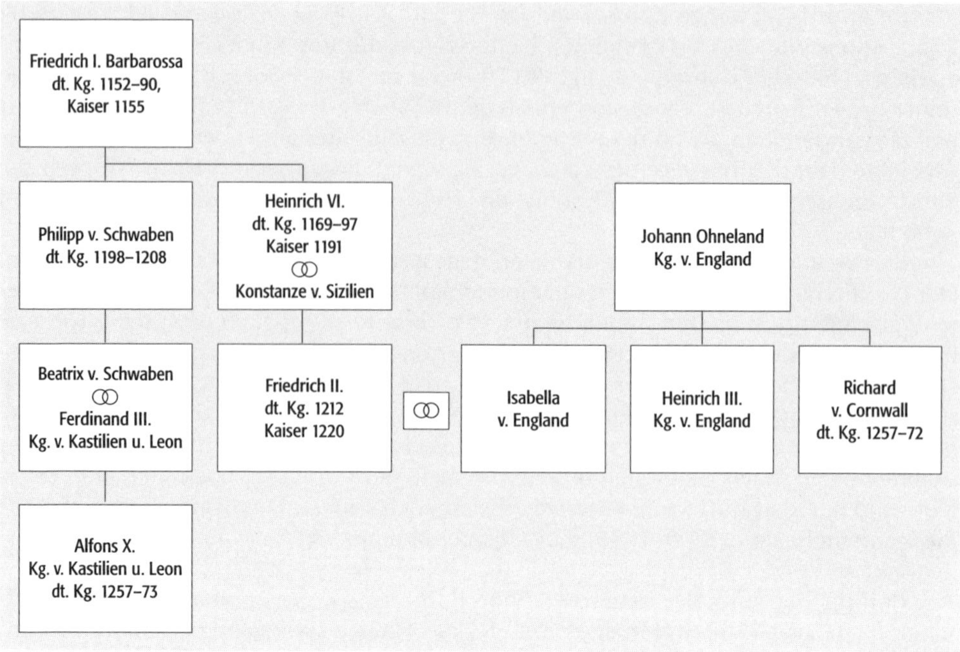

knüpft worden. Unter Barbarossa wurden auch die Verbindungen mit dem englischen Königshaus eingeleitet, allerdings nicht von den Staufern, sondern von ihren Gegnern. Der Sachsenherzog Heinrich der Löwe (1129–1195) war mit seiner erfolgreichen und ehrgeizigen Politik zu einer Herausforderung und einer Konkurrenz für Friedrich Barbarossa geworden Barbarossa verstand es 1179 geschickt, seinen Gegner zu isolieren. Im Jahr 1180 wurden dem Welfen Heinrich dem Löwen seine Reichslehen aberkannt und er musste ins Exil gehen. Er ging an den Hof des Königs von England, mit dessen Tochter er seit 1168 verheiratet war. Diese Heirat war durch den damaligen Erzbischof von Köln vermittelt worden. Der Sohn Heinrichs des Löwen, Otto (1175–1218), wuchs am englischen Hofe auf, und das bedeutete Lehrjahre nicht nur in England, sondern auch in der Normandie. Nach dem Tode Kaiser Heinrichs VI. wurde Otto von einer antistaufischen Fürstengruppe zum römisch-deutschen König gewählt und nach verschiedenen Rückschlägen, in deren Folge zunächst Philipp von Schwaben für die Staufer den Thron errang, wurde er als Otto IV. am 4. 10. 1209 in Rom zum Kaiser gekrönt. Das Einvernehmen mit dem Papst zerbrach bald, weil Otto IV. eine eigenständige Politik in Süditalien verfolgen wollte und wenige Jahre später verfiel seine Königsmacht in Deutschland als Folge der berühmten Schlacht von Bouvines (27. 7. 1214), die mit dem deutschen Königtum nur am Rande etwas zu tun hatte.

So hatte es zwischen 1208 und 1214 einen deutschen König und seit 1209 sogar einen Kaiser gegeben, der ein Schwiegersohn des englischen Königs war. Friedrich II. hatte diese Tradition familiärer Verbindungen fortgesetzt. Im Jahr 1235 hatte der Staufer die Schwester des englischen Königs Heinrichs III. (1216–1272) geheiratet. Durch diese Heirat wurde Richard von Cornwall zum Schwager des Kaisers. Im Jahr 1241 begab sich Richard von Cornwall auf einen kleinen Kreuzzug. Auf der Rückreise machte er bei Friedrich II. und seiner Schwester Station. In Sizilien wurde ihm ein großzügiger Empfang bereitet. Zu diesem Zeitpunkt war Friedrich bereits exkommuniziert und der persönliche Kontakt mit diesem Exkommunizierten war ausdrücklich verboten. Doch ließ sich Richard dadurch nicht abschrecken.

Die Anhänger des Kastiliers Alfons haben diese Kontakte später gegen ihn ins Feld geführt, um den Päpsten deutlich zu machen, dass Richard 1257 streng genommen gar nicht wählbar gewesen sei, weil er durch seine Kontakte zu Friedrich II. ebenfalls den kirchlichen Bann auf sich gezogen hätte. Doch war der Kurie wohl klar, dass das Feld möglicher Kandidaten für den deutschen Thron durch eine solch enge Auslegung ihrer eigenen Exkommunikationsbestimmungen allzu sehr begrenzt würde, denn nicht einmal Friedrichs schärfster Gegner, Papst Innozenz IV., nahm an Richards familiären Kontakten ernsthaften Anstoß. Damit kommen wir zu einem Blickwinkel, der die Beschränkung auf die deutsche Perspektive erweitert und der für eine realistische Beurteilung der Vorgänge während des Interregnums unerlässlich ist. Bevor Richard von Cornwall zum Kandidaten der deutschen Fürsten wurde, war er bereits der Kandidat der Kurie gewesen – und zwar für zwei unterschiedliche Positionen, die beide infolge des päpstlichen Vorgehens gegen Kaiser Friedrich neu zu besetzen waren.

Der englische Chronist Matthäus Parisiensis kannte Richard von Cornwall gut und hatte ein argwöhnisches Auge auf alle Entwicklungen, die den Interessen der englischen Kirche oder des englischen Königreiches schaden konnten. Sein besonderes Misstrauen galt der päpstlichen Kurie und er wurde nicht müde, ihr eigensüchtige Umtriebe zum Nachteil des wertvollen englischen Geldes zu unterstellen. Matthäus berichtete vom Jahr 1247, wie der Papst nach dem Tode Heinrich Raspes zunächst vergeblich nach Kandidaten für die Nachfolge gesucht habe. Einer derjenigen, dem die römisch-deutsche Krone damals angetragen worden sei – die zu diesem Zeitpunkt noch gegen Friedrich II. erstritten werden musste, sei Richard von Cornwall gewesen, *der aus verborgenen Gründen zu einem besonderen Vertrauten des Papstes geworden … und den päpstlichen Plänen gewogen* sei. Richard, der schlau, reich und der Bruder des englischen Königs sei, habe abgelehnt, weil er die Gefahren des Krieges für zu riskant hielt. So wurde Wilhelm von Holland ausgewählt. Im April 1250 waren angesichts des betont freundlichen Empfangs, den der Papst Richard in Lyon bereitete, und einer nachfolgenden längeren Unterredungen der beiden erneut Gerüchte über das Angebot der Kaiserkrone an Richard laut geworden, doch war es bei Gerüchten geblieben.

Innozenz IV. blieb Richard gewogen. Dies zeigte sich im Jahr 1252, als die päpstliche Sizilienpolitik in eine schwierige Lage geraten war. Die Absetzung Friedrichs II. hatte im Königreich Sizilien wenig Auswirkungen gezeigt. Auch nach dem Tode des Staufers konnten sich seine Anhänger behaupten und 1252 deutete sich an, dass Konrad IV. seinen Erbanspruch auf Sizilien erfolgreich behaupten konnte. So begann Innozenz IV. auch für Sizilien einen konkreten Interessenten zu suchen, den er mit dem Königreich belehnen wollte, das der Kandidat dann noch erobern musste. Der erste Kandidat des Papstes für diese Aufgabe war Richard von Cornwall. Bei den Verhandlungen über das päpstliche Sizilienangebot zeigten sich jene Seiten von Richards Persönlichkeit, die auch sein späteres Königtum bestimmten. Richard war ein Mann des Ausgleichs. Er hatte durch geschickte Nutzung der Möglichkeiten, die ihm die Nähe zu seinem königlichen Bruder boten, ein Vermögen erwirtschaftet, aber für die Aufgaben, für die Innozenz IV. ihn gewinnen wollte, brauchte es andere Talente. Richard wusste das und er lehnte die Krone Siziliens ab. Berühmt ist seine Begründung für diese Ablehnung: das sei, als sage jemand: *ich verkaufe oder ich gebe dir den Mond. Steig hinauf und hol' ihn dir.* Es war durchaus folgerichtig, dass Richard die deutsche Krone erst akzeptierte, als Friedrich II. gestorben war.

5. Die Rolle des Geldes bei der Wahl von 1257

Wiederholt haben die Chronisten Richards Reichtum hervorgehoben und Matthäus Parisiensis sah darin einen der Gründe, der die Zuneigung Innozenz' IV. zu dem Engländer geweckt hatte. Bei der Königswahl 1257 spielten Geldzahlungen offenbar eine Rolle. Die Wahl ist immer wieder als ein „Geschäft" bezeichnet worden. Ganz falsch ist dieses Urteil nicht.

Zahlenangaben mittelalterlicher Chronisten sind in den meisten Fällen sehr problematische Größen. Angaben über die Zahlenstärke von Heeren, die Menge von Schiffen oder die Zahl der Toten nach einer Schlacht haben meistens eher illustrativen als präzisen Charakter. Bei Angaben über Geldzahlungen ist das kaum anders. Es gibt Ausnahmen, doch hängt dies vom speziellen Interesse des Chronisten ab und die Qualität einer solchen Information ist schwer zu ermessen, da Vergleichsgrößen fehlen. Die englischen Chronisten im Umfeld Richards von Cornwall überliefern beträchtliche Zahlungen an die deutschen Wähler.

Nach den Angaben von Thomas Wykes (ca. 1222–1300), dem Chronisten der Abtei Osney bei Oxford, der an dem Geschick Richards von Cornwall lebhaften Anteil nahm, hatte Richard dem Mainzer Erzbischof 8000 Mark gezahlt, von denen 5000 Mark allein für dessen Entlassung aus der Gefangenschaft benötigt wurden. Der Kölner Erzbischof habe 12 000 Mark erhalten und der Pfalzgraf 18 000. Andere Fürsten hätten 7000 Mark erhalten, hätten sich aber darüber beklagt, schlechter gestellt zu sein, als der Kölner Erzbischof. Soweit wir diese Zahlen anhand der urkundlich abgesicherten Vereinbarungen überprüfen können, wirken sie verhältnismäßig adäquat. Dabei gab es durchaus Ungenauigkeiten.

Der Erzbischof von Köln hatte mit Richard einen detaillierten Vertrag abgeschlossen, der im Gegenzug für die Kölner Wahlstimme – zusätzlich zur Zahlung einer bestimmten Summe – einige Leistungen des Engländers verlangte. Diese Leistungen, wie etwa die Lösung des Erzbischofs aus der päpstlichen Exkommunikation, die Richard erst noch bei der Kurie erreichen musste, waren an Fristen gebunden. Wurden diese Fristen überschritten, musste Richard weitere Zahlungen zur Entschädigung leisten. Insofern barg der Vertrag gewisse Unsicherheiten. Wenn die Königswahl wie geplant ablief und wenn Richard seine weiteren Zusagen einhalten konnte, dann war er dem Kölner Erzbischof etwa 8000 Mark schuldig. Thomas Wykes war bei seinen Angaben eher davon ausgegangen, dass der ungünstigste Fall eintreten, und Richard seine Zusagen nicht würde einhalten können. Dann wäre es für ihn teurer geworden. Doch hier geht es weniger um präzise Summen als um die Dimension des Geschäfts. Diese hat Thomas Wykes in etwa angemessen wiedergegeben.

Richard von Cornwall war ein reicher Mann, was ihn aus der Sicht des englischen Chronisten Matthäus Parisiensis für das Königtum von Sizilien oder das deutsche Königtum qualifizierte. Die ältere Forschung hat in den Vorgängen von 1256/57 ein „Geschäft" gesehen, und sie beurteilte die Rolle der Fürsten in diesem Geschäft sehr kritisch. Es hat in jüngerer Zeit auch Versuche gegeben, die Geldzahlungen mit weniger Entrüstung als übliche Wahlgeschenke zu verstehen. Wähler durften eine gewisse

Dankbarkeit für ihr Wahlverhalten erwarten. Doch wurde die Dankbarkeit des Gewählten 1256/57 mit so wenig Eleganz eingefordert und war an so klare Zahlungstermine gebunden, dass ein unguter Eindruck kaum zu vermeiden ist. Es handelte sich bei den Erzbischöfen von Mainz und Köln immerhin um hohe Vertreter der Kirche, die ihre bedeutende Stellung in der Reichsverfassung auch dem Einsatz verdankten, mit dem ihre Vorgänger die so genannte „Simonie", und das bedeutete den geistlichen Ämterkauf im weiteren Sinne, bekämpft hatten. Der römisch-deutsche Königstitel war kein geistliches Amt, aber er war auch aus geistlicher Sicht ein besonderes Amt. Es war nicht ganz unproblematisch, wenn bei der Vergabe dieses Amtes dem Geld eine solche Rolle zukam. Das sahen auch die Zeitgenossen so. Wie Wasser habe Richard sein Geld vor die Füße der Fürsten ausgegossen, berichtet ein empörter Hamburger Chronist. Bei der Wahl und nochmals bei der Krönung sei sehr viel Geld (*infinita pecunia*) eingesetzt worden. Wie dumm die deutschen Fürsten, *die ihr nobles Recht für Geld verkauften.*

Der Wert des Geldes

Es ist nicht einfach, eine Vorstellung vom Wert der Zahlungen zu erhalten, zu denen sich Richard anlässlich seiner Wahl verpflichtete. Wir verfügen nur über wenige Vergleichswerte aus dieser Zeit. Die Kölner Mark war ein verbreitetes Standardmaß. In einer Kölner Steuerliste von 1286 können wir erkennen, dass die guten Häuser in begehrten Kölner Stadtvierteln knapp 100 Mark wert waren. Die meisten Häuser waren deutlich billiger, mit Preisen von einem Viertel dieser Summe. Die teuersten Häuser wurden mit einem Wert von 288 Mark veranschlagt. Das gesamte Stadtviertel St. Kolumba mit 889 Objekten wurde im Jahr 1286 mit einem Immobilienwert von etwa 29 000 Mark taxiert. Das war ungefähr die Größenordnung der Summe, die Richard von Cornwall für seine Königswahl zahlen musste.

Aber nicht nur das Geld hatte zur Wahl Richards und – auch wenn die Quellen darüber nichts Eindeutiges sagen – Alfons' geführt. Es mochte eine willkommene Begleiterscheinung für die Wähler gewesen sein, aber es hatte nicht aus einem aussichtslosen einen hoffnungsvollen Kandidaten gemacht. Es hatte keine erkennbare aussichtsreiche Konkurrenz gegeben, die von Richard aus dem Feld geschlagen wurde. Die Wähler brauchten einen König und es gab keine konsensfähigen deutschen Kandidaten. Richard brauchte seine Wähler nicht zu bestechen. Dass sie sich ihre Stimme gut bezahlen ließen, auch wenn das Geld nicht den Ausschlag gab, würden Juristen heute als Vorteilsnahme bezeichnen, aber die juristische Bewertung der Entwicklung ist ebenso wenig unsere Aufgabe wie die moralische. Vielmehr müssen wir fragen, wie es zu einer solchen Lage kommen konnte, in der das häufige Grau politischer Entwicklungen noch etwas grauer wirkte, und was die Wahlfürsten aus den Vorgängen für Schlüsse zogen.

Dass nicht das Geld den Ausschlag für die Wahlentscheidung gegeben hatte, können wir daran erkennen, dass auch die Kurie Richard von Cornwall für die höchsten weltlichen Ämter, die nach dem Ende der Staufer zu vergeben waren, vorgesehen hatte. Dies ist das eigentlich Interessante. Wenn Innozenz IV. sich mehrmals um den Engländer bemüht hatte, dann durfte Richard nach den Maßstäben der Zeit als königsfähig gelten. Es hatte offensichtlich nur an ihm gelegen, dass man ihm bislang dieses Amt noch nicht direkt angeboten hatte. Solange Friedrich II. lebte, hatte er es abgelehnt, mit päpstlicher Unterstützung auf den Thron zu gelangen.

Alfons von Kastilien tritt bei diesen Überlegungen ein wenig in den Hintergrund. Das ist seiner historischen Bedeutung durchaus angemessen. Er unternahm niemals einen ernsthaften Versuch, seinem Königstitel in Deutschland eine reale Grundlage zu geben. So wandten sich seine Wähler und Anhänger bald von ihm ab. Dies war allerdings eine Entwicklung nach der Wahl. Vor der Wahl war sie nicht abzusehen und auch nach den Parteiwechseln seiner Anhänger verteidigte Alfons seinen Titel beharrlich durch Gesandte an die päpstliche Kurie. Ein Verzicht kam für ihn lange Zeit nicht in Frage. Alfons' Wahl ging besonders eigentümlich vor sich. Ein dynastischer Anspruch führte über die „Wahl" von Vertretern zweier Handelsstädte am Mittelmeer zur Wahl durch einen Reichsfürsten, der die Vollmacht über die Stimmen von drei weiteren Wählern hatte. Einer von diesen Wählern hatte seine Stimme bereits dem Konkurrenten gegeben. Es sprach manches dafür, das Verfahren der Königswahl zu überdenken.

6. Das Wahlverfahren

Wenn die Königswahl nach dem Ende der Staufer und vor der Etablierung einer neuen Herrscherdynastie zum eigentlich legitimierenden Akt für den deutschen Herrscher wurde, dann gab es mit solchen Abläufen ein Problem. Wie konnte man nun entscheiden, wer rechtmäßiger König war, wer rechtsgültig Reichslehen vergeben, Urteile in wichtigen Streitfragen fällen und Rechtsentscheidungen mit bindendem Charakter treffen konnte? Diese Fragen wurden dringlich, sie wurden anlässlich der Wahl von 1257 angesprochen, aber sie wurden nicht entschieden. Sie konnten im Grunde auch kaum entschieden werden, denn bei zwei Königen fehlte eine Instanz, die mit unumstrittener Autorität eine Entscheidung fällen konnte.

Das Papsttum hätte vielleicht eine solche Autorität sein können, wenn das Urteil von beiden Seiten anerkannt worden wäre, auch wenn man sich fragen konnte, welche Entscheidungsbefugnis der Papst in Fragen der deutschen Verfassungsordnung hatte. Aber diese Frage stellte sich nicht, denn die Päpste dieser Jahre konnten sich zu keiner Entscheidung durchringen. Beide Seiten riefen die Kurie um Unterstützung an, beide Seiten trugen ihre Standpunkte vor. Die Kurie erwog die Positionen, aber sie fällte kein Urteil. Solange es keinen Richter gab – und es gab keine geeignete Instanz für eine solche Aufgabe –, solange waren alle vorgetragenen Argumente beider Seiten für die Rechtmäßigkeit ihres Königs lediglich Parteimeinungen. Dies war eine Folge der politischen Situation des Interregnums. In den Jahren nach 1257 stellten die Fürsten fest, dass sich eine solche Konstellation nicht bewährte. Bei der Wahl Rudolfs von Habsburg gingen sie anders vor und berücksichtigten dabei die Erfahrungen der Doppelwahl von 1257. Dabei ging es im Wesentlichen darum, das Potential, das wir in den Wahlvorgängen von 1257 erkennen können, in ein konsensfähiges Wahlmodell umzusetzen.

Die Möglichkeiten und die Kriterien dieses Verfahrens waren in der Doppelwahl von 1257 bereits angelegt, allerdings herrschte darüber noch keine Einigkeit. Die Grundzüge des späteren Verfahrens waren gewissermaßen in einem Pool der Parteimeinungen enthalten und sie mussten in eine gemeinsame Praxis der Wahlfürsten überführt werden. Einige zeitgenössische Stimmen zur Wahl sind in einem Dokument an der päpstlichen Kurie überliefert, das die Argumente beider Seiten für die Rechtmäßigkeit ihres Königs als Vorbereitung einer päpstlichen Entscheidung in der Sache aufgezeichnet hat. Auch wenn es zu dieser Entscheidung nie gekommen ist, so ist doch die Auseinandersetzung darum dokumentiert. Nach seinen Anfangsworten heißt das Schriftstück aus dem Jahre 1263 *Qui celum* (Weinrich, Quellen 1250–1500, Nr. 15.).

Der wichtigste Befund aus dem unübersichtlichen Wahlgeschehen von 1257 war wohl der, dass die Gruppe der Fürsten, die den römisch-deutschen König wählten, nun einigermaßen klare Konturen annahm. Mit ihren Stimmen waren die drei rheinischen Erzbischöfe (Mainz, Köln und Trier), der Pfalzgraf bei Rhein, der Herzog von Sachsen, der Markgraf von Brandenburg und der König von Böhmen beteiligt. *Es sind sieben an der Zahl,* so gaben die Schreiber an der päpstlichen Kurie einige Jahre nach der Doppelwahl die Darlegung der Gesandten Richards hinsichtlich der Königswähler wieder. Die Gesandten trugen ihre Sicht der Dinge vor, um den Papst zur Unterstützung Richards zu bewegen. Bei dieser Formulierung ist etwas unsicher, ob der Schreiber eine Parteimeinung wiedergibt oder diesen Einwurf als eigene Erklärung hinzufügt. Die Feststellung der Zahl war nicht falsch, wenn man die beiden Stimmen des Böhmenkönigs als eine einzige zählte, aber bei der Zahl der Wähler gab es reale Probleme. Wir sollten uns das Szenario von 1257 nicht zu modern-demokratisch vorstellen. Zwei Könige waren gewählt worden, und die Zeitgenossen hatten keine klaren Kriterien, um die Frage zu beantworten: Wer von beiden war rechtmäßiger König?

Die Einschränkung des Wählerkreises war ein erster, und wie sich erweisen sollte, ein in der deutschen Verfassungsgeschichte entscheidender Schritt. Die Wähler der zukünftigen mittelalterlichen Königswahlen kamen aus diesem Kreis. Wir wissen nicht, wie es dazu kam, dass das Recht der Königswahl nun auf diese Fürsten überging. Die Forschung hat die verschiedensten Erklärungsversuche vorgelegt, die von einem Desinteresse der Fürsten, das zum Rückzug der anderen Wähler führte, über eine etwas gewagte genealogische Begründung hin zu einer Beauftragung der Wähler durch die anderen Fürsten reichen, für die es allerdings keinerlei Zeugnis gibt.

Wir wissen nicht, wie es zur Zusammensetzung der Wählergruppe kam, aber wir können doch feststellen, dass die Wähler von 1257 mit den Wählern übereinstimmen, die der Sachsenspiegel so besonders hervorgehoben hatte. Der Sachsenspiegel hatte sieben Fürsten als besondere Königswähler ins Auge gefaßt, den König von Böhmen allerdings ausdrücklich ausgeschlossen. 1257 hatte der König von Böhmen seine Wahlstimme nacheinander beiden Kandidaten gegeben. Für dieses Verhalten ist manche Erklärung bemüht worden, jedoch ist die einfachste und die plausibelste Begründung für das Wahlverhalten des böhmischen Königs, dass er 1257 in jedem Fall unter den Wählern des römisch-deutschen Königs sein wollte. Da nicht sicher war, welcher König sich durchsetzen würde, wählte er den sichersten Weg und gab beiden seine Stimme.

Richards und Alfons' Gesandte, die nach der Wahl zum Papst reisten, um ihn für ihren König zu gewinnen, mussten für die Beantwortung der Frage nach der gültigen Wahlentscheidung Maßstäbe liefern. Damit taten sie sich schwer. Richards Gesandte nannten als Entscheidungshilfe zunächst ein eher brutales Kriterium: Wer sich durchsetzte, sollte rechtmäßiger König sein. Für den Rechtsweg sei der Pfalzgraf zuständig; er sei Richter im Falle einer Doppelwahl. Die päpstliche Kurie könne als Berufungsinstanz angerufen werden. Als weitere Kriterien wurden der richtige Wahlort und der richtige Wahltermin genannt.

Im Zusammenhang mit den Darlegungen von Richards Gesandtschaft war die Siebenzahl der Wähler genannt worden. Aber im Zusammenhang mit dieser Siebenzahl spielte ein Maßstab keine Rolle, den wir vielleicht erwarten würden: die mögliche Mehrheit der Stimmen für einen Kandidaten. Die Mehrheit der Stimmen wurde von den Gesandten des kastilischen Königs als Kriterium genannt, diese Gesandten aber äußerten sich nicht präzise zu der Frage, wer eigentlich wahlberechtigt sei. So sind die Grundzüge des späteren Verfahrens bereits als Möglichkeiten zu erkennen, aber dazu mussten beide Seiten bereit sein, ihre Ansichten in einem gemeinsamen verbindlichen

Verfahrensmodell zusammenzuführen. Noch war man nicht so weit. Das Wahlverhalten des Königs von Böhmen hatte ohnedies dazu geführt, dass beide Seiten die gleiche Anzahl Stimmen für sich beanspruchen konnten.

Für den König von Böhmen kam es darauf an, in jedem Fall dabei zu sein. Wir können daraus ableiten, was der Sachsenspiegel bereits erkennen ließ: das Wahlrecht des böhmischen Königs war umstritten. Tatsächlich wählte der böhmische König bei der Wahl Rudolfs von Habsburg 1273 nicht mit. Seine Stimme fiel an den Herzog von Bayern und damit sind wir bei dem zweiten großen Problem des Wählerkreises. Die Wahlstimme des Pfalzgrafen bei Rhein erschien bislang als unumstritten. Er war der vornehmste unter den weltlichen Wahlfürsten. Die Pfalzgrafschaft *bei Rhein* mit Sitz in Heidelberg war im Besitz der Wittelsbacher. Die Wittelsbacher aber stellten nicht nur den Pfalzgrafen, sie waren auch Herzöge von Bayern. Als der Pfalzgraf Richard von Cornwall seine Stimme für die Königswahl zusagte, da tat er das als *Pfalzgraf bei Rhein und Herzog von Bayern* (*comes palatinus dux Bawarie*). Bei der oben zitierten Auflistung der Geldzahlungen sprach Thomas Wykes nicht vom Pfalzgrafen, sondern vom *Herzog von* Bayern.

Das Verhältnis zwischen den rheinischen Besitzungen der Wittelsbacher und ihren bayerischen Territorien war in der Familie ein ständiger Anlass zu Konflikten, die besonders dann schwierig waren, wenn es zwei Brüder gab, die beide Pfalzgrafen und bayerische Herzöge waren. Zwar einigte man sich auf eine Aufteilung der Gebiete, aber das Stimmrecht blieb umstritten. So beanspruchte auch der Herzog von Bayern aus dem Hause Wittelsbach eine Wahlstimme und bei der Wahl Rudolfs von Habsburg erhielt er sie. Das Feld der Königswähler war klar begrenzt, aber es gab mit der böhmischen und der bayerischen Stimme zwei ernsthafte Problemfälle. Wählte man die rigide Lösung und folgte dem Sachsenspiegel – wofür man immerhin die unentschlossene Haltung des Böhmenkönigs 1257 als Argument heranziehen konnte, die auch den Papst zur Kritik herausforderte –, dann gab es sechs Wähler (der Böhmenkönig war ja ausgeschlossen). War man großzügig und ließ alle in Frage kommenden Wähler zu – den böhmischen König und den Herzog von Bayern –, dann gab es acht Wähler, so viel wie bei einer getrennten Zählung der Stimmen 1257. Dies waren die Alternativen und bei der Entscheidung über diese Frage kam der politischen Lage eine wichtige Rolle zu. Wir kommen darauf zurück.

Und wenn bei einer Spaltung der Stimmen der zum Wählen zusammengekommenen Fürsten, denen das Wählen zusteht, zwei in Zwietracht gewählt werden, setzt sich entweder der eine der Gewählten mit Gewalt durch - oder man fand die Lösung innerhalb einer akzeptierten Rechtsordnung. Dies war die Sicht der Vertreter König Richards (Weinrich, Quellen 1250–1500, Nr. 15 [7]). Doch dazu kam es nicht. Die beiden Könige trafen niemals aufeinander, zumindest nicht als römisch-deutsche Könige in dem Land, dessen Herrschaft sie beanspruchten. Richard, der sich mit einem gewissen Einsatz um sein Königtum bemühte, ließ manche Parallelen zu Wilhelm von Holland erkennen. Er beschränkte sich bei seinen Aufenthalten in Deutschland ganz auf die Gebiete entlang des Rheins, so wie es Wilhelm bis 1250 gehalten hatte. Auch Richard hatte seine Machtbasis nicht in Deutschland. Sein Reichtum stammte aus englischen Quellen und das Schwergewicht seiner Aktivitäten lag weiterhin in England. Dort musste er auch seine Interessen verteidigen, als sie in Gefahr gerieten. Als sich die englischen Barone gegen ihren König erhoben, stand Richard seinem Bruder bei. Er geriet in Gefangenschaft. So saß der römisch-deutsche König ein Jahr lang in einem Ker-

ker der englischen Barone (vgl. Kap. VIII, 7). Wilhelm von Holland hatte seine heimischen Probleme mit dem Leben bezahlt. Richard blieb am Leben und mehr als das: Er kam nach seiner Entlassung 1268 noch einmal für einige Zeit nach Deutschland, wo er Beatrix von Valkenburg heiratete, deren Schönheit die Zeitgenossen beeindruckte. Richard hatte die Freiheit erlangt nachdem die rebellischen Barone besiegt worden waren, aber als römisch-deutscher König profitierte er von diesen Erfolgen nicht. Sein Königtum blieb eine Episode. Sein Sohn wurde in England Heinrich *von Deutschland (de Almagne)* genannt, weil Richards Landsleute eine dynastische Fortsetzung seines Königtums annahmen, aber diese Möglichkeit wurde in Deutschland niemals ernsthaft erwogen.

Aus der historischen Entfernung vermitteln die Geschehnisse nach dem Tode Wilhelms von Holland bis zur Doppelwahl von 1257 vor allem einen Eindruck: den der Ratlosigkeit bei allen Beteiligten. Weder die Wahlfürsten noch die deutschen Städte zeigten ein nachdrückliches und aussichtsreiches Engagement für einen geeigneten Kandidaten. Es schien ihn in Deutschland nicht zu geben. So verfiel man auf eine Lösung, die eine etwas entlegene, aber keineswegs abwegige Option ins Spiel brachte. Die Fürsten wählten einen Angehörigen eines europäischen Königshauses, das mit der bisherigen deutschen Herrscherfamilie bereits wiederholt Verbindungen eingegangen war. Über die Person konnten sich die Fürsten nicht einigen, aber die Auswahl der Kandidaten, die die zerstrittenen Wähler trafen, war in beiden Fällen vergleichsweise plausibel. Diese Wahl war eine Notlösung aber sie hatte eine gewisse Logik. Die weitgespannten Verbindungen der Staufer und ihrer zeitweiligen Rivalen, der Welfen, boten nach dem Ende der Herrscherfamilie Anknüpfungspunkte für interessierte Kandidaten. In der kuriosen Wahl, in der die Vertreter Pisas und Marseilles Alfons von Kastilien zum römischen König und zum Kaiser erhoben, kam der Charakter dieser Jahre als einer Wendezeit vielleicht am auffälligsten zum Ausdruck. Gleichzeitig wird erkennbar, in welche Richtung der Wandel gehen musste, der im Interregnum eingeleitet wurde.

Friedrich II. hatte den herrschaftlichen Auftritt geschätzt und seine Kanzlei hatte eine hoch entwickelte Selbstdarstellung des Kaisertums gepflegt. Aber das Kaisertum war ein überaus diffuses Gebilde, seine Grenzen waren nicht klar benannt, ebenso wenig wie seine Kompetenzen. Pisa lag in Italien, das zum Reich gehörte, Marseille lag in der Provence, die nominell ebenfalls zum Reich gehörte. Darauf konnten sich die Vertreter dieser Städte berufen, wenn sie der Vakanz des Reiches durch eine Kaiserwahl Abhilfe schaffen wollten. Das Verfahren war ohne Vorbild und es war ein Zeichen der Schwäche des Reiches. Gleichzeitig zeigte es, dass die Zuständigkeiten in wichtigen Fragen der politischen Ordnung geklärt werden mussten. Wer hatte bei welcher Gelegenheit etwas zu sagen und was war zu tun, wenn das Gesagte nicht zusammenpasste? Dies waren zentrale Fragen der Zeit. Letztlich waren es Fragen der politischen Ordnung in Deutschland. Diesen Frage wenden wir uns nun zu.

VI. Aufgaben und Schwierigkeiten der Herrschaft

15. 8. 1235	Mainzer Reichslandfrieden Friedrichs II.
1248–1254	Kreuzzug König Ludwigs IX. von Frankreich
1250	Henry de Bracton, *Über die Gesetze und Rechtsbräuche Englands*
1251	Ottokar wird Herzog von Österreich
1254	Ottokar wird König von Böhmen
1256–1265	Alfons X. von Kastilien, *Siete Partitas*
1258–1265	Rebellion der englischen Barone gegen König Heinrich III.
16. 12. 1273	Stellungnahme des Bischofs von Olmütz zur deutschen Königswahl (*Relatio*)

1. Die Macht der Könige

Ein König bot Orientierung. Er sorgte für Gerechtigkeit und für Frieden unter den Menschen, die er regierte. Das war zumindest seine Aufgabe. Friedrich II. hatte die Anforderungen an den Herrscher prägnant formuliert: *Dadurch wird nämlich die herrscherliche Gewalt besonders gestärkt, dass sie in der Bewahrung des Friedens und der Ausübung der Gerechtigkeit den Bösen ebenso schrecklich ist wie den Friedliebenden willkommen.* Der König musste stark sein, denn das Recht wurde ständig bedroht. Was Friedrich II. hier in der Vorrede zum Mainzer Reichslandfrieden 1235 entwarf, war das Programm einer machtvollen Königsherrschaft (Weinrich, Quellen bis 1250, Nr. 119). Einen solchen Auftritt erwarteten die Zeitgenossen von einem guten und gerechten König. Und solche Auftritte haben auch die Historiker lange Zeit geschätzt. Für die Jahre des Interregnums entstand daraus ein Problem. In diesen Jahren hatte Deutschland schwache Könige, das ist unstrittig.

Es gab Könige, aber sie hatten wenig Macht, wenn wir dafür die Maßstäbe anlegen, die Friedrich II. formuliert hatte oder die Max Weber sehr viel später, aber sehr ähnlich definierte: Wilhelm von Holland, Richard von Cornwall oder Alfons von Kastilien waren kein Schrecken für die Bösen. Und – so haben mache zeitgenössische Chronisten gefolgert, und die Geschichtsforschung ist ihnen darin weitgehend gefolgt – so konnte die Gewalt triumphieren. Das Interregnum wurde in ihrer Sicht zu einer schlimmen Zeit für die Schwachen. Doch gibt es mit diesem Geschichtsbild bereits die ersten Probleme, wenn wir danach fragen, wer eigentlich *die Bösen* waren. Wir stellen schnell fest, dass wir zwischen Realität und Ordnungsvorstellungen unterscheiden sollten.

Friedrich II. schätzte die Darstellung als starker Herrscher und andere europäische Herrscher taten das ebenso. Auch in England war es klar, dass der König Gehorsam verlangen konnte und dass es ihm gegenüber kein schlimmeres Verbrechen gab als den Ungehorsam. Der Engländer Henry de Bracton († 1268) verfasste um 1250 eine umfangreiche Abhandlung über die Gesetze und die Rechtsgebräuche seiner Heimat, und es war ihm klar, dass das Recht durch eine starke Königsmacht garantiert wurde: *denn es wäre überflüssig, Gesetze zu erlassen und Gerechtigkeit zu üben, wenn es niemanden gäbe, der die Gesetze schützte.* Alfons von Kastilien, der sich in Konkurrenz mit dem Engländer Richard von Cornwall um die Nachfolge Friedrichs II. bewarb, erließ zwischen 1256 und 1265 zahlreiche Gesetze.

Das Gesetzeswerk, in dem sie aufgezeichnet sind, hat wegen seiner Gliederung den Namen *Siete Partidas* (sieben Teile) erhalten und enthält ebenfalls programmatische Passagen über die Herrschaftsgewalt des Königs. Die königliche Gewalt würde benötigt, um trotz der unterschiedlichen Absichten und Wünsche der Menschen ein friedliches und gerechtes Zusammenleben zu garantieren. Das galt auch im Kastilien Alfons' X., *des Gelehrten,* wie er wegen seiner umfangreichen Interessen und Kenntnisse genannt wurde. Alfons gebrauchte eine verbreitete Metapher, um die notwendige Ordnung anschaulich zu machen: die **Metapher vom sozialen Verband** – der königlichen Untertanen, **der Christen als einem Leib**.

Die Metapher vom mystischen Leib Christi im 13. Jahrhundert
Die Menschen mit ihren verschiedenen Begabungen und verschiedenen Rangstufen waren wie die Glieder eines Körpers, dessen Kopf der König war. Er steuerte diesen Organismus, in dem jedes Teil seine Aufgabe hatte. Diese Körpermetapher war ein altes Bild; seit der Apostel Paulus der Gemeinde von Korinth den notwendigen Zusammenhalt untereinander eindringlich mit einem solchen Bild vor Augen geführt hatte (*Ihr aber seid der Leib Christi, und jeder Einzelne ist ein Glied an ihm,* 1 Kor. 12,12–31a), hatten die christlichen Theologen es immer wieder für das kirchliche Selbstverständnis herangezogen. Die Metapher wurde auch auf politische und soziale Verbände übertragen und entwickelte dabei eine hierarchische Dynamik, die der Apostel nicht im Sinn gehabt hatte. Während Paulus das Bild so gedeutet hatte, dass der Körper jedes noch so unwichtig erscheinende Organ benötige (*... gerade die schwächer scheinenden Glieder des Leibes sind unentbehrlich*), interessierten sich die Theologen und Juristen des 13. Jahrhunderts vor allem für die hierarchische Rangfolge der einzelnen Glieder, die aus dem Bild abzuleiten war. Es war unstreitig, dass dem Kopf die wichtigste Rolle zukam. Im 13. Jahrhundert war die Metapher vom mystischen Leib zur Stütze einer Ordnungsvorstellung geworden, die Innozenz IV. anlässlich der Absetzung Kaiser Friedrichs II. so eindringlich formuliert hatte: die vernünftige, gottgewollte Ordnung des menschlichen Zusammenlebens war nur gewährleistet, wenn es an der Spitze Einen gab, der für klare Entscheidungen sorgte. Das war ein Ideal, das seine Wurzeln im christlichen Menschenbild des Mittelalters hatte.

Die Menschen waren ohne Herrschaft nicht zu einem geordneten Zusammenleben fähig – dies war die grundlegende Annahme und sie basierte auf dem starken Eindruck des Sündenfalls. Die Sünde Adams und Evas hatte zur Folge, dass alle nachkommenden Generationen durch Autorität und durch Gesetze zur Ordnung gebracht werden mussten. *Deshalb wurde das Gesetz erlassen, um das schädliche Verlangen durch die Regeln des Rechts zu begrenzen.* So formulierte es Papst Gregor IX. im Jahr 1234.

Dieses schädliche Verlangen, dem die ersten Menschen nachgegeben hatten, war der Vater allen Streites. Und dieser Streit war nur durch das Gesetz einzudämmen, dessen Garanten die mächtigen und legitimen Autoritäten an der Spitze waren. Es mochte Streit zwischen geistlichen und weltlichen Autoren darüber geben, wer die höchste Position in dieser Hierarchie einnahm, aber es gab keinen Streit darüber, dass diese hierarchischen Positionen notwendig waren. Darin waren sich die Autoren des 13. Jahrhunderts im Wesentlichen einig.

Wir können deshalb von einem vergleichsweise einheitlichen Bild sprechen, weil das 13. Jahrhundert eine Zeit war, in der zwischen Norwegen und Sizilien von geistlichen und von weltlichen Juristen, Sammlungen von Rechtstraditionen und Gesetzesregeln aufgeschrieben wurden, die solche grundsätzlichen Betrachtungen zur Legitima-

Friedrich II. über die Bedeutung der Gesetze in Deutschland
Mainzer Reichslandfrieden 1235, Vorrede; Weinrich, Quellen bis 1250, Nr. 119

Friedrich II., durch das Walten von Gottes Gnaden Römischer Kaiser, allzeit Mehrer des Reiches, König von Jerusalem und Sizilien. Da Wir auf den Thron königlicher Hoheit durch den Willen der göttlichen Vorsehung gelangt sind, haben Wir zur Lenkung der Untertanen unsere Pläne mit dem doppelten Bande des Friedens und der Gerechtigkeit zu stärken gesucht, damit die Erhabenheit unseres Namens dadurch etwas besitze, was ihr zum Ruhme, den Untergebenen aber zum Heile gereicht. Dadurch nämlich wird die Macht des Herrschers besonders gestärkt, wenn er bei der Bewahrung des Friedens und der Ausübung der Gerechtigkeit den Schlechten genauso schrecklich ist wie den Friedfertigen willkommen. Da uns bei der Leitung des uns anvertrauten Gemeinwesens die drängende Sorge erfüllt, es möge doch dank der glücklichen Ordnung in unseren Zeiten bei den Uns untergebenen Völkern des Reiches die Kraft des Friedens und der Gerechtigkeit blühen – weil jedoch auch die Bewohner ganz Deutschlands bei ihren eigenen Streitsachen und Händeln nach den von alters her überlieferten Gewohnheiten und nach ungeschriebenem Rechte leben, weil aber einiges Bedeutsame, das den allgemeinen Wohlstand und Frieden des Reiches bilden konnte, noch nicht eigens eingeführt war, und, wenn der Zufall davon einen Teil in einem Streitfall einführte, diesen eher eine willkürliche Meinung als ein Urteilspruch nach festgesetztem Recht oder ein Spruch nach erlangtem Gewohnheitsrecht mit abweichendem Entscheid abschloss – daher also haben Wir auf Anraten und mit Zustimmung der geliebten geistlichen und weltlichen Fürsten auf dem zu Mainz abgehaltenen feierlichen Hoftag einige Erlasse, in bestimmte Kapitel zusammengefasst, in Gegenwart dieser Fürsten, vieler Edlen und anderer Getreuen des Reiches verkünden lassen …

tion der Herrschaft enthielten. Diese Texte entwarfen Ordnungsvorstellungen, sie enthielten keine Analysen der konkreten politischen Situation, in der sie verfasst wurden. In diesen Texten war die Ordnung immer bedroht, wenn die herrschaftliche Gewalt schwach war.

Die Anarchie, die sich bei einer schwachen Herrschaft einstellte, war eine zwangsläufige Folge der Voraussetzungen, von denen die Autoren ausgingen. Wir können geradezu beobachten, dass die angebliche Zunahme der Gewalt ein häufiger verwendetes Mittel war, um eine schwache Herrschaft zu charakterisieren. War ein König schwach, so schilderten die Chronisten seine Regierungszeit gern als eine Zeit der Anarchie. Doch sie folgten dabei eher ihren klaren Vorstellungen von einer richtigen Ordnung, als dass sie im Einzelfall reale politische Vorgänge schilderten. Wir können einen Teil des Problems fassen, wenn wir uns einer Schwierigkeit zuwenden, die auf den ersten Blick überraschend erscheint: dem zu mächtigen König.

Dem Bischof Bruno von Olmütz (1245–1281) konnte der deutsche König im Jahr 1273 kaum mächtig genug sein, *denn Wollen und Wissen vermögen nichts ohne die entsprechende Fähigkeit und es erscheint vorteilhafter, dass die Macht eines Einzelnen (unius potentia), auch wenn er damit ein klein wenig boshaft umgehen mag, ertragen wird, um die Boshaftigkeit der anderen einzuschränken, denn ohne Einschränkung werden alle übermütig* (MGH Const. 3, S. 590). Diese skeptische Fürsprache für eine autoritäre Politik schickte der Bischof nach der Wahl Rudolfs von Habsburg zum römisch-deutschen König an Papst Gregor X. (1271–1276). Der Bischof wollte damit seine Vorbehalte gegenüber dem neuen König artikulieren, den er für zu schwach hielt. Bruno von Olmütz war seit langen Jahren ein enger Gefolgsmann des Königs Ottokar von Böhmen (1233–1278), der 1273 gern selbst auf den deutschen Thron gelangt wäre. Wir kommen noch darauf zurück.

Zu welchem Zweck es einen König gibt: Henry de Bracton, Über die Gesetze und Rechtsgebräuche Englands
Ed. G. E. Woodbine/transl. S. E. Thorne, Cambridge/Mass. 1968, Vol. 2, S. 305

Zu diesem Zweck ist ein König erschaffen und gewählt, dass er allen Menschen Gerechtigkeit erweist, und dass der Herr in ihm wohnt, und dass er durch ihn in seinen Urteilen unterscheiden möge, und das, was er gerecht geurteilt hat, aufrechterhalte und verteidige, denn wenn es niemanden gäbe, der Gerechtigkeit übt, dann würde der Friede leicht vertrieben, und es wäre überflüssig, Gesetze zu erlassen und Gerechtigkeit zu üben, wenn es niemanden gäbe, der die Gesetze schützt. Der König, denn er ist der Vertreter Gottes auf Erden, muss Recht von Unrecht, das Angemessene vom Unbilligen trennen, damit alle seine Untertanen ehrenvoll leben können und niemand den anderen schädigt, und dass jeder durch eine rechtmäßige Zuteilung das zurückerhalte, was ihm zukommt. Seine Macht muss die aller seiner Untertanen übertreffen.

Dieser Einsatz für einen mächtigen König liest sich ein wenig wie die Übertragung des grundsätzlichen päpstlichen Anspruchs auf die Leitung der Christenheit, den Innozenz IV. so markant formuliert hatte, auf das etwas weniger grundsätzliche politische Tagesgeschäft. Wo Innozenz IV. vom *regimen unius personae* gesprochen hatte, sprach Bruno von Olmütz von *potencia unius* und seine Einschränkungen lassen erkennen, dass es sich dabei weniger um eine ideale Ordnung als um eine Schadensabwägung handelte. Der Bischof von Olmütz sprach sich für die Machtübertragung an einen Einzelnen aus, aber gleichzeitig wurde bereits das Risiko dieses Vorgangs erkennbar: der mächtige Mann mochte seine Macht eventuell *ein klein wenig* missbrauchen. Beim genaueren Hinsehen zeigt sich, dass dies nicht nur eine theoretische Gefahr war, sondern dass mit der Machtausübung um die Mitte des 13. Jahrhunderts verschiedene Probleme verbunden waren, die die Zeitgenossen dazu brachten, ihren Gehorsam gegenüber dem König unter bestimmte Vorbehalte zu stellen.

2. Die Grenzen königlicher Macht

Die königliche Macht war nicht unbeschränkt, und bei aller Vorliebe für klare Entscheidungen achteten die Zeitgenossen sehr genau auf die Erfüllung bestimmter Voraussetzungen. *Solange du das Recht beachtest, kannst du König sein,* so hatte ein Untertan des englischen Königs Heinrich III. erklärt, aber wenn er das Recht breche, dann höre er auf König zu sein. Und Heinrich III. musste bald darauf erfahren, dass es seinen Untertanen mit solchen Bedingungen ernst war. Nahezu zeitgleich mit der Doppelwahl in Deutschland erreichte die Unzufriedenheit der englischen Barone mit ihrem König einen Höhepunkt. Nachdem Richard von Cornwall die Krone von Sizilien abgelehnt hatte und der Papst auch einen weiteren Wunschkandidaten nicht hatte überzeugen können, gewann Heinrich III. die Krone für seinen kleinen Sohn Edmund. Wir kommen auf diese Entwicklung in Kapitel VIII zurück, können hier aber festhalten, dass die Eroberung Siziliens für die englische Krone sehr kostspielig zu werden drohte.

Die Methoden, mit denen Heinrich III. die notwendigen Gelder von seinen Untertanen erlangen wollte, führten zur bewaffneten Rebellion der Barone gegen ihren König. Auch in England formierten sich sieben Männer. Allerdings traten sie gemeinsam an. Am 12. April 1258 schworen sie sich gegenseitig Treue und Unterstützung – wozu, das wurde nicht näher ausgeführt. Aber schon bald schlossen sich andere Barone an und die Sieben wurden zum Kern einer Rebellion gegen den König. Die rebellischen Barone zwangen den König zu weitreichenden Zugeständnissen, die die bisherige Regierung des Landes spürbar umstrukturierten. Beginnend in den lokalen Herrschaftsbezirken bis hinauf an die Spitze des Königreiches wurden die Amtsträger der Krone durch Beauftragte der Barone ergänzt oder sie mussten künftig baronialen Kontrollgremien gegenüber ihre Entscheidungen verantworten.

Der König selbst und sein Sohn und Thronfolger verpflichteten sich, den Anordnungen und Vorkehrungen eines eigens eingesetzten Rates von 24 Männern zu folgen. Dieser Rat war zur Hälfte mit Vertretern der Barone und zur Hälfte mit Vertretern des Königs besetzt. Er fällte seine verbindlichen Entscheidungen mit der Mehrheit der Stimmen, falls es eine solche Mehrheit gab. Die Verpflichtungen des Königs gingen unter dem Namen *Provisionen von Oxford* in die Geschichte ein. Sie zeigen, wie unvollständig das zunächst entworfene Bild vom König als dem machtvollen Garanten des Rechts war.

Kein Verbrechen ist schlimmer als der Ungehorsam, so hatte es der Engländer Bracton wenige Jahre vor der Erhebung der Barone gegen den König formuliert. Nun aber versammelten sich die Barone unter Waffen, um ihrem König Bedingungen für die Fortsetzung seiner Herrschaft zu stellen und der Anführer der rebellischen Barone wurde von seinen Zeitgenossen zum Helden und nach seinem Tod zum Märtyrer verklärt. Er starb im Kampf gegen den König. Die Erklärung für diese eigentlich überraschende Entwicklung lag darin, dass die Herrschaft des Königs nur solange als rechtmäßige Königsherrschaft angesehen wurde, wie sie die Gesetze des Landes beachtete. Brach der König das Recht aus eigenem Interesse, so konnte man ihn durch Zwangsmittel auf den Pfad der Rechtmäßigkeit zurückbringen.

Schon bei Bruno von Olmütz war die Gefahr angeklungen, die einer starken Königsmacht innewohnte: die Macht konnte missbraucht werden. Das war das Problem dieser idealen Ordnung, in der ein Mann den Weg wies. Zwar wussten alle, in welche Richtung sie gehen sollten, aber es konnte die falsche Richtung sein. Dagegen gab es keine Sicherheit. Die Texte der Gesetze oder der Anleitungen für die gerechte Herrschaft gingen von einem gottesfürchtigen, mutigen, verantwortlichen und umsichtigen König aus. Vieles sprach dafür, dass der englische König Heinrich III. diese Erwartungen nicht erfüllte. Und dann konnte es dazu kommen, dass sich seine Untertanen im Namen des Königs gegen ihren König erhoben. Ausdrücklich hatten die sieben Barone, deren Bund den Anstoß zur Rebellion gab, die Treue zum König und zur Krone in ihren Eid eingeschlossen. Offenbar gab es bei der Frage der Treue gegenüber dem König einen gewissen Ermessensspielraum. Es zeigte sich, dass die Krone nicht die einzige ordnungsstiftende Kraft war.

Die Barone, die sich gegen den König erhoben, taten dies als Vertreter und im Namen der *Gesamtheit Englands*, der *communitas Angliae*, oder wie es im alten Französisch der aristokratischen Oberschicht hieß, der ***Commune d'Angleterre***. Diese *communitas* war ein rechtlicher Zusammenschluss, den die mittelalterlichen Städte seit dem 11. Jahrhundert genutzt hatten, um sich als eine Bürgerschaft zu organisieren. Wie im Falle der *Societas*, von der im Zusammenhang mit dem Rheinischen Städtebund die Rede war, brachte die *communitas* die Zusammengehörigkeit auch in rechtlich verbindlicher Form zum Ausdruck. In der Regel geschah dieser Zusammenschluss durch einen Eid und häufig schufen solche Zusammenschlüsse eigene Institutionen, die sie nach außen vertraten, und die im Innern die Entscheidungsfindung steuerten. Diesen

Zusammenhang zwischen einem rechtlich gefassten Zusammengehörigkeitssinn und klaren Entscheidungsstrukturen hatte der rheinische Städtebund vermieden, aber die *communitas Angliae* führte ihn vor.

Der Eid der *Commune d'Angleterre* in Oxford 1258
Treharne/Sanders, Documents Nr. 5 (4)

Wir, *so und so*, lassen jedermann wissen, dass wir bei den Heiligen Evangelien geschworen haben, dass wir durch diesen Eid verbunden sind und dass wir in gutem Glauben versprechen, dass jeder von uns und alle gemeinsam einander gegen jedermann beistehen wollen, dass wir Gerechtigkeit üben und nichts nehmen wollen, dass wir nicht ohne Unrecht an uns nehmen können, unter Wahrung unserer Treue gegenüber dem König und der Krone. Und mit demselben Eid versprechen wir, dass künftig niemand irgendetwas, sei es Land oder Güter, nehmen wird, wodurch dieser Eid beeinträchtigt oder geschmälert werden könnte. Und jeden, der sich dieser Verpflichtung entgegenstellt, werden wir als Todfeind behandeln.

Die **24 Räte**, die die englische Politik nach den Provisionen von Oxford kontrollieren sollten, übten diese Aufgabe im Namen des Königs und im Namen der *communitas* aus. Diese Einrichtung hatte in England bereits eine gewisse Tradition. Schon in der *Magna Carta* (1215) hatte der englische König einem Gremium von 25 Baronen eine Kontrolle seiner Politik zugestehen müssen. Hier zeigte sich deutlich, dass die Macht des Königs nur *ein* ordnungsstiftendes Element im sozialen und politischen Zusammenleben war. Das andere Element, das die Forschung als genossenschaftliches Prinzip bezeichnet, entsprang aus der Selbstorganisation der Menschen, die gemeinsame Interessen hatten und diesen Interessen Ausdruck verleihen wollten. Dabei waren die Entscheidungsstrukturen, die solche Zusammenschlüsse ins Leben riefen, ein guter Indikator dafür, wie eng ein solcher Zusammenschluss war. Im Falle Englands wählten die Barone ein politisches Modell, das den König sehr eng einband. Es war eine Einbindung, die zu eng war und die sich nicht halten konnte. Der englische König holte zum Gegenschlag aus und 7 Jahre später gelang ihm ein Sieg über die Rebellen.

Im Jahr 1265 besiegten die Truppen des Königs die aufständischen Barone, deren Anführer in der Schlacht sein Leben verlor. Im Jahr zuvor war der Versuch gescheitert, den Konflikt friedlich beizulegen. Dazu hatten der König und die Barone ein Verfahren gewählt, das wir bereits angesprochen haben. Sie brachten ihre Auseinandersetzung vor einen Schiedsrichter. Als Schiedsrichter wählten sie den französischen König Ludwig IX. Ludwig IX. stand im Ruf einer besonderen Rechtschaffenheit und beide Seiten hofften auf Verständnis für ihre Anliegen. Ludwig fällte eine klare Entscheidung. Es war der Schiedsspruch eines Königs, der jede Einschränkung der königlichen Gewalt mit Entschiedenheit zurückwies. *So beschließen wir und wir ordnen an, dass der besagte König die volle Amtsgewalt und die uneingeschränkte Regierung in seinem Königreich haben soll* (*Mise d'Amiens,* 23. 1. 1264). Dies war eine eindeutige Zurückweisung der baronialen Reformen und die Barone waren nicht bereit, diesen Spruch als Schiedsurteil hinzunehmen. So zogen sie erneut in die Schlacht und diesmal verloren sie.

Heinrich III. erlangte seine königliche Machtstellung zurück und hatte in dem Konflikt die Solidarität des französischen Königs erfahren. Es ist nützlich, diese Solidarität der Könige im Blick zu behalten, bevor man zu große Erwartungen an eine „englische" oder „französische" „Außenpolitik" in dieser Epoche richtet. Wir können diesen Herrschaftsvergleich mit den Erfahrungen des zweiten Kandidaten beschließen, der 1257 zum römisch-deutschen König gewählt wurde. Auch Alfons von Kastilien sah sich einem Aufstand seines Adels gegenüber, der den kastilischen König am Ende seines Lebens, als er bereits auf die deutsche Krone verzichtet hatte, absetzte (1282). Als entmachteter König lebte Alfons noch zwei Jahre. So starb er, am Ende seiner Herrscherwürden beraubt. Etwa 25 Jahre zuvor hatte Alfons' späterer Rivale Richard von Cornwall die Königsherrschaft in Kastilien in die Nähe einer Willkürherrschaft gerückt, wo der König nach Gutdünken dem Adel verbriefte Rechte entziehen könne. So hatte Richard es zumindest gehört und das erschien ihm sehr bedenklich. Doch er irrte sich. Die Herrschaftsordnung in Kastilien, in England und auch in Frankreich war in vielen einzelnen Punkten unterschiedlich. Aber in ihren grundlegenden Strukturen überwogen die Gemeinsamkeiten und wir können aus diesen Gemeinsamkeiten wichtiges für die deutsche Geschichte lernen.

König Heinrich III. von England über die Kompetenzen des 24er-Rates
18. 10. 1258
Treharne/Sanders, Documents, Nr. 7

Heinrich, durch die Gnade Gottes, König von England, Lord von Irland, Herzog der Normandie und von Aquitanien und Graf von Anjou an alle seine treuen Untertanen, Kleriker und Laien, mit Gruß.
Wisst, dass es unser Wille ist und dass wir gewähren, dass alles, was unser Rat, der von uns und von der Gemeinschaft unseres Königreiches (*commune de nostre reaume*) gewählt worden ist, oder die Mehrheit dieses Rates, zur Ehre Gottes, unseres Glaubens und zum Nutzen unseres Königreiches getan hat oder tun wird, in der Form, in der sie es beschließen, bestätigt und eingeführt sein soll für alle Zeiten. Und wir befehlen und weisen alle unsere treuen und loyalen Männer an, bei der Treue, die sie uns schulden, die Statuten, die von dem Rat oder seiner Mehrheit erlassen worden sind oder in Zukunft erlassen werden, unverbrüchlich einzuhalten und sich durch Schwur zur Einhaltung zu verpflichten …

Der König war die zentrale Gestalt in den Herrschaftsordnungen der angesprochenen Länder. Aber seine Königsmacht war an klare Bedingungen gebunden. Die Juristen und die Herrscher des 13. Jahrhunderts betonten vor allem die hierarchische Position des Königs, doch diese Hierarchie war eine ideale Ordnung. Die wirklichen Könige des 13. Jahrhunderts agierten in ihr mit unterschiedlichem Erfolg.

Das Kräftefeld, in dem sich die Könige behaupten mussten, wurde in der Hauptsache durch den Adel des Landes, durch die hohe Geistlichkeit und durch die Städte geprägt. Die große Mehrheit der Bevölkerung, die damals auf dem Lande lebte, tritt in den Quellen nur selten in Erscheinung und diese Überlieferungslage ist ein Abbild ihrer realen Rolle im Kräftespiel der Mächtigen. Das entscheidende Spannungsfeld war das zwischen König und Adel. Den Städten kam dann eine eigenständige Rolle zu, wenn sie durch Handel und Gewerbe wohlhabend und groß genug waren, um sich gegen König und Adel zu behaupten. In England hatte die Haltung der Stadt London erhebliche Bedeutung in den politischen Konflikten, die große Stadt Paris war dagegen eine Stadt des französischen Königs, der es im Übrigen verstanden hatte, die Städte in seinem Königreich in seine Herrschaft einzubinden. In Deutschland gab es keine Städte, die sich mit der Größe und der Bedeutung von London oder Paris messen konnten Unter den deutschen Städten ragte Köln heraus, in einigem Abstand gefolgt von Städten wie Lübeck und Frankfurt. Entscheidend aber waren die Fürsten.

3. Die Methoden der Herrschaft

Der englische König hatte erfahren, dass der Adel seines Landes die starke Macht nur schätzte, wenn sie nicht als willkürlich erschien. Doch dieses Problem war nicht leicht zu lösen. Ein mächtiger König war gerade deswegen mächtig, weil er seinen Willen auch gegen Bedenken und gegen Widerstände durchsetzen konnte, da war der Vorwurf des Machtmissbrauchs schnell erhoben. Die Theoretiker der Macht und die Juristen der Kirche entwarfen in ihren Texten im Laufe des 13. Jahrhunderts kühne Hierarchien, aber die Angehörigen des hohen Adels konnten nur in Ausnahmefällen lesen. Sie orientierten sich an den alten Traditionen, aus denen sie ihre unverrückbaren Rechte ableiteten und die sie beharrlich verteidigen. In diesem Milieu verlangte die erfolgreiche königliche Politik ein gewisses Fingerspitzengefühl, das machtpolitische Plädoyer des Bischofs von Olmütz vermittelt ein falsches Bild – und der Bischof war in seiner eigenen Praxis auch deutlich vorsichtiger. Königliche Politik war nicht nur ein Amt, sie war auch eine konkrete Herausforderung an die Person des Königs.

Dieser Herausforderung stellte sich König Ludwig IX. (1226–1270) von Frankreich mit Erfolg. Heinrich III. war in Schwierigkeiten geraten, weil er außerhalb Englands kostspielige Ziele verfolgte, König Wilhelm kämpfte zur selben Zeit erfolgreich um seine Stellung in Holland und Seeland und musste erfahren, dass ihn dieser Einsatz trotz günstiger allgemeiner Bedingungen Zustimmung in Deutschland kostete. Daraus ließe sich vielleicht ableiten, dass ein König im Lande bleiben sollte und seine Energien am besten auf das Wohl seines Landes konzentrierte. Doch Ludwig IX. hatte mit einer ganz anderen Politik Erfolg. Sein großes Lebensthema war der Kreuzzug und der amerikanische Historiker William Jordan hat in einer eindrucksvollen Studie dargelegt, wie die Grundzüge der Politik des französischen Königs unter diesem Leitmotiv standen.

Nachdem er von einer schweren Krankheit genesen war, schwor König Ludwig im Jahr 1244 den Kreuzfahrereid. Es war keine populäre Entscheidung, vielmehr erhob sich vielfältige Kritik an diesem Plan, dessen Nutzen für das französische Königreich manchem Mächtigen nicht einleuchtete. Die zurückliegenden Kreuzzüge hatten nur wenige Erfolge erbracht. Doch der französische König blieb bei seinem Entschluss und er blieb seiner Überzeugung treu, auch nachdem sein Kreuzzug fehlgeschlagen war. 16 Jahre nachdem er als Besiegter nach Paris zurückgekehrt war, brach er erneut auf. Auch der zweite Kreuzzug brachte keinen Erfolg. Von diesem Kreuzzug kehrte der König nicht mehr zurück; im August 1270 starb er in Karthago. Wenige Tage zuvor war sein Sohn gestorben. Ludwigs Kreuzzugspolitik war realpolitisch gesehen eine Geschichte der Niederlagen. Aber der König vermochte, diese Niederlagen in Siege für die Monarchie zu verwandeln. Der Grund dafür war sein erkennbarer persönlicher Einsatz.

Als Friedrich II. im Jahr 1235 aus Italien über die Alpen nach Deutschland gekommen war, um einen Aufstand seines Sohnes niederzuwerfen, der auf eine eigene Herrschaft drängte, da war der Kaiser nicht mit einer großen Armee erschienen. Friedrich II. war mit einem exotischen Gefolge nach Deutschland gekommen: *Er führte Kamele, Maultiere, Dromedare, Affen und Leoparden mit sich.* Es bedurfte keiner Heeresmacht, um die deutschen Fürsten auf seine Seite zu bringen und die Rebellion zu beenden. Ein solcher Auftritt war Ludwigs Sache nicht. Obwohl er von seinem Kreuzzug einen Elefanten mitgebracht hatte, den er später dem englischen König Heinrich III. schenkte und den der Chronist Matthäus Parisiensis in einer Zeichnung am Rande seines Textes für die Nachwelt festgehalten hat, ritt der französische König nicht auf dem Tier in seine

Hauptstadt ein, als er im Sommer 1254 zurückkehrte. Es war ein Einzug in Sack und Asche. Jede Freudenkundgebung hatte der König untersagt und sein öffentliches Auftreten nach dem gescheiterten Kreuzzug erschien als eine Bußübung angesichts des verfehlten frommen Ziels.

Ludwig begann schon bald eine entschiedene Reformpolitik, eingeleitet durch umfangreiche Sendschreiben an seine Untertanen, die auch von moralischen Ermahnungen nicht frei waren. Nicht jeder schätzte den frommen Eifer dieses Königs, der engen Kontakt zu den Bettelmönchen suchte, sich häufig wie einer von ihnen kleidete und auch seine Lebensführung an strengen mönchischen Regeln ausrichtete. Seine Frau sah dies mit gemischten Gefühlen und mancher Aristokrat sah darin eine öffentliche Herabsetzung der königlichen Würde. Doch Ludwig war nur als Person bescheiden, als König trat er mit dem Bewusstsein von der Würde seines Amtes auf, das die englischen Barone in die Schranken gewiesen hatte. Diese Haltung war Ludwig IX. seinem Amt schuldig. *Es war aber die Absicht des Königs, unbeugsam das gerechte Urteil zu fällen*, so charakterisierte ein zeitgenössischer Biograph die Haltung des Königs.

Nachdem Ludwig IX. zu Beginn seiner Herrschaft adlige Widerstände niedergerungen hatte, sah er sich in den langen Herrschaftsjahren zwischen 1243 und 1270 keiner bedrohlichen Opposition seiner Barone mehr gegenüber. Schon Ende der 40er-Jahre erschien seine Herrschaft so gesichert, dass er sich auf einen langen Kreuzzug begeben konnte (1248–1254). Während dieser Zeit wurde der König zunächst von seiner Mutter vertreten, die mit dieser Aufgabe schon eine gewisse Erfahrung hatte – aus den Jahren, in denen Ludwig noch zu jung zum regieren war. Aber auch nachdem seine Mutter gestorben war, kehrte der König nicht sogleich nach Frankreich zurück. Um konkrete Macht auszuüben, musste ein König präsent sein. Am Beispiel Ludwigs von Frankreich, aber noch stärker am Beispiel Friedrichs II. können wir sehen, dass es bei der Herrschaft der Könige nicht nur auf Macht ankam, zumindest nicht auf Macht im engeren Sinne.

Wir haben bereits oben die soziologische Definition Max Webers bemüht, um den Begriff der Macht zu präzisieren (vgl. Kap. IV, 4). Wir können in Hinblick auf Friedrich II. und auf Ludwig IX. eine weitere Kategorie von Max Weber bemühen, ohne diese Begriffsbildung hier zu vertiefen. Der Staufer und der französische König konnten ihre Herrschaft auf eine Eigenschaft stützen, die dem englischen König Heinrich III. offensichtlich fehlte und die mit Wilhelm von Holland nicht einmal seine engagiertesten Fürsprecher in Verbindung brachten. Die Rede ist vom Charisma des Herrschers.

Ludwig IX. provozierte durch seinen frommen Eifer manches Stirnrunzeln, aber sein persönlicher Einsatz wurde auch von seinen Gegnern nicht in Frage gestellt. Er war der einzige französische König des Mittelalters, der heiliggesprochen wurde – wenn wir die problematische Heiligsprechung Karls des Großen (768–814) und die noch problematischere Diskussion der Nationalität Karls einmal außer Acht lassen. Zu Lebzeiten sind die Qualitäten eines Heiligen keine Garanten für eine erfolgreiche Königsherrschaft, aber im Falle Ludwigs waren sie ein Teil seines Erfolges. Auf Ludwig trifft die Charakterisierung zu, mit der Leonard Bernstein den großen Louis Armstrong beschrieb, als die beiden gemeinsam den Blues spielten, der den Namen des heiligen Königs trägt: „this is a dedicated man".

Der französische König mutete seiner Umgebung und seiner Familie mit seinem Eifer manches zu, aber er behielt die Initiative. Er beließ es auch nicht bei Sendschreiben, die zur Reform der Zustände aufriefen, sondern er schickte Beauftragte aus, die in verschiedenen Befragungskampagnen konkrete Missstände in seinem Königreich in Erfahrung brachten. Die Aufzeichnungen dieser so genannten Enquêten sind erhalten. Sie sind eine Quelle, für die es in Deutschland keine Entsprechung gibt.

Allerdings war Deutschland ein großes Land. Allein seine Ausdehnung machte es einem König schwer, es effektiv zu regieren. Denn Regierung bedeutete letztlich einen persönlichen Kontakt. Einen königlichen Apparat gab es kaum. Es ist verständlich, dass der Sachsenspiegel vom deutschen König eine gewisse Gesundheit verlangte (Landrecht III 54 § 3). Die römischen Könige des hohen Mittelalters hatten ihr Reich vom Sattel aus regiert. Aber die Zeiten änderten sich. Verträge und festgeschriebene Verfahrenswege traten zunehmend an die Stelle persönlicher Präsenz. Dabei ging es nicht nur um eine Vereinfachung, sondern es ging auch darum, das an die einzelnen Handlungen nun höhere Maßstäbe angelegt wurden, als in den Jahrhunderten zuvor. Sie mussten einer rechtlichen Überprüfung standhalten und häufiger wurde eine höhere Instanz angerufen, um die Entscheidung in einer komplexen Situation zu überprüfen.

Das juristische Instrumentarium, das in vielen europäischen Ländern im 13. Jahrhundert erarbeitet und präzisiert wurde, verlangte tragfähige Entscheidungen. Die Zahl der Probleme, die sich *on the spot* erledigen ließen, nahm ab. Das Leben wurde erkennbar komplexer. Während früher die Kaufleute selbst mit ihren Waren die weiten Reisen zurückgelegt hatten, begannen die Kaufleute in Lübeck den Handel von ihren heimatlichen Kontoren aus zu organisieren. Es war eine effiziente Strategie, die diese Kaufleute im Laufe des späteren 13. Jahrhunderts in die Position brachte, mithilfe ihrer Handelsorganisation, der *Hanse,* die Handelsgeschäfte im Norden Europas weitgehend zu kontrollieren. Auch die Könige reisten nicht mehr im gleichen Maße wie früher. Anders als die Kaufleute hatten die deutschen Könige allerdings keinen Apparat, der ihre Präsenz durch funktionsfähige Strukturen ersetzte.

Der König, der Adel und die Städte, mit unterschiedlichem Anteil in den verschiedenen Ländern, bewegten sich in einem Herrschaftssystem, das von allen respektiert wurde, dessen Regeln aber auch von den Mächtigen beachtet werden mussten. Die Zustimmung zu dieser Herrschaftsordnung bedeutete durchaus nicht immer eine Zustimmung zu den jeweiligen Personen, die die entscheidenden Ämter dieser Ordnung innehatten. Die englischen Barone mochten die Herrschaft Heinrichs III. in Frage stellen, die Krone stand außer Frage. Letztlich waren die Ordnungsprinzipien beim König, beim Adel und bei den Städten sehr ähnlich. Das menschliche Zusammenleben sollte durch Einmütigkeit und Einheit bestimmt werden. Dabei ging es nicht um ein harmonisches Trugbild. Die Ordnung war ein Ideal, das durch die Verhaltensweisen der wirklichen Menschen mancher Prüfung ausgesetzt war. Das war auch den Zeitgenossen klar. Die hierarchische Antwort auf diese Herausforderung war eine starke Lenkungsgewalt, die den selbstsüchtigen Handlungen der Einzelnen klare Grenzen setzte. Die Alternative zu dieser herrschaftlichen Lösung, die das nicht geringe Risiko des Machtmissbrauchs in sich trug, war die Selbstorganisation der Betroffenen. Die Mitglieder solcher Bündnisse suchten die klaren Entscheidungen in der Regel auf dem Wege des Schiedsverfahrens. Doch die zugrundeliegenden Ordnungsvorstellungen waren in beiden Fällen die gleichen.

Die herrschaftliche Gewalt sei nötig, weil die einzelnen Menschen von Natur aus einen unterschiedlichen Willen hätten, so formulierte es das Gesetzeswerk des Königs Alfons von Kastilien. Weil die Menschen von Natur aus zum Streite neigten, müssten die Schiedsgremien in Streitfällen entscheidungsfähig besetzt sein, das bedeutete, mit einer ungeraden Zahl von Mitgliedern, die mit Mehrheit abstimmen konnten. Das war die Meinung des Kirchenjuristen Heinrich von Segusio in Hinblick auf das Schiedsverfahren (vgl. Kap. IV). Wir sollten die Alternativen zwischen herrschaftlicher Entscheidung und Schiedsverfahren nicht allzu scharf betonen. Häufiger waren Mischformen.

Das Schiedsverfahren ermöglichte die Einbindung der Betroffenen in die Entscheidung, und so boten sich Schiedsverfahren im herrschaftlichen Auftrag in manch heikler Situation an, die ein integrierendes Fingerspitzengefühl erforderte. Es war nicht so, dass der Wegfall oder die Abwesenheit herrschaftlicher Macht zwangsläufig einen Verfall der Ordnung zur Folge hatte. Auch die Selbstorganisation des Adels oder der Städte bot die Möglichkeit einer ordnungsstiftenden Kraft. Dabei gab es ein breites Wirkungsspektrum. Der Zusammenschluss konnte auf eine politische Wirkung verzichten, weil er die Nachteile einer verbindlichen Struktur scheute, wie im Falle des Rheinischen Städtebundes, oder er konnte sogar so viel politische Macht entfalten, dass er der Krone ernsthafte Konkurrenz machte, wie im fast zeitgleichen Fall der englischen Barone.

Bei dieser Selbstorganisation gab es einen Zusammenhang zwischen gemeinsamen Selbstverständnis und verbindlichen Entscheidungsstrukturen. Dieser Zusammenhang ist für die weitere Untersuchung von Bedeutung. Es gab in Deutschland keinen Zusammenschluss der Fürsten und der Städte zu einem übergreifenden Verband wie in England, es gab keine *communitas Alemanniae* o. Ä., aber es gab in den Jahren des Interregnums eine Entwicklung hin zu der Bereitschaft, verbindliche Entscheidungsstrukturen bei wichtigen Fragen einzuführen. Diese Entwicklung fand auf dem Feld praktischer Erfahrungen statt. Diesem Feld sollten wir uns nun zuwenden, um einer Frage nachzugehen, die die historische Urteilsfreude immer wieder energisch herausgefordert hat: Welche Rolle spielten die deutschen Fürsten in der Politik der Interregnumsjahre?

VII. Die deutschen Fürsten 1256–1272

1. Die Kritik des Bischofs von Olmütz

Da die schweren Zeiten, von denen der Apostel sprach, bereits angebrochen sind, in denen die Menschen, die sich selbst lieben, ihre privaten Angelegenheiten dem Interesse der Allgemeinheit vorziehen und weil diese Krankheit nicht nur im Königreich der Deutschen, sondern überall so stark geworden ist, dass sie bei Geistlichen und bei Laien vorherrscht, die das Joch der Oberen fürchten und sie wählen bei der Wahl des Königs und bei der Wahl der Prälaten entweder solche, die ihnen eher untergeordnet sein sollten, als ihnen vorzustehen oder sie teilen ihre Stimmen auf Verschiedene auf, vielleicht auf zwei, weil es sich ergibt, damit sie aus mehreren mehr herauspressen können, als aus einem oder damit sie, wenn einer [der Gewählten] *mit der ganzen Härte des Gesetzes gegen sie vorgehen will, von dem anderen verteidigt werden. Seht, Vater und ehrwürdiger Herr, ein solches Beispiel vor Euren und unseren Augen, ein vergangenes und ein gegenwärtiges, das vergangene in der Wahl des Königs von Spanien und des Grafen Richard und nun des Königs von Spanien und des Grafen Rudolf* (Bruno von Olmütz, Relatio, MGH Const. 3, S. 590).

Würden wir den biblisch-apokalyptischen Ton dieser Klage in den Sprachgebrauch unserer modernen Wissenschaftssprache überführen, dann könnte diese Analyse der fürstlichen Politik noch heute in manchem Geschichtsbuch stehen. Ihr Gehalt findet sich in vielen Darstellungen, darunter in ganz neuen Handbüchern. Und so sind wir erneut bei Bischof Bruno von Olmütz. Denn diese Passage stammt aus demselben Text, in dem der Bischof so nachdrücklich für eine starke Herrschermacht plädiert hatte. Dieser Text war auf die Aufforderung Papst Gregors X. hin entstanden, der im März 1273 die Prälaten der Christenheit zu einem großen Reformkonzil eingeladen hatte. Die Einladung enthielt auch die Aufforderung an die Geistlichen, die Missstände in der Christenheit für eine Reformagenda zusammenzustellen. Aus diesem Anlass war Brunos Text entstanden.

Der neue Papst legte Wert auf einen Kreuzzug und das II. Konzil von Lyon sollte nicht zuletzt der Vorbereitung eines solchen Kreuzzuges dienen. Für den Kreuzzug bedurfte es eines Königs oder eines Kaisers, der sich dieser Unternehmung annahm. Im Oktober 1273, eineinhalb Jahre nach der Einladung zum Konzil und ein halbes Jahr vor seinem geplanten Zusammentritt wurde Rudolf von Habsburg zum römisch-deutschen König gewählt. So bot sich für den Bischof von Olmütz die Gelegenheit, seine Kritik an Rudolf von Habsburg mit der Frage eines künftigen Kreuzzuges zu verbinden. In diesen Zusammenhang gehört seine Kritik an den deutschen Fürsten. Seine Ausführungen bieten keine interessenlose Analyse, sondern waren ein Plädoyer für ein starkes Königtum, das – ohne dass der Name genannt worden wäre – in Brunos Augen nur durch seinen König Ottokar von Böhmen gewährleistet werden konnte. Aber, auch wenn Brunos Kritik ein politisches Ziel im Blick hatte, so musste sie nicht falsch sein. Die vielen Historiker, die ihn mit Zustimmung zitiert haben, taten dies nicht, um dem König von Böhmen nachträglich den Weg auf den Thron zu ebnen. Sie taten es, weil sie Brunos Diagnose für treffend hielten.

Bruno von Olmütz verband in eigentümlicher und ausdrucksvoller Weise eine Klage über den Lauf der Welt nach biblischem Vorbild, in diesem Fall nach dem zweiten Pastoralbrief an Timotheus, mit einer Bestandsaufnahme der politischen Lage im Jahr 1273. Die Klage über die Gegenwart nach dem Muster apokalyptischer Bibeltexte war eine verbreitete Praxis und sie veranlasst uns zur Vorsicht in Hinblick auf den individuellen Aussagewert eines solchen Textes. Gerne übernahmen geistliche Autoren biblische Formulierungen, um die Verworfenheit ihrer Zeit zu charakterisieren, doch enthalten diese Texte selten verwertbare historische Informationen. Der Bischof von Olmütz übernahm den Vorwurf, dass die Menschen vor allem sich selbst liebten (*homines se ipsos amantes*), aus dem 2. Timotheusbrief. In der Sprache der Historiker wurde daraus der „Egoismus" der Kurfürsten. Aber Bruno beließ es nicht bei solchen Formeln, denn die Beispiele für diese Selbstliebe entnahm er nicht der biblischen Vorlage, sondern dem politischen Geschehen seiner Zeit. Daraus gewann seine Klage eine solche Brisanz. Im Timotheusbrief ist natürlich keine Rede von der römisch-deutschen Königswahl oder gar den konkreten Kandidaten und es ist auch keine Rede davon, dass die Menschen, die sich selbst lieben, ihre Privatangelegenheiten dem Gemeinwohl vorzögen (*preponunt commodo reipublice rem privatam*). Dies sind offensichtlich Kategorien, die Bruno einführte, um die aktuellen Zustände seiner Zeit zu charakterisieren. Die Kategorien des privaten Interesses und des Gemeinwohls können also offenkundig auf die Zustände dieser Jahre angewendet werden – wenn ein profilierter Zeitgenosse dies tat. Aber dennoch müssen wir die Frage stellen, ob Brunos Beurteilung die Zustände angemessen charakterisiert. Historische Kategorien können einseitig angewendet werden und in Brunos Anwendung schlug sein politisches Interesse erkennbar durch.

Bei Bruno von Olmütz vermischten sich berechtigte Kritik und politische Polemik. Er hatte Recht, wenn er die Königswahl von 1256/57 als eine gespaltene Wahl bezeichnete, aber er hatte Unrecht, wenn er den gleichen Mechanismus der Stimmenaufteilung bei der Wahl Rudolfs von Habsburg 1273 am Werke sah. Bei Bruno liest es sich so, als hätten die Fürsten 1257 den König von Kastilien und einen Grafen (Richard von Cornwall) zu Königen gewählt und als sei auch 1273 der König von Kastilien und wiederum ein Graf (diesmal Rudolf von Habsburg) zum König gewählt worden. Die Wahl Rudolfs ist Gegenstand von Kap. X dieses Bandes, doch können wir schon so viel vorwegnehmen: sie war von ihrem ganzen Ablauf her ein Gegenbild zur Doppelwahl von 1257.

Bei der Wahl 1273 unternahmen die Fürsten alle Anstrengungen, um ein einmütiges Votum zu erzielen. Für Bruno stellte sich die Angelegenheit anders dar, weil die Wähler bei Rudolfs Wahl den König von Böhmen ausgeschlossen hatten. Für Ottokar und seinen Gefolgsmann Bruno war 1273 der falsche Mann gewählt worden, und Bruno nutzte nun das hartnäckige Festhalten des kastilischen Königs an seinem römischen Königstitel von 1256/57, um von zwei Königen zu sprechen. In Hinblick auf die Haltung der Wahlfürsten war das eine falsche Darstellung, denn der König von Kastilien hatte in Deutschland seit langem keinerlei Unterstützung mehr. Es dauerte noch einige Zeit, bis er schließlich auf Drängen des Papstes seinen römischen Königstitel niederlegte, aber gewählt hatte ihn 1273 niemand mehr. Hier betrieb Bruno eine politische Polemik und wir müssen uns konkret der Frage zuwenden, ob der erste Teil seiner Beurteilung der Situation und der Rolle der Fürsten angemessen war. Es geht dabei um die Anteile der Fürsten an der Politik des Reiches, um fürstliches Eigeninteresse und um fürstlichen Gemeinsinn. Das ist kein einfaches Thema.

2. Könige und Fürsten

Dies ist kein einfaches Thema, weil es in dieser Sache um eine angemessene Abwägung geht und um die Kriterien, die man als Maßstab für die fürstliche Politik heranzieht. Es ist schon ein Problem, dass die vielen historischen Urteile, die von einem „Egoismus" der Fürsten sprechen, damit die vermeintlichen Motive der Fürsten zu kennen glauben, obwohl von diesen Motiven in den Quellen kaum die Rede ist. Die Motive der Handelnden wurden von diesen nicht thematisiert – es sei denn, sie bemühten formelhafte Wendungen. Die Motive sind schwer zu fassen, wenn auch die Zeitgenossen den Fürsten häufiger Eigennutz vorwarfen. Doch war das eine Frage der Perspektive und das Risiko, solche Vorwürfe auf sich zu ziehen, war mit der Position eines Reichsfürsten in besonderer Weise verbunden und auch der Adel in anderen europäischen Ländern sah sich dem ausgesetzt.

Die englischen Ritter warfen 1259 den Baronen, die sich gegen den König erhoben hatten, vor, *dass diese Barone nichts zum Nutzen des Gemeinwesens täten*, es sei denn, es sei zu ihrem eigenen Wohl und zum Schaden des Königs. Fast genau dieselben Vorwürfe hatte Bruno von Olmütz gegen die deutschen Fürsten erhoben, auch die Formulierungen waren sehr ähnlich. Die Politik der Fürsten war also nicht nur ein deutsches Problem. Die englischen Barone sahen ihre Haltung zum König und zum allgemeinen Wohl ganz anders als ihre Kritiker. Als der König sie in einem früheren Stadium des Konfliktes zu einer Zusammenkunft gerufen hatte, die weitere Abgaben zur Finanzierung seiner Politik beschließen sollte, zeigten sich die Barone reserviert. Diejenigen, die Bedenken gegenüber den königlichen Geldforderungen hatten, traten zu einer eigenen Beratung zusammen. Ein Mann des Königs zeigte sich misstrauisch gegenüber den Absichten dieser Aristokraten und verlangte, dass ein Vertreter des Königs an der Besprechung teilnehmen sollte. Verärgert gab einer der Barone zurück: *Sind wir etwa Fremde und nicht die Freunde des Königs?*

Es war keine emphatische Freundschaft, aber auch die skeptischen Barone, die König Heinrich III. nicht ohne weiteres aus seinen Haushaltssorgen helfen mochten, sahen sich als Freunde des Königs. Das war im Jahr 1237 gewesen und Heinrich III. herrschte damals unangefochten. Im selben Jahr wählten die deutschen Fürsten den jungen Konrad, den Sohn Friedrichs II., zum römischen König. Bei dieser Gelegenheit traten sie als legitime Nachfolger des römischen Senats auf und charakterisierten die Rolle der Fürsten als *Ursprung des Reiches*. In dieser bewussten Aufnahme der römischen Reichstradition stilisierten sich die Fürsten 1237 auch als Hüter jener *res publica*, deren Wohl sie nach dem Urteil Brunos von Olmütz eine Generation später so schimpflich missachteten. Die meisten Reichsfürsten und Königswähler von 1237 waren 1273 nicht mehr am Leben. Eine neue Generation mochte einen neuen Stil favorisieren und die alten Werte der Verantwortung für das Gemeinwohl hinter sich lassen. Doch diese Erklärung greift etwas zu kurz.

Tatsächlich hatte die hohe Aristokratie immer beide Seiten im Blick, die Erfordernisse der eigenen Herrschaft und der eigenen Dynastie und die Herrschaft des Königs, dessen Schicksal die Fürsten mit unterschiedlichem Interesse verfolgten. Die Doppelwahl von 1256/57 sah die Fürsten nicht auf dem Höhepunkt ihrer politischen Verantwortung für das Reich. Doch in den folgenden Jahre erkannten diese, dass die Doppelwahl auch ihren Interessen zuwiderlief und dass das Königtum eine einmütige Basis benötigte. Die Bereitschaft, diese gemeinsame Basis politisch zu bereiten, fand ihren

Ausdruck in der Politik der Fürsten vor der Wahl Rudolfs von Habsburg. Diese Entwicklung wollen wir nun verfolgen.

3. Der Erzbischof von Köln

Wir beginnen mit dem Kölner Erzbischof, der eine zentrale Rolle im politischen Geschehen dieser Jahre spielte, ohne dass sein Wirken dabei vorrangig auf die Interessen des Königtums ausgerichtet war. Aber der König dieser Jahre brauchte den Kölner Erzbischof.

Schon mit dem Anschlag von Neuss im Januar 1255, als Wilhelm von Holland nur knapp aus einem brennenden Haus entkam, hatte der kölnische Erzbischof zu erkennen gegeben, dass seine Vorstellung von Gemeinsinn den König nicht in jedem Fall einschloss. Auch der päpstliche Legat, der den König begleitete, musste erkennen, dass der Kölner im Falle eines Interessenkonflikts mit harten Bandagen kämpfte. Als Richard von Cornwall zwei Jahre später nach Deutschland kam, um in Aachen die Krone des römischen Königs zu empfangen, da zeigte er sich erfreut über diese kämpferische Einsatzbereitschaft der deutschen Erzbischöfe.

Allerdings stand der Erzbischof von Köln auf seiner Seite: *Sieh, was für mutige und streitbare (bellicosi) Erzbischöfe wir in Deutschland haben; es wäre sehr nützlich für euch, wenn solche auch in England hervorgebracht würden,* denn deren Unterstützung ließe sich gegen die Rebellen einsetzen – so schilderte Richard von Cornwall am 18. Mai 1257 seine ersten Erlebnisse in Deutschland in einem Brief an den englischen Thronfolger Edward. Wenn die Fürsten auf der Seite des Königs kämpften, dann boten Kampfbereitschaft und Skrupellosigkeit keinen Anlass zur Klage. Auch Wilhelm von Holland wurde zu Beginn seiner Regierung vom Kölner Erzbischofs unterstützt – bis seine Politik den Plänen des Erzbischof zuwiderlief. Wir sollten die Politik des Kölner Erzbischofs etwas genauer in den Blick nehmen, um seine Interessen klarer zu sehen. Sein Fall ist ein besonders populäres Beispiel fürstlicher Stärke und fürstlicher Probleme in den Jahren des Interregnums.

Das Bemühen der Erzbischöfe von Köln richtete sich in den Jahren des Interregnums erkennbar auf die Festigung der herrschaftlichen Stellung ihres hohen Amtes. Und der Verlauf dieser Bemühungen ist für uns deswegen so interessant, weil er zum einen charakteristisch für die Politik vieler zeitgenössischer Landesherren war und weil die Kölner Erzbischöfe zum anderen Probleme erlebte, die mit denen des römisch-deutschen Königs mit seiner Herrschaft vergleichbar waren – allerdings in kleinerem Maßstab.

Der Erzbischof von Köln war der mächtigste Fürst am Niederrhein. Seine Machtstellung beruhte auf dem Rang seines Amtes und dem Reichtum und der Vielzahl von Besitztiteln der Kölner Kirche. Außerdem hatten die Kölner Erzbischöfe seit dem 12. Jahrhundert die Herzogsgewalt in Lothringen und in Westfalen inne. Diese Herzogstitel waren in ihrer Wirksamkeit und ihrer Zuständigkeit nicht genauer bestimmt. Sie statteten den Kölner Erzbischof mit einer gewissen Ordnungsgewalt aus, die dem Erhalt des Friedens in Lothringen und Westfalen dienen sollte, waren aber in ihrer konkreten Bedeutung weitgehend von den Möglichkeiten und dem Einsatz des Erzbischofs abhängig. Der Erzbischof musste seine Ordnungsansprüche jeweils wieder neu durchsetzen, der Herzogstitel allein verlieh ihm nur eine geringe Amtsgewalt.

Landesherrschaft

Das Schlüsselwort zu den Grundzügen der fürstlichen Politik heißt „Landesherrschaft". Dies ist ein problematischer Begriff, denn in den mittelalterlichen Quellen kommt er nicht vor und die Forschung verwendet ihn, um damit eine Zielperspektive zu erfassen, die erst im territorialen Fürstenstaat der frühen Neuzeit erreicht wurde. Im Mittelalter war die Herrschaft eines Fürsten oder eines Herren nicht so sehr durch räumliche Grenzen festgelegt, sondern in erster Linie durch persönliche Bindungen. So konnten räumliche Nachbarn unterschiedliche Herren haben und sie hatten in vielen Fällen auch unterschiedliche Verpflichtungen zu erfüllen. Die Herrschaft eines Fürsten setzte sich zusammen aus der Fülle vieler solcher Einzelrechte, die die Dynastie oder das geistliche Amt, das er versah, in ihrer Geschichte angesammelt hatte. Erst im späten Mittelalter und der frühen Neuzeit setzte sich allmählich eine Vereinheitlichung von Herrschaftsrechten und Untertanenpflichten innerhalb räumlich definierter Grenzen durch. Die ältere Verfassungsgeschichte hat diese Entwicklung, die eine Voraussetzung für unsere moderne Staatlichkeit war, als den Übergang vom „Personenverbandstaat" zum „territorialen Flächenstaat" gekennzeichnet.

In Deutschland fand diese Entwicklung nicht auf der Ebene des Nationalstaates statt, sondern auf der Ebene der kleineren, hauptsächlich fürstlichen Territorien. Die Untersuchung dieser Entwicklung ist die Aufgabe der Landesgeschichte, die diese Prozesse etwa in der Pfalzgrafschaft am Rhein, dem Herzogtum Bayern, dem Herzogtum Sachsen oder der Markgrafschaft Brandenburg erforscht. Die Landesgeschichte untersucht diese Entwicklungen häufig unter der Perspektive eines Ausbaus und einer Festigung der Herrschaft innerhalb eines bestimmten Herrschaftsgebietes, z.B. der Pfalzgrafschaft bei Rhein. Dabei agierte der angehende Landesherr (*dominus terrae*) dann besonders erfolgreich, wenn er für seine Dynastie und ihre Herrschaft dauerhafte und ausbaufähige Rechte erwarb, etwa wichtige Zollstellen oder günstig gelegene Städtchen.

Die Kölner Kirche konnte ihre Geschichte bis in die Römerzeit zurückführen. Der Erzbischof von Köln stand in einer ehrwürdigen Tradition. Aber das Umfeld, in dem er seinen Anspruch auf die Landesherrschaft durchsetzen und behaupten musste, war in starker Bewegung. Der Niederrhein war eine wirtschaftlich starke Region mit einer eher kleinteiligen politischen Struktur. Es gab eine größere Zahl von Grafen, mittleren und kleineren Herren und selbstbewussten Städten, die keineswegs bereit waren, sich ohne weiteres unter die ordnende Gewalt des Kölner Erzbischofs zu begeben. So führte der Erzbischof eine Vielzahl von Fehden mit diesen Herren, schloss manches Bündnis und musste sich auch gegen die Stadt Köln durchsetzen. Die Politik der Kölner Erzbischöfe gegenüber ihrer Stadt, die stark genug war, dem König Wilhelm von Holland weitgehende Zugeständnisse abzuverlangen (s.o), war in den Interregnumsjahren zunächst erfolgreich. Es war ein Erfolg, der auf die Stärke und die geschickte Politik der Erzbischöfe zurückzuführen war. In der niederrheinischen und der westfälischen Politik mussten die Erzbischöfe mitunter vorsichtiger vorgehen. Wie sie hier ihre politischen Bündnisse und ihre Landfrieden organisierten, das werden wir an einigen ausgewählten Beispielen prüfen, denn daran können wir auch die Instrumente und die Möglichkeit einer regionalen Ordnungsgewalt studieren.

Als ein wichtiges Instrument des vielschichtigen Interessenausgleichs in dieser Region erwies sich das Schiedsverfahren. Die Regelung von Interessenkonflikten, die sich durch Gewalt nicht beheben ließen, weil die Kräfteverhältnisse der Beteiligten keine sichere Prognose für den Ausgang eines Waffenganges erlaubten, fand am Niederrhein in den Jahren des Interregnums eine breite Anwendung. Das bekannteste Schiedsverfahren kam in Köln zur Anwendung und ist als der *Große Schied* (1258) in die Kölner Stadtgeschichte eingegangen. Der Erzbischof als Stadtherr und die Kölner Bürger hatten in den fünfziger Jahren eine ganze Reihe von Problemen der Stadtregierung zu klären.

Zwar beanspruchte der Erzbischof die volle geistliche und weltliche Gerichtsgewalt (*iurisdictio*), und damit die Stadtherrschaft, denn der mittelalterliche Begriff für Herrschaft war *iurisdictio*, aber dennoch wurden die Fragen an eine Schiedskommission zur Entscheidung gegeben.

Die Kommission bestand aus fünf geistlichen Schiedsrichtern, zu denen auch der berühmte Dominikaner Albertus Magnus gehörte. Sie erfüllte ihre Aufgabe durch einen detaillierten Schiedsspruch. Auch im Umgang mit seinem Hauptwidersacher dieser Jahre, dem Grafen von Jülich, griff der Erzbischof von Köln wiederholt auf die Methode des Schiedsverfahrens zurück. Im Jahr 1254 tat er es unter Umständen, die für ihn günstig waren, denn bei einer zurückliegenden Fehde hatte er den Grafen von Jülich besiegen können. Nun sollten offene Fragen durch das Urteil von drei Schiedsrichtern entschieden werden. Dies war ein verbindliches Entscheidungsmodell, denn drei Schiedsrichter konnten immer zu einer Mehrheitsentscheidung kommen.

In den Jahren zuvor und auch in späteren Jahren, als das Kräfteverhältnis zwischen dem Kölner Erzbischof und dem Jülicher Grafen ausgeglichener war, spiegelten die Entscheidungsstrukturen dies wider. Sie machten es einer Seite unmöglich, ihre Interessen gegen die andere Seite durchzusetzen. Denn es gab keine Mehrheitsentscheidungen. In den Bündnisverträgen dieser Zeit wurden für den Konfliktfall entweder gar keine Entscheidungsgremien festgelegt oder diese Gremien waren von beiden Seiten mit der gleichen Zahl von Vermittlern besetzt. So konnte ein Beschluss nur durch den Konsens der Beteiligten erzielt werden. Bis zum Tode des mächtigen Erzbischofs Konrad von Hochstaden im September 1261 aber konnte die Kölner Kirche ihre weltliche Machtstellung durch direkten Herrschaftsausbau und durch Bündnisse mit verbindlichen Entscheidungsmethoden behaupten. Die grundsätzliche Möglichkeit, die wir am Ende des letzten Kapitels feststellen konnten, kam hier konkret zu Einsatz. Die Herrschaft zielte auf Eindeutigkeit und diese Eindeutigkeit ließ sich durch die Stärke des Herrschers und – weniger effektiv, aber dafür nahe an den Interessen der Beteiligten – durch ein entscheidungsfähiges Verfahren erreichen.

Die komplexen Herrschaftsinteressen am Niederrhein machten diese Landschaft geradezu zu einer Modellregion für die unterschiedlichsten Schiedsverfahren. Dabei ist eines klar erkennbar und wir müssen diesen Befund im Blick behalten: Entscheidungsverfahren, die auch gegen den Willen einer Seite zu einem Ergebnis führen konnten, weil sie eine Mehrheitsentscheidung vorsahen (verbindliche Entscheidungsverfahren), wurden nur dann eingesetzt, wenn die Beteiligten engere gemeinsame Interessen hatten oder wenn einer der Beteiligten ein solches Übergewicht hatte, dass die Schiedskommission im Grunde ein Instrument seiner Herrschaft war. Auch das kam vor. Auf mittlere Sicht konnten die Erzbischöfe von Köln ihren Anspruch auf eine herausgehobene Rolle am Niederrhein und auch ihre Stadtherrschaft in Köln nicht behaupten. Die Entscheidung fiel jenseits der Zeitgrenze dieser Darstellung in der Schlacht bei Worringen 1288, als der damalige Erzbischof einer Koalition von mittleren und kleineren Landesherren und der Stadt Köln unterlag.

Die traditionelle Herrschaftsgewalt des kölnischen Erzbischofs, die durch seine Herzogstitel ergänzt einen größeren Raum umschloss, ließ sich gegen die Grafschaften und Territorien mittlerer Größe nicht mehr durchsetzen. Diese kleineren Herrschaftsbereiche am Niederrhein konnten sich effektiver organisieren und sie profitierten, wie die Stadt Köln, von der wirtschaftlichen Dynamik der Region. Die Herzogsgewalt des Kölner Erzbischofs stammte aus einer anderen Zeit. Die Kölner Erzbischöfe hatten sie im

12. Jahrhundert von den deutschen Herrschern erhalten. Damals waren die Anforderungen an die konkrete Herrschaftsausübung geringer und es gab für die Herrschaftspraxis weniger Prüfsteine. Die komplexer werdende Gesellschaft des 13. Jahrhunderts mit dem wachsenden Einfluss juristischer Regelungen erforderte für die tatsächliche Herrschaft eine deutlich erhöhte Präsenz. Diese Präsenz war nur mithilfe einer angemessenen Zahl von Amtsträgern vor Ort zu gewährleisten. Über einen solchen Apparat verfügte der Erzbischof nicht.

4. Wittelsbachsche Politik

Immer wieder ging es bei der fürstlichen Politik um dynastische Entscheidungen. Der Tod eines Fürsten stellte seine Söhne, so weit es sie gab, vor die Herausforderung, die väterliche Erbregelung zu akzeptieren oder sie infrage zu stellen. Eine Primogenitur, eine eindeutige Erbregelung zugunsten des ältesten Sohnes gab es nicht. So standen die Erben häufiger vor dem Problem, dass der Besitz geteilt werden musste. Dies war in gewissem Sinne ein neueres Problem und eine Folge der schwachen Königsherrschaft, denn eigentlich galten Fürstentümer als unteilbar. Seit den Jahren des Interregnums setzte die dynastische Notwendigkeit einer angemessenen Versorgung zumindest aller männlichen Mitglieder des Hauses dieses Teilungsverbot zunehmend außer Kraft. Doch boten die Teilungen hinreichend Anlass zu Konflikten und mancher Teilungsbeschluss erwies sich im Lichte der Erfahrung als nicht sinnvoll. Nachverhandlungen wurden nötig. Die Herzöge von Bayern zeigten sich dabei besonders hartnäckig.

Die Herzöge von Bayern aus der Familie der Wittelsbacher hatten im Reichsgefüge eine andere Stellung als der Erzbischof von Köln. Der Niederrhein war im späteren Mittelalter eine *königsferne* Landschaft (Moraw). Das Königtum hatte dort nur wenige Möglichkeiten, seine Herrschaft tatsächlich geltend zu machen. Die Zugeständnisse, die Wilhelm von Holland nach seiner Wahl der Stadt Köln machen musste, um die Bürger für sich zu gewinnen, waren ein drastisches Beispiel für diese politische Situation. Der römisch-deutsche König konnte in dieser Region nur wenige Herrschaftsrechte geltend machen und er hatte auch nur wenige Verbündete, die eine Nähe zum Königtum pflegten, weil ihr eigener Status davon abhängig war.

Die Nähe, die der Erzbischof von Köln zu den Königen des Interregnums gesucht hatte, nährte sich nicht aus dem Wunsch, etwas vom möglichen Glanz des Königtums auf die Kölner Kirche fallen zu lassen. Dem Erzbischof von Köln war die Einflussnahme auf den König nützlich erschienen. Doch war diese kühle Haltung gegenüber dem deutschen Herrscher keine neue Erscheinung des Interregnums, die Erzbischöfe von Köln hatten im 13. Jahrhundert auch dem Staufer Friedrich II. reserviert gegenübergestanden, und Konrad von Hochstaden war unter den ersten Reichsfürsten gewesen, die die Exkommunikation des Kaisers bekannt machten. Die Wittelsbacher dagegen hatten die Nähe der Staufer gesucht.

Diese Feststellung ist etwas zu allgemein gehalten, aber sie mag in der Perspektive dieser Darstellung so stehen bleiben. Im Jahr 1214 hatte Friedrich II. dem wittelsbachschen Herzog von Bayern auch die Pfalzgrafschaft bei Rhein verliehen. Damit wurde eine dynastische Verbindung dieser beiden angehenden Territorien und Landesherrschaften begründet, die bis zum Reichsdeputationshauptschluss 1803 Bestand hatte.

Der Sohn Kaiser Friedrichs II., Konrad IV., hatte am 1.9.1246 die Tochter des bayerischen Herzogs geheiratet. Damit hatten sich die Wittelsbacher, nach manchen

Schwankungen im Vorfeld, definitiv auf die Seite des Staufers gestellt. Friedrich II. war im Juli des Vorjahres vom Papst abgesetzt worden und auch seinen Sohn traf der Bann der Kirche. Die Heirat war so auch eine klare Positionsbestimmung, denn die wittelsbachsche Prinzessin heiratete einen exkommunizierten und von der Kirche verfolgten Mann. Und die Wittelsbacher blieben an der Seite Konrads IV. bis zu seinem Tod 1254. Ein halbes Jahr zuvor, am 29. 11. 1253, starb der bayerische Herzog. Seine Söhne traten die Nachfolge an und die Einheit währte nur noch eine kurze Zeit. Konrad IV. war bei seinem Tod in Süditalien erst 26 Jahre alt. Als er Deutschland im Oktober 1251 verlassen hatte, um das Erbe seines Vaters im Königreich Sizilien anzutreten, war seine Frau schwanger. Aber seinen Sohn, der ebenfalls den Namen Konrad erhielt, und der im März 1252 geboren wurde, hat Konrad IV. nie gesehen. Der kleine Konrad, *Konradin*, wuchs in Bayern auf, und die bayerischen Herzöge achteten darauf, dass seine dynastischen Ansprüche aufrechterhalten wurden. Als Richard von Cornwall mit dem Pfalzgrafen die Bedingungen seiner Königswahl aushandelte, versprach sein Bevollmächtigter dem Wittelsbacher, die Ansprüche des jungen Konradin in Sizilien und in Schwaben zu respektieren. Die wittelsbachschen Pfalzgrafen und Herzöge verstanden sich als Hüter des kleinen, erst vierjährigen Staufers. Das bedeutete freilich nicht, dass sie sich untereinander gut verstanden.

Pfalzgraf und römisch-deutscher König: dynastische Verbindungen
Der Pfalzgraf nahm in der deutschen Verfassung eine besondere Rolle gegenüber dem König ein, denn er galt als sein Vertreter und das Amt begründete eine besondere Beziehung seines Inhabers zum römisch-deutschen König. Die Pfalzgrafenfamilie hat sich im späten Mittelalter immer darum bemüht, eine Heiratsverbindung mit der Familie des herrschenden Königs zu schließen, wenn der König lange genug im Amt war. Die eigentümliche Hochzeitsvereinbarung mit der englischen Königsfamilie, die der Pfalzgraf bei seiner Wahlzusage für Richard von Cornwall 1256 machte (s. o.), paßte in dieses Bild. So hatten die Wittelsbacher als Dynastie eine besondere Verbindung zum Herrscher – bei aller inneren Zerstrittenheit, die die Familie im späten Mittelalter durchlebte.

Nach dem Tode des Herzogs Otto II. (ca. 1206–1253) im Jahre 1253 fiel die Herrschaft in Bayern und in der Pfalz an seine zwei Söhne Ludwig II. (1229–1294) und Heinrich XIII. (1235–1290). Schon bald erwies sich, dass die gemeinsame Regierung der Brüder ein schwieriges Geschäft war; im Jahr 1255 teilten sie ihr Erbe erstmals auf. Bei dieser ersten bayerischen Teilung erhielt Heinrich das später so genannte *Niederbayern* und Ludwig erhielt *Oberbayern* und die Pfalz am Rhein. Dieser Teilungsmodus brachte die Brüder in Bayern immer wieder zusammen und immer wieder gegeneinander auf. In den folgenden Jahren bemühten sie sich häufiger darum, ihre Ansprüche untereinander zu bereinigen, und ihre Positionen gegenüber den anderen Kräften in Bayern, wie dem Bischof von Regensburg, zu klären. So beriefen die beiden bayerischen Herzöge in den Jahren 1262, 1265 und 1269 Schiedskommissionen, um über Gebietsansprüche und Erbschaftsfragen zu verhandeln, die sich zwischen den Brüdern immer wieder einstellten. Dabei wurden auch für künftige Streitfälle vorsorglich Schlichtungskommissionen gebildet. Es ist nicht zu übersehen, dass die Brüder darauf achteten, diese Kommissionen zu gleichen Anteilen zu besetzen, so dass sie insgesamt aus 6 oder 8 Schiedsrichtern bestanden. Dass ein solches Verfahren mitunter schwierig und auch langwierig sein konnte, war den bayerischen Herzögen durchaus klar.

Im Jahr 1253, also noch vor der Teilung des Landes, hatten sich die beiden Brüder gemeinsam mit dem Bischof von Freising auseinandergesetzt. Auch in diesem Fall wurde eine Lösung für spätere Probleme ins Auge gefasst. Man richtete eine Kommission von 8 Männern ein. Falls die Delegierten sich nicht einigen konnten, dann sollten sie gemeinsam nach Straubing gehen und dort so lange bleiben, bis sie sich auf eine Entscheidung verständigt hätten. Den einfacheren Weg, etwa eine siebenköpfige Schiedskommission zu nominieren, die mit Mehrheit entscheiden konnte, mochte man nicht gehen; zu groß war das Misstrauen. Die bayerischen Herzöge hatten nach der Teilung des Herzogtums aber immer wieder die Gelegenheit, solche Schlichtungsverfahren in verschiedenen Formen zu erproben.

Eindrucksvoll war eine Lösung, auf die sie sich 3 Jahre nach der Wahl Rudolfs von Habsburg im Jahr 1276 einigten. Wieder benannte jede Seite dieselbe Zahl von Vermittlern, doch sollte das drohende Patt durch einen Vermittler überwunden werden, falls eine andere Lösung nicht möglich wäre. Doch klang dies einfacher und rationaler, als es tatsächlich war. Denn die Aufgabe dieses einen Vermittlers wurde von zwei Männern wahrgenommen, dem Burggrafen von Nürnberg und dem Bischof von Regensburg, die jeweils eine Seite repräsentierten. Sie sollten im Streitfall wie ein Mann entscheiden. Solche Konstruktionen verweisen darauf, wie sehr die konkrete Einrichtung eines Entscheidungsverfahrens vom Verhältnis der Kräfte, vom Druck der Notwendigkeiten und vom Grad der Gemeinsamkeiten abhing.

5. Fürstliche Königswahlpläne und die Reaktionen König Richards

Die Politik dieser Jahre wurde in bedeutender Weise von den Personen geprägt, die als Könige oder als Fürsten die wichtigen Machtpositionen innehatten. Der Wechsel im Amt konnte einen Wechsel der Politik herbeiführen, der weitreichende Folgen hatte. Als der machtbewusste und erfolgreiche Erzbischof von Köln, Konrad von Hochstaden, im Oktober 1261 starb, trat ein Mann seine Nachfolge an, den der beste Kenner der niederrheinischen Landesgeschichte, Wilhelm Janssen, in einer neuen Darstellung so charakterisiert: „Ihm fehlte offenbar jedes politische Talent". Dieser Mann, Engelbert von Valkenburg (1261–1274), bestimmte die Politik des Erzbistums während der verbleibenden Jahre des Interregnums. Aber so sehr sich der neue Erzbischof von seinem Vorgänger unterscheiden mochte, die Instrumente der Politik, die uns bislang interessiert haben, blieben dieselben.

Der neue Kölner Erzbischof begann seine Stadtherrschaft mit einer Belagerung Kölns, um dann schließlich in einem Vermittlungsverfahren seine Positionen mit den Bürgern zu klären. Auch gegenüber dem Pfalzgrafen, einem seiner bedeutenden weltlichen Konkurrenten am Rhein, griff er auf die bereits bewährten Instrumente zurück, als er kurz nach der Auseinandersetzung mit der Stadt Köln eine Verständigung mit dem Wittelsbacher über alle offenen Fragen suchte. Pfalzgraf und Erzbischof vereinbarten im Juli/August 1262 ein Schiedsverfahren, für das jede Seite drei Vertreter ernannte. Künftig wollte man zudem noch einen Obmann ernennen, der in einer festgefahrenen Situation mit seiner Stimme den Streit entscheiden konnte. Pfalzgraf und Erzbischof von Köln, zwei wichtige Königswähler, einigten sich also zur Klärung der offenen Fragen auf ein Schiedsverfahren mit 7 Männern. Gemeinsam mit dem Erzbischof von Mainz, dessen Gebiet zwischen ihnen lag, waren sie die entscheidenden Größen entlang des Rheins, wo das deutsche Königtum seine traditionelle Machtbasis hatte. Im Jahr 1262 schien sich eine Übereinstimmung dieser rheinischen Fürsten und Königswähler anzubahnen und einiges deutet daraufhin, dass diese Entwicklung eine reichspolitische Dimension hatte.

Denn im Juni 1262 schrieb der Papst einen Brief an den König von Böhmen, in dem er Ottokar für die Information dankte, dass der Erzbischof von Mainz zu einer neuen Königswahl eingeladen habe. Dem Papst waren Gerüchte zu Ohren gekommen, dass Konradin, der Sohn Konrads IV. bei dieser Gelegenheit zum König gewählt werden sollte. Er beeilte sich, einen solchen Schritt energisch zu verbieten. Außer dieser Mitteilung ist über einen vermeintlichen Plan zur Neuwahl eines Königs nichts überliefert, aber ein solches Vorhaben paßte durchaus in die damalige Situation.

Der Erzbischof von Mainz war zu Weihnachten 1261 in Prag gewesen und hatte im Veitsdom Ottokar zum König von Böhmen gekrönt. Prag gehörte zum Erzbistum Mainz und so gehörte die Krönung zu den Amtspflichten des Erzbischofs. Wahrscheinlich hatte man bei dieser Gelegenheit über den Zustand des deutschen Reiches gesprochen und der Erzbischof hatte seine Sicht der Dinge dargelegt – dass Deutschland einen neuen König brauche. Der König von Böhmen hatte nicht gezögert, diese Neuigkeit nach Rom zu melden. Das Mitteilungsbedürfnis hatte wohl mit der Person Konradins zu tun, der für diese Wahl im Gespräch war. Für den Papst war die Aussicht, dass wieder ein Staufer auf den deutschen Thron gelangen könne, nicht akzeptabel, für den böhmischen König wiederum war wohl der Gedanke, dass ein anderer als er selbst auf den Thron gelangen könne, unerfreulich.

Konradin, Sohn Konrads IV. und damit der letzte Staufer in der direkten Linie der deutschen Herrscher, war zu diesem Zeitpunkt 10 Jahre alt. Wie sein Onkel, der wittelsbachsche Pfalzgraf, diesem Projekt gegenüberstand, ist nicht überliefert. Er wird es wohl nicht sehr energisch abgelehnt haben. Und so entstand für Richard von Cornwall, der noch immer ein ernsthaftes Interesse an seinem römisch-deutschen Königtum hatte, im Jahr 1262 eine problematische Situation. Der Pfalzgraf und der Kölner Erzbischof suchten einen Ausgleich und der Erzbischof von Mainz bereitete den Boden für eine Neuwahl. Wenn so wichtige Reichsfürsten zu einer gewissen gemeinsamen Basis fanden und wenn in diesem Kreis das Königswahlprojekt energisch vorangetrieben wurde, dann mochte es sein, dass das Königtum Richards, der nun schon länger nicht mehr in Deutschland gewesen war, in eine ernstere Krise geriet. Manches spricht dafür, dass Richard das selber so sah, denn im Juni 1262 reiste er nach Deutschland. Er kam für ein halbes Jahr.

Mitte Juli 1262 war er in Aachen und am 6. August stellte er König Ottokar von Böhmen im Gegenzug für dessen Treue eine Belehnungsurkunde für Böhmen, Mähren, Österreich und die Steiermark aus. Das war ein etwas eigentümlicher Vorgang, denn weder der König von Böhmen noch andere Reichsfürsten waren bei dieser Bestätigung zugegen. Der Eindruck ist kaum von der Hand zu weisen, dass sich Richard von Cornwall hier eines mächtigen Partners versichern wollte. Nach einem längeren Aufenthalt in Aachen zog Richard den Rhein hinauf bis nach Basel. Dann kehrte er um. Zwanzig Jahre später fasste die Straßburger Ellenhards-Chronik diesen Zug knapp zusammen: *Als König Richard aber bis nach Basel gekommen war, gingen ihm die Mittel aus; da ließen ihn die deutschen Fürsten allein …* Bei Ellenhard werden die Ereignisse aus der Sicht des habsburgischen Königtums geschildert, das die Ordnung in Deutschland wiederhergestellt habe, nachdem diese Ordnung zuvor in Gefahr geraten war. Daher hat die Darstellung der fürstlichen Haltung einen tadelnden, moralischen Unterton: erst die starke Herrschaft Rudolfs stellte die Ordnung wieder her. Wir müssen hier nicht der habsburgischen Sichtweise von Richards Regierung folgen, um festzustellen, dass der König auf seiner Reise an den Rhein 1262 offenbar mit keinem Reichsfürsten zusammentraf. Jedenfalls ist ein solches Zusammentreffen nicht zu belegen. Diese fürstliche Zurückhaltung, die eine kritische Haltung gegenüber dem Königtum des Engländers zu erkennen gab, lässt sich eventuell mit Ellenhards Verweis auf die versiegenden Zuwendungen Richards erklären. Doch ist eine andere Erklärungen viel plausibler.

Im Grunde lassen sich die Ereignisse des Jahres 1262 mit dem Bild von den deutschen Fürsten, die nur nach ihren eigenen Interessen handelten, nicht verbinden. Denn falls die Fürsten wirklich aus den Motiven handelten, die ihnen der Straßburger Ellenhard oder Bischof Bruno von Olmütz unterstellten, dann hatten sie 1262 eine nahezu ideale Situation. Es gab zwei Könige und beide waren sehr weit weg. Ein präsentes Königtum gab es nicht. Aber offensichtlich sahen die Fürsten darin ein Problem und es macht den Eindruck, als habe diese Abwesenheit des Königs ein Zusammengehen der Fürsten zumindest befördert. Zwar hatte die päpstliche Intervention die Neuwahl eines Königs zunächst verhindert, aber die 60er-Jahre boten weiteren Anlass zur fürstlichen Unzufriedenheit mit der Politik des gewählten und gekrönten, aber kaum anwesenden Königs. Von Alfons von Kastilien sprach schon seit längerem niemand mehr. So blieb der Vorstoß zu einer neuen Königswahl im Jahr 1262 nicht der letzte Versuch.

Im November 1268 erhielt der böhmische König einen weiteren Brief von der Kurie bezüglich einer neuen Königswahl. Es war einer der letzten Briefe Clemens' IV. (1265–1268), denn der Papst starb noch im selben Monat. Danach blieb der päpstliche Stuhl fast drei Jahre vakant. Eindringlich wies der Papst den Plan einer Neuwahl zurück. Da sich die Königswähler schon bei der Doppelwahl von 1257 den Mahnungen zur Einmütigkeit entzogen hätten – mit der Folge, dass es nun zwei Könige gab –, würde die Wahl eines Dritten den Schaden nur vergrößern. Tatsächlich schien der Papst nicht nur auf das Verbot einer Neuwahl zu setzen, sondern er bemühte sich auch darum, den König von Böhmen von seiner Sicht zu überzeugen.

Der Brief vom November 1268 ist ein längerer Text, nicht nur eine knappe Order. Clemens IV. (1265–1268) war ein Mann mit einer gewissen Lebenserfahrung. Er war erst spät Priester und Bischof geworden. Zuvor hatte er als Rechtsberater das normale Leben eines Laien geführt. Nach dem Tod seiner Frau war er Geistlicher geworden. Er hatte in hohen geistlichen Ämtern Erfahrung als Vermittler in Schiedsverfahren sammeln können und daraus ein Gespür für schwierige Situationen entwickelt. Angesichts der Diskussionen um eine neue Königswahl im Jahr 1268 sah er eine solche heraufziehen und es ist interessant, worin er die Problemlage begründet sah: in der *natürlichen Neigung des Menschen zum Streit* (*facilitas naturalis hominum ad dissentiendum*). Mit dieser allgemeinen menschlichen Disposition argumentierten die Juristen dieser Epoche im Zusammenhang mit den Schiedsverfahren, um zu begründen, warum solche Verfahren eine entscheidungsfähige Zusammensetzung erforderten. Eine Mehrheitsentscheidung musste möglich sein, weil sich die Schiedsrichter in der Regel nicht freiwillig einigten.

Wir haben dies oben in Hinblick auf die Schiedsverfahren festgestellt, die bei den zahlreichen Bündnissen zwischen Fürsten, Herren und Städten dieser Jahrzehnte eine so bedeutende Rolle spielten. Im genannten päpstlichen Schreiben wurde nun dieselbe Situation für die Königswahl wie für die verschiedenen Schiedsverfahren angenommen. Die Frage war, ob man bei der bevorstehenden Königswahl die Erfahrungen der Schiedsverfahren beim Umgang mit der menschlichen Streitsucht beherzigen würde. Doch noch war es nicht so weit.

Im Jahr 1262 war Richard von Cornwall zur Beilegung der Krise seiner Königsherrschaft nach Deutschland gekommen. Auch 1268, als erneut über eine Königswahl nachgedacht wurde, kam er nach Deutschland. Der Zusammenhang ist auffällig genug, denn zwischen diesen beiden Reisen war Richard 5 Jahre lang in England geblieben. Diesmal blieb er fast ein Jahr, lange genug, um Beatrix von Valkenburg in Kaiserslautern zu heiraten. Das war im Juni 1269. Die junge Frau entstammte derselben Familie wie der amtierende Kölner Erzbischof und Richard bemühte sich offenbar noch einmal um die Verbesserung seiner Kontakte ins Reich. Diesmal gaben ihm auch die Fürsten die Ehre. Im April hatte er sie zu einem Hoftag nach Worms geladen und es kamen der Pfalzgraf, der Erzbischof von Mainz und der Erzbischof von Trier und weitere Bischöfe, Grafen und Herren. Der Erzbischof von Köln war verhindert, er befand sich bereits seit längerer Zeit in der Gefangenschaft des Grafen von Jülich.

Im Oktober 1267 hatte der Erzbischof an der Spitze eines Bündnisses von im Wesentlichen westfälischen Herren gegen den Grafen eine Schlacht geschlagen. Der Graf von Jülich wurde dabei von Grafen und Herren vom Niederrhein unterstützt. Bei dieser Begegnung bei Zülpich (etwa auf halber Strecke zwischen Bonn und Aachen) erfuhr der Erzbischof, wie unvorhersehbar das Schlachtenglück sein konnte. Der Graf von Jülich und seine Verbündeten siegten und der Kölner Erzbischof ging in eine lange Gefangenschaft von dreieinhalb Jahren. Er hatte erst die Hälfte hinter sich, als Richard von Cornwall seinen Hoftag in Worms abhielt.

In Worms beschloss König Richard gemeinsam mit den versammelten Fürsten und Herren einen Landfrieden. Dabei erschien sein Auftritt imposanter als bei früherer Gelegenheit. Der Erzbischof von Mainz stilisierte die neue Friedensordnung in kraftvollen Worten. Er wurde vom König mit der Aufsicht über den Frieden betraut und in einem Schreiben an verschiedene Städte am Mittelrhein nahm er offenbar Maß an der Vorlage des päpstlichen Einführungsschreibens *Rex pacificus*, mit dem Gregor IX. sein großes Kirchenrechtsbuch, den *Liber Extra* (1234), eingeleitet hatte.

Bei Richards Landfriedensmaßnahmen ging es in erster Linie um die Beseitigung oder die Reduktion neuer Zollstellen auf dem Rhein und verschiedener städtischer Abgaben, dem so genannten *Ungeld* (*Akzise*), den städtischen Verbrauchssteuern. Die Entschlüsse wurden energisch verkündet, aber der König selbst reiste beizeiten nach England zurück (August 1269), um seiner jungen Frau seine Ländereien zu präsentieren. Die Wirkung seiner Landfriedensmaßnahmen dürfte die Wirkungen seiner bisherigen Politik kaum übertroffen haben. Der Alltag des sozialen Friedens wurde durch den König kaum geprägt. Die energischen Formulierungen, die der Erzbischof von Mainz verwendete, um die königliche Gewalt angemessen darzustellen, deuteten eher auf eine atmosphärische Veränderung hin, als auf einen starken König. Aber diese atmosphärischen Veränderungen schlugen sich schon in naher Zukunft in der realen Politik der Fürsten nieder.

6. Konsens

Richard von Cornwall kam nach der Abreise im August 1269 nicht mehr nach Deutschland zurück. Alfons von Kastilien kam nie nach Deutschland. Der letzte Staufer aus der direkten Linie der deutschen Herrscher, Konradin, war bereits im Jahr zuvor beim Kampf um Sizilien in die Gefangenschaft seines Gegners geraten und im Oktober 1268 hingerichtet worden. Vier Wochen später war der Papst gestorben und sein Stuhl war seitdem unbesetzt. Dies waren keine einfachen Zeiten für Menschen, deren Ordnungsideal eine klare Orientierung vorsah. Es gab niemanden, der das Amt oder die Autorität besaß oder ernsthaft beanspruchen konnte, den Anderen den Weg zu weisen. Doch anders als in den dunklen Schilderungen von Zeitgenossen und Historikern, in denen solche Bedingungen den Eigennutz entfesseln, bereiteten sie in Deutschland zu Beginn der 1270er-Jahre den Boden für einen politischen Konsens. Dieser Konsens, der in der einmütigen Wahl Rudolfs von Habsburg seinen Ausdruck fand, wird in Kapitel X eingehender dargestellt. Hier wollen wir abschließend die Konsensfähigkeit der Fürsten dieser Jahre vor der Wahl und im Umfeld der Wahl Rudolfs in den Blick nehmen, die aus den Erfahrungen des Interregnums hervorging.

Dabei ist „Konsensfähigkeit" durchaus als technischer Begriff gemeint. Es war nicht so, dass nun eine neue Zeit des Friedens anbrach. Vielmehr war es so, dass sich die Fürsten in den verschiedenen Konfliktsituationen, in denen sie sich befanden, auf vernünftige Verfahren einigten, mit denen sie ihre Probleme bewältigen konnten. Wir beginnen mit dem Kölner Erzbischof im April 1271. Damals verpflichtete sich der Erzbischof in einer ausführlichen Urkunde zur Beilegung einer ganzen Reihe von Streitpunkten mit der Stadt Köln. Das geschah weniger aus Friedenswillen, denn aus Notwendigkeit, aber uns interessiert vor allem der Effekt. Die Kölner hatten im Bündnis mit dem Grafen von Jülich von der Niederlage und der Gefangenschaft des Erzbischofs profitiert und die Bedingungen der Urkunde waren auch durch die missliche Situation des Erzbischofs geprägt.

Das Dokument ist voller Absichtserklärungen hinsichtlich des künftigen guten Einvernehmens. Um dennoch auftretende Probleme friedlich zu regeln, richtete man eine Schiedskommission von 4 Männern ein – 2 von jeder Seite. Man war sich klar über die technischen Schwierigkeiten dieses Verfahrens ohne Mehrheiten, deshalb räumte die Vereinbarung den Schiedsrichtern nur eine begrenzte Zeit für ihre Urteilsfindung ein, *damit dieser Vergleich nicht in die Länge gezogen wird.* Innerhalb von 15 Tagen sollte die Entscheidung fallen. Für den Fall, dass dies nicht gelang, war keine Verfahrenslösung vorgesehen. Das war angesichts der gegenseitigen Vorbehalte sicher eine authentische Lösung. Die Zeiten, in denen der Erzbischof von Köln den Bürgern der Stadt die Bedingungen der Politik vorschreiben konnte, waren vorbei.

Im Norden fanden der Herzog von Braunschweig und die Herzöge von Sachsen im März 1272 einen eindeutigeren Weg, um ihre Meinungsverschiedenheiten aus dem Weg zu räumen. Es ging um die Regelung von konkurrierenden Ansprüchen und gemeinsamen Aufgaben in der Zukunft (Deichbau), die im Zuge landesherrlicher Rivalitäten zu einem Problem geworden waren. Nun verständigten sich beide Seiten auf ein Schiedsverfahren. Auch im Norden benannte man vier Männer. Allerdings sah man hier die Notwendigkeit, für den Fall einer festgefahrenen Verhandlung einen entscheidenden fünften Mann vorzusehen, *und sie werden jegliche Rechtsvorschrift, die dieser Graf ihnen einzuhalten vorschreibt, einhalten.* Das war eine klare Sache und es war ein Weg, in Angelegenheiten, die Klarheit erforderten, Klarheit zu erreichen. Es war bei allen kleinteiligen Interessen ein Erfolg gemeinsamer Vernunft.

Auch der Pfalzgraf bei Rhein und bayerische Herzog Ludwig fand damals einen pragmatischen Weg, mit dem Bischof von Regensburg über seine Konflikte zu verhandeln. Die unterschiedlichen Auffassungen über lokale Herrschaftsrechte hatte immer wieder zu Gewalt zwischen den Dienstleuten beider Seiten geführt. Die Urkunde benennt eher formelhaft *verschiedene Raubzüge, Brandstiftungen, Gefangennahmen, Plünderungen, Ungerechtigkeiten.* Es gab einigen Klärungsbedarf und es war nicht der erste Versuch, die gegenseitigen Schwierigkeiten zu beseitigen. Doch in dieser Situation, eineinhalb Jahre vor der Wahl Rudolfs von Habsburg, einigten sich beide Seiten auf eine Schiedskommission von sieben Männern, die mit Mehrheit über die anstehenden Problems abstimmen sollte.

Durch diese Verfahren wurden die Fürsten nicht unbedingt friedliebender als zu Beginn des Interregnums, aber die genannten Beispiele aus dem Kreis der Königswähler zeigen doch eine gewisse Bereitschaft, mit den jeweiligen Konkurrenten zu einem Konsens zu gelangen. Auch untereinander war ein solches Bemühen der Königswähler erkennbar. Anfang Dezember 1273 kamen der Erzbischof von Köln und der Pfalzgraf darin überein, offene Fragen an fünf Schiedsrichter zu delegieren, die – falls erforderlich – mit Mehrheit entscheiden sollten. Hier ging es klar um die Beilegung von Konfliktpunkten, die Einigung sollte an einem Tag geschehen, wie ausdrücklich vermerkt wurde. Die Fürsten bemühten sich um Lösungen.

Eine Woche nach dieser Absprache zwischen dem Kölner Erzbischof und dem Pfalzgrafen schickte Bruno von Olmütz seine eingangs zitierte Kritik an den deutschen Fürsten an die Kurie. Bruno von Olmütz vermisste eine starke Hand, die die Einzelinteressen auf eine Linie zwingen konnte. Doch das fürstliche Bemühen, auch das praktische Bemühen, um gemeinsame Lösungen hatte eher zugenommen. Wir werden bald anlässlich der Wahl Rudolfs von Habsburg darauf zurückkommen. Zunächst wenden wir uns den Kräften zu, die es erlauben, das fürstliche Handeln in eine breitere Perspektive einzuordnen. Denn die unklare Situation nach dem Ende Friedrichs II. forderte nicht nur die deutschen Fürsten heraus, sondern rückte auch manche europäische Herrscherfamilie in den Horizont des vakanten Kaisertums. Die Kirche war durch das Engagement der Päpste und durch die Bedeutung der geistlichen Fürsten auf vielfältige Weise mit der Geschichte des Interregnums verbunden. Sie verfügte über dezidierte Ordnungsvorstellungen. Es musste sich zeigen, wie sich diese Idealvorstellungen in den Herausforderungen dieser Jahrzehnte bewährten. Die nächsten beiden Kapitel werden erweisen, dass die Jahrzehnte nach dem Ende Friedrichs II. nicht nur die politische Ordnung in Deutschland herausforderten, sondern dass alle Beteiligten interessante Erfahrungen machten. Damit sind wir auf dem Weg zu einer europäischen Perspektive.

VIII. Die europäische Dimension des deutschen Thronstreites

Nov. 1252–Apr. 1253	Verhandlungen der Kurie mit Richard von Cornwall über Sizilien
Mai–Okt. 1253	Verhandlungen der Kurie mit Karl von Anjou über Sizilien
9. 4. 1255	Papst Alexander IV. belehnt Edmund, Sohn König Heinrichs III., mit dem Königreich Sizilien
18. 3. 1256	König Alfons X. von Kastilien wird durch einen Bevollmächtigten der Stadt Pisa zum römischen König und Kaiser gewählt
März 1256	Weisung Heinrichs III. an seinen Bevollmächtigten an der Kurie, sich für die Wahl eines Kandidaten auf den römisch-deutschen Thrones einzusetzen, der seinen Plänen gewogen sei
1257–1259	Friedensverhandlungen zwischen Ludwig IX. und Heinrich III.
23. 1. 1264	*Mise d'Amiens* - Schiedsspruch Ludwigs IX. zwischen Heinrich III. und den rebellierenden Baronen
14. 5. 1264	Schlacht bei Lewes. Sieg der rebellierenden Barone über die Truppen des englischen Königs
4. 8. 1265	Schlacht bei Evesham. Der englische Thronfolger besiegt die Rebellen. Deren Anführer Simon von Montfort wird im Kampf getötet

1. Sizilien

Wir beginnen dieses Kapitel mit einer berühmten Weisung des englischen Königs Heinrichs III. an seinen Gesandten an der Kurie in Rom. Der Brief ist nicht genau datiert, stammt aber nach dem Eintrag im königlichen Register aus dem späten März 1256. Es sei der Wunsch des Königs, *dass ein solcher zum König der Deutschen gewählt wird, der der Römischen Kirche ergeben und uns teuer ist, und dies besonders, weil die Franzosen, wie ihr wisst, sich zu unserem Nachteil darum bemühen. Wenn sie erreichen, was sie wünschen – was ferne sei –, dann könnte dies der Angelegenheit des sizilischen Königreiches, die wir von Herzen verfolgen, wie wir gehalten sind, schweren Schaden zufügen* (Shirley, Royal letters 2, S. 114f.). König Wilhelm von Holland war zwei Monate zuvor gestorben und im März 1256 hatte sich die Nachricht von seinem Tod so weit verbreitet, dass die anstehende Neubesetzung des deutschen Thrones die Nachbarn beschäftigte.

Die eigentümliche Wahl Alfons' von Kastilien zum römischen König (vgl. Kap. IV.) durch Gesandte der Stadt Pisa in Soria hatte ebenfalls im März stattgefunden. Diese Wahl war folgenlos geblieben, aber sie war ein erstes Indiz für eine Initiative, die ein Jahr später zur Wahl Alfons' durch die deutschen Königswähler führte. Die Weisung Heinrichs III. an seinen Gesandten lässt zusammen mit der Pisanischen Königswahl desselben Monats ahnen, welch komplexes Zusammenspiel der verschiedenen Interessen es bei der Doppelwahl 1256/57 gab. Eine zentrale Rolle spielte dabei das Königreich Sizilien.

Bei der Absetzung Kaiser Friedrichs II. im Juli 1245 hatte Papst Innozenz IV. festgestellt: *Bezüglich des Königreichs Sizilien werden wir mit dem Rat unserer Brüder die nötigen Vorkehrungen treffen, wie es uns vorteilhaft erscheint.* Tatsächlich wurde es ein mühsames und am Ende vergebliches Geschäft. Neben der weltanschaulichen Auseinandersetzung um das Verhältnis von Papsttum und Kaisertum hatten die konkreten politischen Interessen des Papstes im Süden Italiens wohl eine bedeutende Rolle bei der Absetzung des Kaisers gespielt. Das Königreich Sizilien grenzte unmittelbar an den weltlichen Herrschaftsbereich des Papstes im Umland von Rom, das *Patrimonium Petri*, und die Beziehungen zum Staufer Friedrich II. waren voller Spannungen. Im Königreich Sizilien lag der Lebens- und Herrschaftsmittelpunkt des Staufers und hier hatte er zahlreiche Anhänger, die auch nach seinem Tod noch stark genug waren, um dem Papst lange Widerstand zu leisten. Die Versuche des Papstes, Sizilien zu erobern, schlugen fehl und als Innozenz IV. im Dezember 1254 in Neapel starb, hatte er zwar Konrad IV. überlebt, aber die Staufer waren noch immer nicht besiegt. Als Nachfolger Konrads IV. hatte Manfred, ein illegitimer Sohn Friedrichs II. (1232–1266), die Herrschaft angetreten. Er tat es vorerst noch stellvertretend für den kleinen Konradin, den Sohn Konrads IV.

Innozenz hatte verschiedentlich versucht, geeignete Kandidaten für den sizilianischen Thron zu finden. Die Suche gestaltete sich schwierig, denn die Aufgabe war gefährlich und teuer. Zum einen musste der Kandidat für die Krone seine neue Herrschaft erst noch erobern, zum andern verlangte der Papst von dem neuen König eine Entschädigung für seine bisherigen Aufwendungen in dieser Angelegenheit und diese waren hoch. So lehnten die Wunschkandidaten Richard von Cornwall und Karl von Anjou das Angebot ab (vgl. Kap. V, 4). Schließlich landete Innozenz IV. beim jüngeren Sohn Heinrichs III., für den eine eigene Krone durchaus eine Herausforderung darstellte.

Edmund befand sich grundsätzlich in der gleichen Lage wie Richard von Cornwall und Karl von Anjou. Diese waren die jüngeren Brüder von Königen, die Verlierer des Prinzips der Primogenitur. Allerdings war Edmund, der Angehörige der nächsten Generation, 1254 erst neun Jahre alt. Die Schwierigkeiten dieser Situation waren dem Papst bewusst, weshalb er sich in dem halben Jahr zwischen dem Tod Konrads IV. und seinem eigenen Tod auch um einen Ausgleich mit dem Staufer Manfred bemühte. Ansätze zu einer Einigung hatte es gegeben, doch Manfred verfolgte eine energische eigene Politik und so vollzog Innozenz' Nachfolger, Papst Alexander IV (1254–1261), den Bruch mit Manfred und belehnte Edmund am 9.4.1255 mit dem Königreich Sizilien. Erobern sollte es der kleine Junge selbst, bzw. sein Vater musste diese Aufgabe für ihn übernehmen. Und dabei gab es Probleme.

Das Sizilienprojekt war in England nicht populär. Der englische Chronist Matthäus Parisiensis argwöhnte, dass die Kurie nur auf das englische Geld aus sei. In der Tat waren feste Zahlungstermine vereinbart worden, zu denen Heinrich III. dem Papst für die Belehnung seines Sohnes höhere Summen erstatten musste. Doch der König hatte kein Geld und benötigte daher entweder Kredite oder die Unterstützung seiner Barone. Doch Letztere erhielt er nicht. Auf einer Versammlung der Barone in Westminster im Oktober 1255, auf der der König Geld erbat, wies Richard von Cornwall dieses Ansinnen mit der Begründung zurück, Heinrich habe die Eroberung Süditaliens ohne den Rat seines Bruders und ohne die Zustimmung seiner Barone auf sich genommen – *sibilis transalpinensium fascinatus.* Auch die Bitte des Papstes um einen Kredit, mit dem Edmund unterstützt werden sollte, wies Richard zurück. Er wolle sein Geld niemanden leihen, den er aufgrund seines höheren Status nicht zur Rückgabe verpflichten könne. Sizilien war kein *englisches* Projekt. Der König stand wegen dieser Angelegenheit, die in den Quellen *negotium siciliae* heißt, unter Druck. In dieser Situation verfasste er im März 1256 die eingangs zitierte Weisung an seinen römischen Geschäftsträger hinsichtlich der Wahl des deutschen Königs.

Richard von Cornwall verweigert seinem Bruder Heinrich III. eine finanzielle Unterstützung für die Eroberung Siziliens, Oktober 1255
Matthäus Parisiensis, Chronica Maiora V, S. 520

In demselben Jahr waren fast alle Magnaten Englands am Fest des heiligen Edward (13. 10) in Westminster versammelt. Unter ihnen wandte sich der König zunächst an seinen Bruder, den Grafen von Cornwall, und bat ihn sehr eindringlich um finanzielle Hilfe. Der Herr Papst hatte dem Grafen in gleicher Weise bittende Briefe geschickt, in denen er ihn inständig bat, seinem Bruder mit einem Darlehn von 40 000 (Mark? – keine Währungsangabe) zu helfen, um damit gleichsam anderen ein frommes Vorbild zur Hilfe zu geben. Der Graf aber wollte weder auf die Bitten des Königs noch auf die Bitten des Papstes hören, und vor allem deshalb nicht, weil er die Aufgabe nach Apulien zu gehen, auf sich genommen habe, ohne seinen Rat und die Zustimmung seiner Barone [einzuholen], von den Sybillen jenseits der Alpen betört …

In der zitierten königlichen Weisung kommt allerdings eine Seite der Politik dieser Epoche zum Vorschein, die wir oben anlässlich der Überlegungen zur „internationalen Politik" etwas unterschlagen haben. In den Feindbildern und Vorurteilen konnten die Zeitgenossen ihre Nachbarn mitunter einheitlicher sehen, als diese jemals handelten. Im zitierten Falle zeigen sich die Vorbehalte des englischen Königs gegenüber den *gallici,* den Franzosen und ihre ränkevolle Politik. Hier wurde nicht allzu viel differenziert, auch der englische Chronist Matthäus Parisiensis pflegte solche Vorurteile gerne. Wir müssen ihnen nicht folgen.

2. Grundzüge

Die Königreiche England und Frankreich verband seit der Eroberung Englands durch die Normannen eine besondere Beziehung. Der Herzog der Normandie war nach der Eroberung im Jahr 1066 zum englischen König geworden, aber er blieb auch Herzog in Nordfrankreich und damit Vasall des französischen Königs. Dies war eine eigentümliche Doppelposition, denn so musste der englische König dem französischen König für seinen Besitz auf dem Festland einen Lehenseid leisten, woraus sich wiederholt protokollarische Spannungen ergaben. So wurden die Ämter des Herzogs der Normandie und des englischen Königs schließlich personell geschieden; ein Sohn der Familie sollte König in England, ein anderer Herzog in der Normandie sein. Aber die Wechselfälle dynastischen Geschicks waren nur bedingt planbar, und so kamen die beiden Ämter wieder in der Hand des englischen Königs zusammen.

Im 12. Jahrhundert war der Festlandsbesitz des englischen Königs zeitweilig größer gewesen als die Krondomäne, das Herzstück des französischen Königtums. Mit der entschiedenen Durchsetzung der französischen Königsmacht unter Philipp II. von Frankreich begann auch eine Politik der Zurückdrängung des englischen Einflusses in Frankreich. Philipp II. eroberte im Jahre 1202 die Normandie, dem englischen König blieb im Wesentlichen ein Festlandsbesitz im Südwesten Frankreichs, die Gascogne und Guyenne. Die Ansprüche auf die anderen Gebiete aber gab er noch nicht auf. Als Zwischenergebnis dieser spannungsvollen Geschichte konnte man vor der Doppelwahl 1256/57 in Hinblick auf das Verhältnis des englischen und französischen Königs feststellen, dass es noch immer voller Misstrauen war und dass der englische König eine gewisse Hoffnung hegte, die Normandie zurückzugewinnen.

Man mag in der Belehnung Edmunds mit Sizilien auch eine Reminiszenz an die normannische Tradition Englands sehen, denn schließlich waren es die Normannen gewesen, die sich in den Jahrzehnten, in denen sie die Herrschaft über England festigten, auch im Süden Italiens durchsetzten. Die gemeinsame Geschichte war allerdings nicht nur eine Geschichte von Schwierigkeiten, sie legte auch eine gemeinsame Grundlage. Die Aristokratie Englands sprach französisch und die Kriegszüge des englischen Königs zur Sicherung seiner Herrschaft in Frankreich waren bei den englischen Baronen nicht beliebt. Dies waren allein die kostspieligen Interessen des Königs. Am Ende der 50er-Jahre führte dieser finanzielle und politische Druck auf Heinrich III. zu einer vertraglichen Einigung mit König Ludwig IX., die die Spannungen für etwa zwei Generationen deutlich verminderte. Die Initiative dazu ging vor allem vom französischen König aus.

Ludwig IX. von Frankreich hatte in diesen Jahren andere Aufgaben im Blick als die Beeinflussung der deutschen Königswahl. Sein großes Anliegen war der Kreuzzug, zu dem er 1248 aufbrach. Doch trotz umsichtiger Vorbereitung, begeistertem Einsatz des Königs und anfänglicher Erfolge endete der Kreuzzug mit einer Niederlage, in deren Verlauf Ludwig im August 1250 in Gefangenschaft geriet. Er wurde gegen ein hohes Lösegeld freigelassen, blieb aber noch eine Zeit lang im heiligen Land, um auch die anderen Gefangen freizubekommen. Sein Gefährte Jean de Joinville hat die Geschehnisse dieses Kreuzzugs viele Jahre später in einer lebendigen Chronik niedergeschrieben. Erst 1254 kam Ludwig nach Frankreich zurück.

Sein Bruder **Karl von Anjou**, der ihn auf dem Kreuzzug begleitet hatte, war schon einige Jahre zuvor zurückgekehrt. Karl hatte eigene Pläne. Er nahm ein Angebot der Gräfin von Flandern an, die im Juli 1253 in ihrem Konflikt mit Wilhelm von Holland bei der Schlacht von Westkappeln eine schwere Niederlage erlitten hatte (vgl. Kap. III, 4). Die Gräfin suchte Hilfe und sie war gezwungen, dafür einen hohen Preis zu zahlen. Sie übernahm die Kosten für einen Kriegszug Karls gegen Wilhelm von Holland und trat den Hennegau als Lohn für die Unterstützung an Karl ab. So zog am Niederrhein ein neuer Krieg herauf, an dem der Bruder des französischen Königs entscheidend beteiligt war.

Die Situation war noch unentschieden, als Wilhelm von Holland im Januar 1256 starb. Doch war mit seinem Tod der Konflikt um Flandern nicht aus der Welt, denn noch immer warteten die Söhne der Gräfin von Flandern auf ihren Anteil am Erbe (vgl. Kap. III, 4). Johann von Avesnes, einer der beiden Söhne und enger Verbündeter Wilhelms, sah nach dem Tod des Königs das bisher Erreichte in Gefahr. So fern die Grafschaft Flandern normalerweise dem deutschen König lag, in dieser Situation erlangten die Geschehnisse am Niederrhein eine Bedeutung für die anstehende Königswahl. Das lag einmal an der ungeklärten flandrischen Situation selbst, es lag aber auch an den Personen, die in diesen Konflikt verwickelt waren und vielfältige Interessen hatten. Die politische Lage war komplex und in dieser etwas unüberschaubaren Situation barg die Neubesetzung des deutschen Thrones für manchen Beteiligten erhebliche Risiken. Es zeigte sich dabei, dass die Konflikte, die in diesem Zusammenhang auf der europäischen Agenda standen, politische Lösungsmechanismen mobilisierten, die mit den Verfahren vergleichbar waren, die die deutschen Fürsten in diesen Jahren anwandten. Denn die grundsätzliche Aufgabenstellung war vergleichbar. Es ging um eine akzeptierte Form der Konfliktlösung ohne eine übergeordnete Herrschaftsgewalt. Doch gehen wir der Reihe nach vor.

Karl von Anjou hatte als jüngerer Bruder des französischen Königs mit der Grafschaft Anjou zwar ein standesgemäßes Auskommen (diese Versorgung der jüngeren Söhne des Königs wurden *Apanage* genannt), aber er war ein ehrgeiziger Mann. Seit 1245 mit einer Tochter des Grafen der Provence verheiratet, war der Graf bald nach der Hochzeit gestorben und seine Tochter hatte die Provence geerbt, wodurch Karl zum Grafen der Provence wurde. Im Jahr 1253 hatte ihm Innozenz IV. erstmals das Königreich Sizilien angeboten. Karl lehnte das Angebot ab, die Bedingungen erschienen ihm offenbar als zu ungünstig.

3. Kastilien

Das Engagement Karls von Anjou bot zumindest ein Motiv für die überraschende Kaiserwahl des Kastiliers durch Pisa und Marseille im Jahr 1256. Die einschlägigen Dokumente dieses Jahres lassen erkennen, dass die beiden Handelsstädte gemeinsame Interessen verfolgten (*dass die Bewohner und die Kommune von Marseille sich mit den Pisanern und der Kommune von Pisa durch einen Vertrag verbünden, um sich gegenseitig gegen jedermann zu helfen …*, zit. aus einem Vertrag, den Alfons am Tag seiner Wahl mit dem Gesandten Pisas abschloss, MGH Const. 2, S. 496). Die Handelsstadt Marseille lag in der Provence und sah ihre Freiräume durch die Herrschaft Karls eingeschränkt. Nominell gehörte die Provence noch zum Reich und so mochte man hoffen, durch die Unterstützung eines entfernten Kaisers dem Druck eines Grafen zu begegnen, der einem zu nahe gekommen war.

Dies war kein sehr aussichtsreiches Unternehmen, aber es wirft ein Schlaglicht auf den politischen Status des Kaisertums um 1256. Es war in den konkreten Aktionshorizont von erfolgreichen Akteuren gerückt, denen die Kaiserkrone nun als Möglichkeit in ihrer eigenen politischen Strategie erschien. Die Pläne Pisas, Marseilles und Alfons' von Kastilien, den die Vertreter dieser beiden Städte 1256 zum Kaiser wählten, waren wahrscheinlich nicht sehr konkret. Aber dass sie so konkret verfolgt wurden, ist ein Beleg für die relative Kräfteverschiebung in Westeuropa im Laufe des 13. Jahrhunderts. Die Kandidatur des Königs von Kastilien für den deutschen Thron, die mit so entlegenen Versuchen begann, dann aber auch bei den deutschen Fürsten Unterstützung fand, ohne je zu einer politischen Realität in Deutschland zu werden, ist ein sprechendes Beispiel für diese Entwicklung. Die Gründe für Alfons' Kandidatur lagen auf der Iberischen Halbinsel.

Seit Friedrich Barbarossa mit der kastilischen Königsfamilie 1188 erste Verbindungen aufgenommen hatte (vgl. Kap. V, 4), war die Bedeutung und das Selbstbewusstsein der kastilischen Herrscher deutlich gewachsen. Die Könige von Kastilien hatten die Rückgewinnung der Iberischen Halbinsel unter eine christliche Herrschaft, die *Reconquista*, erfolgreich vorangebracht. Unter König Ferdinand III. (1217–1252), dessen Herrschaftszeit nahezu zeitgleich zur Herrschaft Friedrichs II. verlief, gelangen entscheidende Erfolge für die kastilische Königsmacht. Der dauerhafte Zusammenschluss mit León wurde erreicht und 1248 wurde Sevilla zurückerobert, das jahrhundertelang unter muslimischer Herrschaft gestanden hatte. Im selben Jahr war der spanische Kirchenrechtler

Vinzenz gestorben (Vincentius Hispanus), der zu seinen Lebzeiten die Auffassung vertreten hatte, dass die Spanier allein wegen ihrer Tapferkeit den Kaisertitel verdient hätten. Darin kam das Selbstbewusstsein des christlichen Spanien zur Zeit Ferdinands III. markant zum Ausdruck. Tatsächlich soll Ferdinand im Jahr 1234 an der Kurie den Kaisertitel verlangt haben. Zu dieser Zeit war Friedrich II. Kaiser, aber Ferdinand beanspruchte nicht den Titel des Staufers. Die Beziehungen zwischen den Staufern und der Iberischen Halbinsel wurden gepflegt, Ferdinand war mit einer Stauferin verheiratet und Friedrich II. war von 1209–1222 mit Konstanze von Aragón (1182–1222) verheiratet gewesen.

Der kastilische König Ferdinand wollte einen Kaisertitel für die Iberische Halbinsel. Dieser Titel sollte seinen hegemonialen Herrschaftsanspruch in Spanien bekräftigen. Der Papst gestand Ferdinand den Kaisertitel nicht zu, aber für seinen Sohn Alfons ergab sich die Gelegenheit, diesen Titel nun unter Berufung auf seine staufische Abstammung mit größerer Aussicht auf Erfolg zu beanspruchen. Sehen wir das Bemühen von Alfons um die römisch-deutsche Königskrone aus diesem iberischen Blickwinkel, dann erscheint das ganze Vorhaben plausibler.

Auch in Deutschland wurde nicht immer klar zwischen der Königs- und der Kaiserwahl unterschieden. Nicht einmal Innozenz IV. hatte dies in seiner Absetzungsurkunde für Friedrich II. getan. So konnte Alfons aus kastilischer Sicht die Wahl zum König in erster Linie als Schritt zur Kaiserwürde ansehen. Dabei ging es ihm stärker um die Kaiserwürde auf der Iberischen Halbinsel, die schon sein Vater erstrebt hatte, als um die tatsächliche Herrschaft in Deutschland. Die kastilische Perspektive erklärt auch Alfons' eigentümlich langes und hartnäckiges Festhalten an seinem Titel, obwohl er in seiner ganzen Regierungszeit nie in Deutschland war. Es ging ihm wohl in erster Linie um die heimatliche Wirkung des Titels. Doch auch aus dieser Perspektive war die Kandidatur ein Fehler, denn der Adel des Landes fand an solchen Plänen keinen Gefallen.

4. Johann von Avesnes

Vom Unwillen der englischen Barone, die Kosten für die Unternehmungen des Königs auf dem Festland und im Mittelmeer zu übernehmen, war schon die Rede. In solchen Situationen war auch der Bruder des Königs ein hoher Aristokrat, dem sein Geld näher war, als die Wünsche Heinrichs III. Aber auch Richards eigenes Königtum wurde von den Baronen mit Skepsis betrachtet. Die Vorstellung etwa, dass ein Engländer auf dem deutschen Thron den Interessen Englands dienlich sein könnte, lässt sich nirgends erkennen. Im Gegenteil.

Schon die Bekanntmachung Richards königlicher Ambitionen an Weihnachten 1256 in Westminster war eine Inszenierung gewesen, die sorgfältig darauf abgestimmt war, die erwarteten baronialen Vorbehalte zu zerstreuen (vgl. Kap. V, 2). Obwohl Richard in den Monaten davor viel Geld aufgewandt hatte, um sich Unterstützung für sein Königtum in Deutschland zu sichern, gab er sich vor der Versammlung der Barone überrascht und zögerlich, als ihm die deutschen Gesandten die Krone anboten. Die engagierte Ansprache Heinrichs III., die Richard überzeugte, war tatsächlich eher zur Beruhigung der Barone verfasst. Wenn der englische König betonte, dass sein Bruder die Aufgabe aus eigener Kraft und mit eigenen Mitteln schultern könne, so wusste er um die baronialen Sorgen angesichts möglicher Folgekosten.

Die Barone sahen in Richards deutscher Krone keine Erweiterung englischen Einflusses, sondern eine Schmälerung: *eine Minderung der Macht des englischen Königs, im Rat, in finanziellen Mitteln und in der Person, durch den Rückzug des Grafen von Cornwall,* wie sie dem Papst mitteilten. Das römisch-deutsche Königtum Richards von Cornwall war ein Projekt ohne breitere Unterstützung in England oder in der englischen Königsfamilie. „Außenpolitische Pläne" spielten dabei keine Rolle. Eher wurde das Projekt durch dynastische Interessen befördert, die durch die politische Lage in Deutschland begünstigt wurden. Dabei ging es nicht nur um die dynastischen Interessen des Herzogs von Cornwall.

Ein Mann hatte sich in den Verhandlungen, die im November und Dezember 1256 zu den Wahlverpflichtungen des Pfalzgrafen und des Erzbischofs von Köln für Richard geführt hatten, besonders engagiert. Seinen Namen finden wir in den entscheidenden Vertragsurkunden, in denen er als Vertreter und Bevollmächtigter Richards verzeichnet ist: Johann von Avesnes. Sein Schicksal als Sohn aus erster und später annullierter Ehe der Gräfin von Flandern haben wir oben bereits angesprochen (vgl. Kap. III, 3).

Noch immer kämpfte Johann um sein Erbe. Seine enge Verbindung mit Wilhelm von Holland hatte ihn seinem Ziel zwischenzeitlich näher gebracht, als der römisch-deutsche König der Gräfin von Flandern die Reichslehen absprach und sie Johann zusprach. Als Wilhelms Streitmacht im Jahr darauf die Ritter der Gräfin von Flandern besiegte, schien das erhoffte Erbe erreichbar zu werden, aber als die Gräfin sich dann mit dem Bruder des französischen Königs verbündete und König Wilhelm starb, war plötzlich alles Erreichte wieder in Gefahr.

Allein konnte Johann von Avesnes seinen Anspruch auf Flandern oder auf einen Teil Flanderns kaum durchsetzen. Gegen die Gräfin von Flandern, seine Mutter, die ihr Erbe an die Söhne aus zweiter Ehe weitergeben wollte, benötigte Johann einen starken Verbündeten. Und so mochte er darauf hoffen, dass Richard von Cornwall ihm sein Engagement angemessen vergelten würde, nachdem er König geworden war. Johann war bei Richards Krönung in Aachen zugegen und er begleitete den gekrönten König auf seinem Zug den Rhein hinauf. Doch es blieb ihm nicht mehr genug Zeit, um die königliche Dankbarkeit für seinen Einsatz zu erfahren. Johann von Avesnes starb noch bevor das Jahr zu Ende ging, im Dezember 1257. *Damals starb Johann von Avesnes, der Seneschall des deutschen Königs, auf dem alle Hoffnungen des Königs ruhten,* so vermerkte der englische Chronist Matthäus Parisiensis den Tod von Richards Mann am Niederrhein.

Dabei ist völlig offen, ob Johann von Avesnes von der Unterstützung des Königs tatsächlich profitiert hätte. Denn Richard wäre schwerlich für ihn zu Felde gezogen, er hätte allenfalls die traditionellen Kontakte des englischen Königshauses in Flandern für die Interessen Johanns bemühen können. Der Einsatz Johanns von Avesnes für Richard von Cornwall ist eine weitere Facette im Erscheinungsbild des römisch-deutschen Königtums 1256/57. Es erscheint in erster Linie als ein Objekt politischer Strategien, die zumeist einen ganz eigenständigen Ausgangspunkt haben, der mit dem deutschen Königtum wenig zu tun hat. Tatsächlich gab es solche Pläne wohl im Zusammenhang mit vielen Königs-, Papst- oder Bischofswahlen dieser Epoche. Nur hatten sie in den meisten Fällen keine Chance. Dass die verschiedenen Szenarien, in denen der deutsche Königstitel eher einen instrumentellen Charakter hatte, 1256/57 stärker zur Geltung kamen, ist ein deutlicher Hinweis auf die Ratlosigkeit der eigentlich geforderten Wahlfürsten. Ratlosigkeit ist aber noch keine verwerfliche Politik und in Hinblick auf die deutschen Fürsten können wir nach einem europäischen Vergleich durchaus feststellen, dass sie mit dieser Ratlosigkeit nicht allein waren. Doch die Probleme standen weiter im Raum und es ging darum, sie zu lösen.

5. Die Politik Ludwigs IX.

Ein Mann tat sich bei der Lösung der Probleme in Westeuropa besonders hervor: König Ludwig IX. von Frankreich. Das Problem in Flandern war insofern auch sein Problem, als die Grafschaft Flandern ein Lehen des französischen Königs war, zudem war sein Bruder direkt involviert. Die Situation in Flandern wurde grundsätzlich durch den Konflikt des englischen und des französischen Königs über die englischen Festlandsbesitzungen verschärft. Flandern und die Region am Niederrhein, die enge Handelsverbindungen mit England unterhielt, galt immer wieder als möglicher Verbündeter bei Feldzügen des englischen Königs in Frankreich. Eine tragfähige Regelung des Verhältnisses der beiden Königshäuser und ihrer Ansprüche würde auch die verschiedenen Spannungen entschärfen, die durch diesen großen Konflikt zusätzlich verstärkt wurden. Nach der Rückkehr von seinem gescheiterten Kreuzzug wandte sich König Ludwig diesen Fragen zu.

Zunächst versuchte er, den drohenden militärischen Konflikt am Niederrhein zwischen seinem Bruder und Wilhelm von Holland abzuwenden. Dies wurde dadurch erleichtert, dass Wilhelm von Holland im Januar 1256 starb und so stimmten die Beteiligten einer Vermittlung König Ludwigs zu. Ludwig IX. fällte im September 1256 einen Schiedsspruch über die Verteilung der Herrschaftsrechte unter den Kindern der Gräfin von Flandern aus erster und aus zweiter Ehe. Die Regelung sah vor, dass Flandern bei den Kindern aus der zweiten Ehe der Gräfin bleiben solle, während die früher geborenen Avesnes-Brüder aus der annullierten ersten Ehe den Hennegau erhielten, den die Gräfin von Flandern an Karl von Anjou als Preis für seine militärische Unterstützung abgetreten hatte. Johann von Avesnes war mit diesem Urteil nicht zufrieden, als älterer Bruder hatte er auf das bedeutendere Flandern gehofft. Seine Hoffnungen erfüllten sich jedoch nicht mehr.

In dem Jahr, in dem Johann von Avesnes starb (1257), begann der französische Könige mit den Vorbereitungen eines Friedensvertrages, der schließlich im Jahr 1259 in Paris geschlossen wurde und das Verhältnis des englischen und des französischen Königtums für mehrere Jahrzehnte auf eine stabile Grundlage stellte. Es war ein Friedensvertrag, der den französischen, den englischen, den römisch-deutschen König einschloss und den die Kurie freudig begrüßte (*Verkünder des Friedens sind wir und die Freude des Friedens verkünden wir,* so schrieb der päpstliche Gesandte bei den Gesprächen nach Rom). Im Zusammenhang mit den kurialen Bemühungen im Vorfeld dieses Friedens war auch die eingangs zitierte Anweisung des englischen Königs Heinrichs III. an seinen Vertreter an der Kurie ergangen, doch auf die Wahl eines Kandidaten zum deutschen König einzuwirken, der dem englischen König gewogen sei (vgl. VIII, 1). Dass die Kurie in dieser Richtung aktiv geworden wäre, etwa durch die Entsendung eines Legaten, ist nicht erkennbar. Diese Korrespondenz gehörte eher zur Routine.

Tatsächlich bat auch der französische König um die Entsendung eines päpstlichen Legaten zu den Friedensverhandlungen, und zwar eines Legaten, *der diesen französischen König und sein Königreich aufrichtig schätzt.* Wir sollten schon an dieser Stelle auf die Verfahrenslösung achten, die der französische König für den Fall vorschlug, dass es mit Heinrich III. von England über diesen Legaten keine Einigung geben würde.

Dann sollte der Papst zwei Legaten schicken, für jeden König einen. Dies ist deshalb von Bedeutung, weil im weiteren Zusammenhang mit dem Frieden von Paris so manche Verfahrensfrage angesprochen wurde, die dabei helfen sollte, das grundsätzliche Problem solcher Situationen für beide Seiten akzeptabel zu überbrücken: wie fand man Lösungen, wenn niemand allein über die Macht oder die Autorität verfügte, solche Lösungen auch durchzusetzen?

In Paris wurden die Verhältnisse zwischen den beiden so spannungsreich verbundenen Königen geklärt. Der englische König verzichtete auf die ehemaligen Besitzungen im Norden und in der Mitte Frankreichs, die schon unter seinen Vorgängern definitiv verloren gegangen waren, die er aber noch immer beansprucht hatte (Herzogtum Normandie und die Grafschaften Anjou, Maine und Touraine). Dafür erhielt er die Garantie für den Bestand seines Besitzes im Südwesten Frankreichs, der Gascogne mit dem Zentrum Bordeaux. Die Gascogne erhielt der englische König vom König von Frankreich als Lehen. Heinrich III. leistete Ludwig IX. dafür die fällige Huldigung. So wurden die Rechtsverhältnisse den politischen Realitäten angepasst und durch eine gegenseitige Anerkennung dieser Rechtsverhältnisse kriegerischen Korrekturwünschen auf Jahrzehnte der Boden entzogen. In diesem Friedensvertrag wurde auch der römisch-deutsche König Richard einbezogen, am 8. Juni 1258 bestätigte sein Bevollmächtigter im Namen des *römischen Königs* die erzielten Vereinbarungen.

Bei den Friedensverhandlungen in Paris 1258 schien einen Augenblick lang eine Möglichkeit auf, die für den französischen König wohl beunruhigend gewesen wäre. Richard von Cornwall formulierte seine Haltung zum Vertrag auch für den Fall, dass er, *was ferne sei*, den Thron seines Bruders Heinrichs III. erben würde. Das war nicht sehr wahrscheinlich, aber es war immerhin möglich. Heinrich III. war noch im Vorjahr sehr krank gewesen. Er hatte Söhne, aber auch die gaben nur begrenzte Sicherheit. Denn die verhandelnden Parteien mußten während der Verhandlungen erleben, wie der französische Thronfolger, Ludwigs IX. ältester Sohn, der den Namen seines Vaters trug, starb. In einem vergleichbaren Fall wäre Richard von Cornwall immerhin König von England und römisch-deutscher König geworden. So blitzten zwischenzeitlich große dynastische Möglichkeiten auf, die aber ebenso schnell wieder verschwinden konnten. Solche wechselhaften Szenarien waren eine Eigentümlichkeit dynastischer Politik.

Es war die dynastische Verbindung Richards von Cornwall, die ihn an dem Vertragswerk von Paris teilhaben ließ. Er gab seine Zustimmung als *römischer König*, aber sie wurde nicht in seiner Funktion als König benötigt, sondern in seiner Eigenschaft als Bruder des englischen Königs. Die Zustimmung Richards von Cornwall sollte die Möglichkeit ausschließen, dass er sich als ein möglicher Erbe seines Bruders nicht mehr an den Verzicht Heinrichs auf die bislang umstrittenen Herrschaftstitel gebunden fühlte, falls er das Erbe eines Tages antreten würde. Aus dem selben Grund musste auch die Schwester des englischen Königs zustimmen.

6. Die Rebellion der englischen Barone

Die Überschneidungen von dynastischen und politischen Verpflichtungen, die so typisch für das europäische Erscheinungsbild dieser Epoche waren, gingen tatsächlich noch weiter. Dabei zeigt sich, wie breit gestreut die königlichen Initiativen dieser Zeit waren, ohne dass sich die einzelnen Maßnahmen dabei immer schlüssig ergänzten.

Denn Heinrich III. hatte seinen ältesten Sohn und Thronfolger Edward bereits 1254 mit einer Tochter Königs Alfons von Kastilien verheiratet. Damals hatten die beiden Könige ein immer währendes Bündnis *gegen alle Menschen in der Welt* geschlossen (*contra omnes homines de mundo*). Daran hatte Alfons von Kastilien den Schwiegervater seiner Tochter erinnert, als dessen Bruder Richard den deutschen Thron beanspruchte. Alfons war der Ansicht, Heinrich III. sei verpflichtet, ihm gegen Richard beizustehen und das Recht des Kastiliers auf das römisch-deutsche Königtum zu verteidigen. Das sah der englische König anders *und so verstummte die unbesonnene Entrüstung des Königs von Spanien* (Matthäus Parisiensis).

Manchmal entwickelten sich die Verhältnisse schwieriger, als dies in den geltenden Verträgen vorgesehen war. Und das waren nicht die einzigen Gründe für wiederkehrende Spannungen. Die Heirat des englischen Thronfolgers hatte in Kastilien stattgefunden. Erst ein Jahr später war das Paar in London eingetroffen, wo ihm ein aufwendiger Empfang bereitet worden war. Kaum waren die Fanfaren für den Thronfolger und seine Frau verklungen, da hatte König Heinrich III. seinen überraschten Baronen seinen jüngeren Sohn als König von Sizilien präsentiert. In der Folge war dann die ganze Dimension der sizilianischen Aufgabe erkennbar geworden und der König hatte den militärischen Aufbruch ins Mittelmeer aus Geldmangel immer wieder verschieben müssen. Der Geldmangel war auch ein wichtiger Grund für seine Bereitschaft gewesen, den Frieden von Paris zu akzeptieren. Er konnte die Kampagnen auf dem Festland nicht mehr bezahlen. Aber mit dem Friedensschluss von Paris bekam er für die Eroberung von Sizilien wieder mehr Spielraum. Und die Konflikte mit seinen Baronen nahmen an Schärfe zu. Noch während der Verhandlungen formierte sich der baroniale Widerstand (April 1258, vgl. Kap. VI, 2).

Was sollte ein Engländer in Apulien, diesem fremden Land mit fremden Sprachen, unübersichtlichen Verhältnissen, voller bewaffneter Gegner und so weit fort von der Heimat, getrennt von England durch Meere und Gebirge? Dem Engländer Matthäus Parisiensis leuchtete der Plan seines Königs nicht ein und den englischen Baronen erging es ähnlich. Sie sahen ihren König schlecht beraten, und schlimmer noch, die englischen Barone sahen den König unter dem Einfluss fremder Berater, während ihr eigener Einfluss am Königshof immer mehr schwand. So lehnten sie sich gegen ihren König auf.

Das kostspielige Sizilienunternehmen war nicht die Ursache der Rebellion, aber es beförderte eine seit längerem schwelende Unzufriedenheit der englischen Barone mit dem Regierungsstil Heinrichs III. Insbesondere der Einfluss der Verwandten der Königin aus Savoyen erregte den Unmut des Adels. Die Auswahl der richtigen Berater war für einen König immer ein sensibles Feld, denn die Berater vertraten die Interessen seiner Untertanen, insbesondere die seiner mächtigen Untertanen. Solche Interessen konnte ein König nicht ignorieren, ohne seine Autorität zu gefährden. Da die englischen Barone ihre Interessen am Hofe des Königs nicht ausreichend vertreten sahen, zwangen sie den König, seine Regierung mit einem eigens gebildeten Rat abzustimmen. Dieser Rat, der aus 24 Männern gebildet wurde, wählte auch die Berater des Königs aus. König und Barone benannten jeweils die Hälfte der Mitglieder dieses Gremiums, das im Konfliktfall mit Mehrheit entscheiden sollte (vgl. Kap. VI, 2).

Bei jeweils 12 Vertretern von zwei Parteien, die sich argwöhnisch im Auge behielten, waren Mehrheiten nicht immer möglich. Insofern erscheint die Einrichtung dieses Rates nur begrenzt sinnvoll. Tatsächlich spiegelte die Zusammensetzung des Gremiums die realen Kräfteverhältnisse wieder. Der König hatte seine unbeschränkte Regierungsgewalt eingebüßt, die Barone hatten den Höhepunkt ihrer Macht noch nicht ereicht. Aber ihre Macht ging schon sehr weit. Denn als im November 1258 die Friedensverhandlungen zwischen dem französischen, dem römisch-deutschen und dem englischen König auf einem großen Zusammentreffen in Cambrai zu einem Abschluss gebracht werden sollten, da musste Heinrich III. seine Teilnahme absagen. *Der König blieb nach dem Beschluss aller Barone in England* (Matthäus Parisiensis).

Der Konflikt zwischen dem englischen König und den Baronen erlebte in den Folgejahren immer wieder kritische Zuspitzungen. Die Krise drängte zu einer Entscheidung. Grundsätzlich waren zwei Möglichkeiten denkbar: eine eindeutige militärische Entscheidung oder das Urteil eines Schiedsrichters, das den Frieden bewahrte, indem es beide Seiten zufrieden stellte. Tatsächlich kamen beide Lösungsmöglichkeiten zum Einsatz. Zunächst bekam der Frieden eine Chance. Der englische König und die Barone einigten sich auf König Ludwig IX. von Frankreich als Schiedsrichter in ihrem Streit über die Rechte und die möglichen Beschränkungen königlicher Herrschaft. Beide Seiten verpflichteten sich im Dezember 1263 feierlich, den Spruch des Schiedsrichters zu akzeptieren: *Wir versprechen fest und schwören mit der Hand auf den heiligen Evangelien, dass wir in gutem Glauben befolgen werden, was immer der König von Frankreich in der vorgenannten Angelegenheit … anordnet oder festlegt …* (Treharne, Sanders, Documents, Nr. 38). So gab es eine Hoffnung auf eine Lösung ohne Gewalt.

Die Tätigkeit und der Einsatz von Vermittlern in mittelalterlichen Konflikten hat seit einigen Jahren das verstärkte Interesse der historischen Forschung gefunden. Insbesondere die Frühmittelalterforschung hat den hohen Rang und das Ansehen solcher Vermittler und die Verbindlichkeit ihrer Urteile in Hinblick auf den sozialen Frieden betont. Für das 13. Jahrhundert sollten wir unsere Erwartungen hinsichtlich der Wirkung solcher Schiedssprüche nüchtern formulieren. Die Schiedssprüche Ludwigs IX. bieten dafür eine gute Orientierung. Am 23. Januar 1264 gab er seine Entscheidung über die Streitpunkte zwischen dem englischen König und seinen Baronen bekannt. Der Spruch ist als der **Schiedsspruch von Amiens (*Mise d'Amiens*)** in die englische Verfassungsgeschichte eingegangen.

Ludwigs Spruch stellte nur eine Seite zufrieden. Der französische König, so friedliebend er war, fällte eine deutliche Entscheidung zugunsten der königlichen Herrschaftsgewalt. Er verwarf die *Provisionen von Oxford* (vgl. Kap. VI, 2), mit denen der König eine Kontrolle seiner Regierung durch seine Barone akzeptiert hatte. Die grundsätzlichen Entscheidungen fielen so deutlich zugunsten der monarchischen Stellung Heinrichs III. aus, dass die rebellierenden Barone sich nicht mehr an ihre feierliche eidliche Selbstverpflichtung erinnern mochten. Noch bevor ein halbes Jahr vergangen war, eröffneten sie den Kampf gegen ihren König. Im Mai 1264 besiegte ein Heer unter dem Anführer der Rebellen, Simon von Montfort, die Truppen des Königs bei Lewes. Simon von Montfort stammte aus dem französischen Adel, hatte aber bei der Wahrnehmung von Familieninteressen in England (Grafschaft Leicester) Zugang zum Königshof gefunden und sogar eine Schwester König Heinrichs IIII. geheiratet. Später war er jedoch in scharfe Opposition zum König geraten. Bei Simons Sieg in Lewes gerieten der Thronfolger Edward und der römisch-deutsche König Richard in Gefangenschaft. Richard blieb ein Jahr im Gewahrsam der Barone. Doch das Kriegsglück war wandelbar und im August 1265 besiegte Edward, der aus der Gefangenschaft entflohen war, die Rebellen bei Evesham. Ihr Anführer Simon von Montfort kam ums Leben; dieser Sieg Heinrichs III. erwies sich als dauerhaft.

Schiedsspruch Ludwigs IX. im Konflikt Heinrichs III. mit den rebellierenden Baronen, 23.1.1264
Treharne/Sanders, Documents, Nr. 38

Ludwig, durch die Gnade Gottes König von Frankreich, an alle, die die vorliegenden Briefe lesen, mit Gruß ...
So haben wir die Parteien zu diesem Zweck [der Vermittlung] in Amiens zusammengerufen und der König erschien in Person, und einige Barone erschienen persönlich und andere ließen sich durch Bevollmächtigte vertreten. So haben wir die Forderungen ebenso wie die Entgegnungen gehört und wir haben die Argumente beider Seiten vollständig verstanden. Wir haben die Tatsache bedacht, dass durch die Provisionen, Anordnungen, Statuten und Verpflichtungen von Oxford und durch das, was aus ihnen folgte, die Rechte und die Ehre des Königs in vielfältiger Weise geschmälert wurden, dass das Königreich erschüttert wurde, die Kirchen unterdrückt und geplündert wurden und dass anderen Personen dieses Königreiches, geistlichen und weltlichen Standes, Einheimischen und Fremden, schwerer Schaden zugefügt wurde und dass Grund zu der Befürchtung bestand, dass sich in Zukunft noch Schlimmeres ereignen könne und wir haben den Rat guter und großer Männer eingeholt.

Im Namen des Vaters, des Sohnes und des Heiligen Geistes erklären wir sämtliche vorgenannten Provisionen, Anordnungen und Verpflichtungen, unter welchem Namen auch immer, und alles, was durch sie veranlasst worden ist, für ungültig und heben sie auf, insbesondere, weil es offenkundig ist, dass sie der Papst durch seine Briefe für ungültig und unwirksam erklärt hat, wobei er anordnete, dass sowohl der König wie auch die Barone und alle, die sich verpflichtet haben, diesem Schiedsspruch zu folgen, von ihnen vollkommen losgesprochen sein sollen ...
...
Weiter sagen wir und ordnen wir an, dass der besagte König in seinem Königreich und in allen dazugehörigen Besitzungen die volle Amtsgewalt und die uneingeschränkte Regierungsgewalt haben soll und er soll den Status und die Fülle der Amtsgewalt haben, in allem und für alles, wie es vor der besagten Zeit war ...

König Ludwig IX. engagierte sich in den verschiedenen hier angesprochenen Konflikten als Friedensstifter. Er genoss als König ein hohes Ansehen; man hat ihn den „Schiedsrichter Europas“ genannt. Aber wenn wir die Bilanz seiner Vermittlungen in Flandern, im Frieden von Paris und im englischen Verfassungskonflikt ziehen, zeigt sich, dass er nur eingeschränkt erfolgreich war. In Flandern konnte sein Urteil die Beteiligten nicht versöhnen. Johann von Avesnes nahm unmittelbar nach dem Schiedsspruch seine Initiativen zur Revision der Erbfolge wieder auf und der Schiedsspruch von Amiens beförderte den Konflikt zwischen Heinrich III. und den Baronen eher, als dass er ihn beilegte. Mit dem Frieden von Paris gelang Ludwigs ein epochales Friedenswerk, aber in diesen Verhandlungen war er kein vermittelnder Schiedsrichter, sondern selbst Partei. Und darin war sein Erfolg wohl begründet.

7. Verhandlungsverfahren

Es ist nicht zu übersehen: trotz feierlicher Selbstverpflichtung der Betroffenen waren die Schiedssprüche in Flandern und im englischen Konflikt erfolglos. Das lag zu einem großen Teil daran, dass diese Konflikte nicht durch ein einfaches und weises Urteil aus der Welt zu schaffen waren. Die Entscheidung für die Interessen der einen Seite wurde von der anderen Seite als unerträgliche Benachteiligung ausgelegt. Damit war die vorherige

Selbstverpflichtung hinfällig geworden. Im Zweifelsfall standen die eigenen Anliegen über einem eidlichen Versprechen. Diese Hierarchie der Interessen galt nicht nur bei den deutschen Fürsten. Wir können vielleicht noch weiteres feststellen.

Der französische König wurde für seine Friedensbereitschaft gegenüber Heinrich III. von England durchaus kritisiert. Aber Ludwig wies diese Kritik mit dem Hinweis auf seine gestärkte Stellung als Lehensherr gegenüber dem englischen König zurück. Es war nicht nur Friedensliebe, die ihn zu diesem Bündnis bewegte. Als König bestand Ludwig IX. auf seinen Herrschaftsrechten. Auch der englische König verfolgte eigene Interessen, seine Geldknappheit war ein wichtiges Motiv für seine Friedensbereitschaft gewesen.

Gerade die Tatsache, dass im Frieden von Paris die jeweiligen Interessen der Beteiligten berücksichtigt wurden, machte diesen Vertrag zu einem Friedenswerk mit langer Wirksamkeit. Damit die Interessen der Beteiligten berücksichtigt werden konnten, mussten sie artikuliert werden. Am einfachsten geschah das in direkten Gesprächen. Die Gespräche und Verhandlungen konnten aber nicht alle Probleme beilegen und so musste man einen Modus für eine Entscheidungsfindung vereinbaren, der auch dann funktionsfähig war, wenn die Interessenvertreter sich nicht näher kamen. Die Delegation der Entscheidung an einen unabhängigen Schiedsrichter brachte die weitestgehende Garantie für eine eindeutige Entscheidung. Ein Schiedsrichter konnte ein klares Urteil fällen. Doch er konnte für seine Durchsetzung nicht garantieren. Wir haben die Beispiele aufgeführt.

In gewisser Weise befand sich König Ludwig in dem englischen Verfassungskonflikt in einer Situation, die auch in den Konflikten zwischen den deutschen Fürsten immer wieder auftrat. Es gab keine zwingende Gewalt. Eindeutige Entscheidungen zugunsten einer Seite mochten deren Rechtsposition stärken, waren aber kaum durchsetzbar. In dieser Situation delegierten der König und die Barone in England ihre Entscheidungen an klar definierte Gremien, deren Zusammensetzung und deren Entscheidungsgang präzise bestimmt waren. Dies war ein rationales Verfahren, das in seiner Zusammensetzung die realen Kräfteverhältnisse wiederspiegelte. Das war auch bei den Verhandlungen zum Frieden von Paris erkennbar. Der Vertrag sah eine für Heinrich III. wichtige Zahlung des französischen Königs vor. Ludwig IX. hatte sich verpflichtet, für die Kosten von 500 Ritter für die Dauer von 2 Jahren aufzukommen. Darin konnte man eine Unterstützung der englischen Sizilienpläne sehen, die Heinrich so wichtig waren, für die er aber so wenig Geld zur Verfügung hatte.

Der Vertrag hatte die genaue Summe für diese Verpflichtung nicht festgelegt und die jeweiligen Vorstellungen waren etwas unterschiedlich. So waren in dieser Sache weitere Verhandlungen nötig. Auch hier einigte man sich auf ein Entscheidungsgremium. Vier Männer sollten die Sache verhandeln – zwei Vertreter des englischen Königs und zwei Vertreter des französischen Königs. Da man damit rechnen konnte, dass die Entscheidung nicht leicht sein würde, war bereits die Hinzunahme eine fünften Mannes vereinbart worden. Was diese fünf Vermittler einvernehmlich oder mit ihrer Mehrheit beschlossen, das sollte gelten. Das war ein rationales Verfahren.

Wir können auch in den englischen Konflikten und in den Verhandlungen zwischen dem englischen und dem französischen König einen Zusammenhang zwischen der konkreten Einrichtung von Entscheidungsverfahren und dem politischen Kräfteverhältnis bzw. dem Willen zu einer Entscheidung erkennen. Die Gremien, die den Konflikt beilegen sollten, waren in der Regel so besetzt, dass jede Seite gleich stark vertreten war. Das gegenseitige Misstrauen hatte etwa im Konflikt Heinrichs III. mit seinen Baronen dazu geführt, dass die Berater des Königs von einer Kommission bestätigt werden mussten, die zwar mit Mehrheit abstimmen konnte, die aber nicht mehrheitsfähig war, wenn beide Seiten ihre Reihen geschlossen hielten. Auch ein unabhängiger Schiedsrichter war in einer solchen Situation nur ein vermeintliche Lösung. Tatsächlich zeigte sich in diesem Konflikt, dass die Partei, die sich benachteiligt fühlte, den Spruch einfach nicht akzeptierte. In Deutschland gab es solche Vorfälle häufiger. Es gab auch die wiederholte Nachbesserung von Schiedsurteilen, die so lange geändert wurden, bis sie beiden Seiten akzeptabel erschienen.

Das war keine ideale Situation. Es war gewissermaßen das Gegenbild zum einen, mächtigen Mann an der Spitze, der mit Weisheit und Gottesfurcht für die Durchsetzung der Gerechtigkeit sorgte. Die Schiedsgerichtsbarkeit war dagegen der mühsame Alltag bei Ordnungsversuchen, die sich nicht auf Herrschaftsmacht stützen konnten. In solchen Situationen gab es nur ein begrenztes Spektrum praktikabler Verfahren. Wir begegnen ihnen um die Mitte des 13. Jahrhunderts in Konstellationen, die nicht durch herrschaftliche Hierarchien geprägt waren. Die politischen Strukturen des französischen, des englischen und des deutschen Königreichs waren sehr verschieden. Aber die Methoden, mit denen die Könige, der Adel und teilweise auch die Bürger auf vergleichbare Problemlagen reagierten, waren sich mitunter sehr ähnlich. Ohne, dass die Unterschiede zwischen den einzelnen Ländern und Regionen dadurch eingeebnet würden, erwächst daraus die reizvolle Möglichkeit einer vergleichenden Perspektive.

IX. Die Rolle der Kirche im Interregnum

1. Der Streit um die Kirchenhierarchie

Um die Mitte des 13. Jahrhunderts bot die Christenheit ein buntes Bild unterschiedlicher Kirchen in den verschiedenen Königreichen Europas. Die Vertreter traditioneller Seelsorge und traditioneller Kirchenstrukturen konkurrierten mit den neuen dynamischen Bettelmönchen der Franziskaner und der Dominikaner, die predigend umherzogen, ohne sich dabei der bischöflichen Gewalt zu unterstellen. „Die Kirche" ist daher kein treffender Begriff, um die vielschichtige christliche Realität dieser Jahre angemessen zu bezeichnen. Das ist auch nicht das Ziel dieses Kapitels. In diesem Kapitel soll es in erster Linie um den Anteil der Institution unter päpstlicher Führung an der Geschichte des Interregnums gehen. Da die Jahrzehnte seit der Jahrhundertmitte in der institutionellen Kirche eine Zeit waren, in der das Papsttum nachdrücklich auf eine Vereinheitlichung der Kirchenstrukturen unter seiner Leitung hinarbeitete, ist die Verwendung des Begriffs „die Kirche" für unsere Fragestellung möglich. Diese Kirche war auf vielfältige Weise an den Geschehnissen der Interregnumsjahre beteiligt und in die Entwicklung dieser Jahre eingebunden.

Beginnen wir diese Übersicht mit dem Auslöser der hier dargestellten Entwicklung. Beginnen wir mit dem Anspruch der päpstlichen Amtsgewalt auf die Führungsrolle in der Christenheit und mit der Entwicklung dieses Anspruchs während der Interregnumsjahre. Die eindrucksvolle Formulierung dieses Anspruchs und seine Begründung durch Innozenz IV. anlässlich seiner Absetzung des Kaisers haben wir bereits im II. Kapitel dieses Bandes dargestellt. Innozenz stand mit seiner Ordnungsvorstellung von einer Christenheit mit einer Person an der Spitze, der die anderen unter- oder nachgeordnet sind, nicht allein. Tatsächlich waren die Jahre zwischen dem I. und dem II. Konzil von Lyon (1245–1274) eine Phase scharfer theologischer Auseinandersetzungen um die Struktur der Kirche und um das zeitgemäße Kirchenverständnis.

Diese Diskussion wurde an der führenden Stätte theologischer Wissenschaft dieser Epoche geführt, an der Universität von Paris. Sie erreichte zu dem Zeitpunkt, als in Deutschland die Doppelwahl von Richard von Cornwall und Alfons von Kastilien zu einer Gewissheit wurde, ihren ersten Höhepunkt: zum Jahreswechsel 1256/57. In der Sache ging es zunächst um einen Streit zwischen den „normalen", d. h. weltgeistlichen Professoren der Universität Paris und den Professoren der Bettelorden. Die Lehrenden und die Lernenden waren an der mittelalterlichen Universität in aller Regel Geistliche, d. h. sie hatten zumindest die niederen Weihen empfangen.

In Paris lehrten zu dieser Zeit so bedeutende Köpfe wie Albertus Magnus (1200–1280), Thomas von Aquin (1224–1274) und Bonaventura (1217/18–1274), die den Orden der Dominikaner und Franziskaner angehörten. Diese Bettelorden hatten seit ihren Anfängen im ersten Jahrzehnt des 13. Jahrhunderts eine enorm erfolgreiche Entwicklung durchlaufen. Im Verlauf dieser Entwicklung hatten die Franziskaner ihr sehr radikales Armutsverständnis den komplexen Erfordernissen des städtischen Lebens angepasst. Sie waren von anfänglicher Ablehnung der wissenschaftlichen Studien durch Franziskus zu einer immer intensiveren Aneignung der Wissenschaften vorangeschritten und wurden so in Paris, einem der bewegtesten Plätze der wissenschaftlichen Diskussion dieser Jahre, zu einer erkennbaren Größe. Aber ihr Armutsverständnis und ihre radikalen Lebenspraxis provozierte auch heftige Kritik.

Ein Pariser Theologe, Wilhelm von Saint Amour, der die neuen Orden und ihren Auftritt ablehnte, hatte die Bettelmönche in seinen Schriften scharf attackiert. Er sah in ihnen keine radikalen Nachfolger Jesu, sondern apokalyptische Vorboten der Endzeit, deren religiöse Praxis die göttliche und die kirchliche Ordnung in Gefahr brachte. Die Bettelordensprediger, die die Autorität der Bischöfe missachteten, weil sie auch ohne ausdrücklichen bischöflichen Auftrag in deren Diözesen predigten, seien eine Verfallserscheinung. Darin konnte ihm der Papst nicht zustimmen und er verbot Wilhelm von Saint-Amour im April 1257 die weitere Lehr- und Predigttätigkeit und befahl ihm, Frankreich zu verlassen. So wurde dieser scharfe Kritiker der Bettelorden von Papst Alexander IV. zum Schweigen gebracht. Wilhelm starb 1272. Doch er war mit seiner Kritik nicht allein und seine Disziplinierung beendete den Streit nicht.

Wir können hier nicht auf die universitären Aspekte des Konflikts eingehen, sondern müssen uns auf die Perspektive der Auseinandersetzung über die innere Struktur der Kirche beschränken. Dabei hatten die Gegner der Bettelorden deren Predigtprivilegien attackiert, die den franziskanischen und den dominikanischen Predigern eine weitgehende Freiheit in der Wahl von Ort und Zeit ihrer öffentlichen Auftritte zugestanden. Nach traditionellem kirchlichen Rechtsverständnis musste ein Prediger die Erlaubnis des Bischofs der Diözese, in der er predigen wollte, einholen.

Die Bischöfe sahen sich als die Nachfolger der Apostel, deren Verkündigungstätigkeit sie fortsetzten. In ihrem Verständnis standen sie direkt in dieser apostolischen Tradition. Sie bedurften dazu keiner Beauftragung durch den Papst. Die Bettelordensprediger stellten diese hohe Position der Bischöfe infrage, indem sie in deren Bistümern als Prediger auftraten, ohne durch den zuständigen Bischof dazu beauftragt worden zu sein. Sie konnten sich dabei auf päpstliche Privilegien berufen. Die weltgeistlichen Professoren an der Pariser Universität, die diesen Zustand attackierten, traten dabei als Verteidiger der bischöflichen Rechte in der Kirche auf. In ihrem Verständnis war die Autorität der Bischöfe nicht vom Papst abhängig, weswegen die hierarchische Amtsgewalt des Papstes sich nicht über eigenständige Bischofsrechte hinwegsetzen konnte. In den Grenzen seines Bistums war der Bischof für die Verkündigung des Evangeliums zuständig und er besaß diese Zuständigkeit aus eigenem Recht. Er allein hatte das Recht, Priester und Prediger in seinem Amtsbereich mit der Seelsorge und der Predigt zu beauftragen. An den Grenzen seiner Diözese fand die päpstliche Amtsgewalt eine Einschränkung.

Dies war die Position der Weltgeistlichen, die die Kirchengeschichte in Anlehnung an das Bischofsamt (Episkopat) als *Episkopalismus* bezeichnet hat. Ihr stand der Kirchenentwurf der Bettelordenstheologen gegenüber, den ein schon fast triumphales Papstverständnis kennzeichnete. Einer der profiliertesten Vertreter dieser hierarchischen Kirchenvorstellung war der franziskanische Theologe Bonaventura.

Man gehorcht ihm [dem Papst] *nicht wegen der Amtsgewalt der anderen* [kirchlichen Prälaten], *sondern man gehorcht den anderen wegen seiner Amtsgewalt; wie man dem König nicht wegen seines Amtsträgers (bailli) gehorcht, sondern eher dem Amtsträger wegen des Königs. Deswegen ist seine Amtsgewalt die nächstliegende und unmittelbare Ursache, die alle und jeden Einzelnen dazu bewegen soll, ihren Vorgesetzten Gehorsam zu zeigen.* Für Bonaventura war die hierarchische Zuordnung der

a) Das Kirchenbild der Bischöfe und Weltkleriker

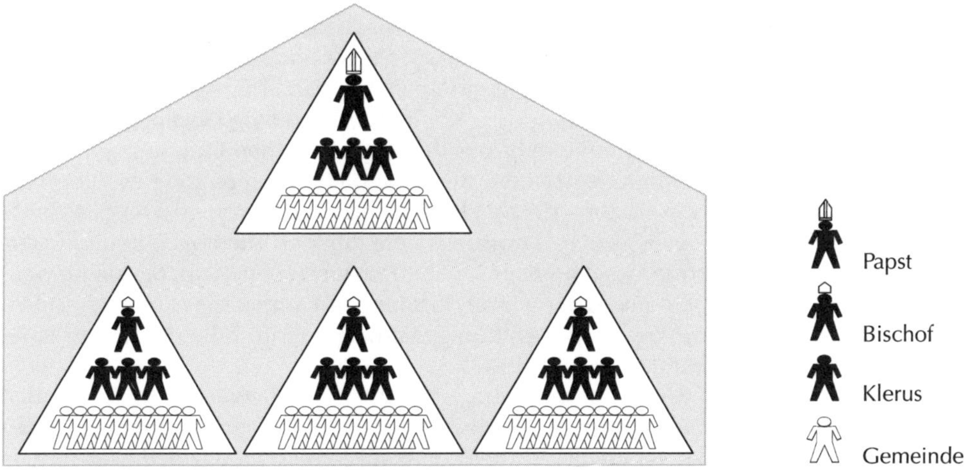

a) Die Kirche nach den Vorstellungen des Weltklerus: Der Papst ist zwar in gewisser Weise den anderen Bischöfen übergeordnet, seine Kompetenzen enden aber im Wesentlichen an den Bistumsgrenzen.

b) Das Kirchenbild der Bettelordenstheologen

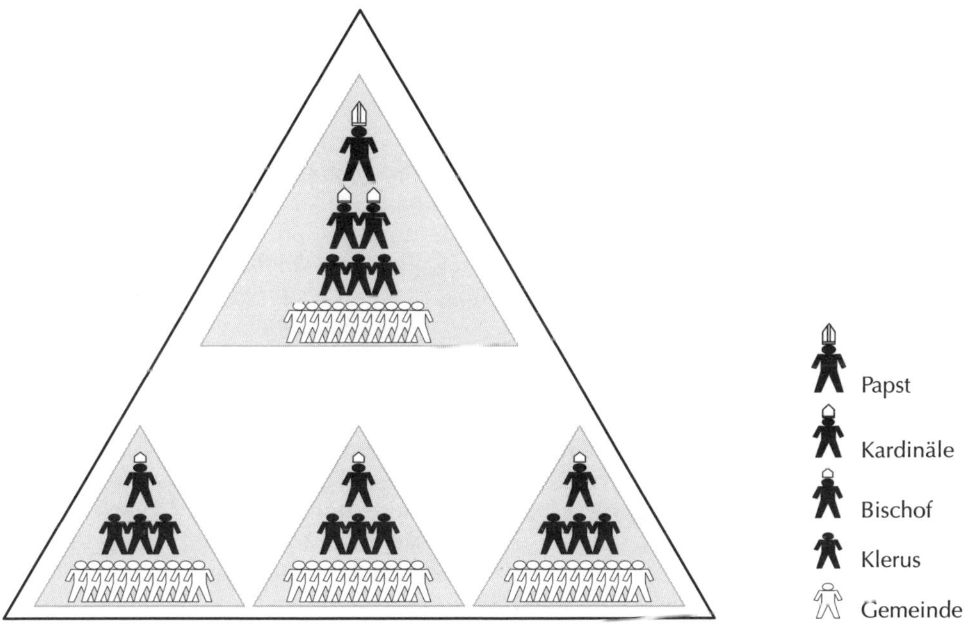

b) Die Kirche nach den Vorstellungen der Bettelordenstheologen: Die hierarchischen Kompetenzen des Papstes reichen in die einzelnen Bistümer. Im Grunde gilt die ganze Kirche als Bistum des Papstes.

Christenheit auf den Papst ein evidentes religiöses Erfordernis, ein universales Gesetz: *Es muss daher einer sein, auf den die Unterordnung aller zurückgeführt wird, und dies, wie gezeigt wurde, erfordert die Ordnung der allumfassenden Gerechtigkeit* (Bonaventura, De perfectione evangelica, Quaestio 4, Art. 3: Opera omnia 5, S. 198 u. 194).

Der Vergleich mit dem König und seinen Amtsträgern (*baillis*) war kein Zufall. Bonaventura predigte in Paris häufiger vor dem König. König Ludwig IX. pflegte ein enges Verhältnis zu den Franziskanern, die ihrerseits ihre hierarchischen Ordnungsvorstellungen in den Dienst des Königtums stellten. Bei diesen Hierarchien ging es allerdings nicht in erster Linie um die Macht – die Macht des Papstes, des Königs oder des Generalministers der Franziskaner. Es ging darum, dass die zitierten Theologen in der hierarchischen Ordnung die beste Gewähr dafür sahen, dass die Lebensform, die sie für richtig hielten, unverbrüchlich umgesetzt wurde. Tatsächlich wurden diese hierarchischen Vorstellungen im Falle des französischen Königs Ludwig und im Falle der Franziskaner selbst von konkreten Vorbildern belebt.

Ludwig IX. war ein König mit ausgeprägtem Herrschaftsbewusstsein – wir haben das schon verschiedentlich angesprochen – und er war ein Mann, der immer wieder mit persönlichem Beispiel voranging. Als der König auf seinem Kreuzzug die ägyptische Küste vor Augen hatte, an der die ersten Ritter im Angesicht der Sarazenen gelandet waren, und als er erfuhr, dass auch die königliche Fahne bereits an Land war, da hielt es ihn nicht mehr. Ludwig wartete die Landung nicht ab, sondern sprang in Rüstung und mit Waffen ins Wasser, das ihm immerhin bis zu den Achseln reichte, und gelangte so zu seinen Rittern am Ufer. Seine Leute mussten ihn davon abhalten, die Sarazenen direkt zu attackieren. Der persönliche Einsatz des Königs stand nie in Frage.

Die Franziskaner lebten nach dem Vorbild des heiligen Franziskus. Bei ihnen fand die Verbindung von Charisma und Hierarchie eine ganz eigene Ausprägung. Seit dem Tod des heiligen Franz im Jahr 1226 war die Zahl derer, die seinem Beispiel folgten, ständig gewachsen. Aus der Gruppe gleich gesinnter Gefährten war ein Orden geworden. Aber die Angehörigen dieses Ordens wurden durch schwere Meinungsverschiedenheiten über das Erbe des Heiligen in heftige Parteikämpfe verwickelt. Die kompromisslose Hingabe an sein religiöses Lebensideal hatte Franziskus und seiner Bewegung einen enormen Erfolg beschert. Mit diesem Erfolg und dem Anwachsen des Orden sahen sich die Franziskaner vor ganz neuen Aufgaben der städtischen Seelsorge und der kirchlichen Verantwortung, die mit dem rigiden Ideal ihres Gründers nicht einfach in Einklang zu bringen waren. Verschiedene Nachfolger des heiligen Franz an der Spitze des Ordens wurden abgesetzt oder mussten zurücktreten.

Der Orden war in einer schwierigen Lage, als Bonaventura im Jahr 1257 seine Leitung übernahm. Als Generalminister der Franziskaner gab der Pariser Theologe dem Orden eine neue Verfassung und ein überarbeitetes, verbindliches Leitbild. Denn Bonaventura verfasste eine Lebensbeschreibung des heiligen Franz, die von nun an als Richtlinie für alle Franziskaner gelten sollte. Damit diese zentralistische Vorgabe nicht in Frage gestellt werden konnte, ordnete der Franziskanergeneral die Zerstörung aller auffindbaren älteren Lebensbeschreibungen des Heiligen an. Diese Zerstörung im Dienste einer von der Ordensleitung vorgeschriebenen Richtlinie wurde so gründlich vorgenommen, dass diese älteren Viten erst im späteren 18. Jahrhundert in einer Handschrift einer französischen Zisterzienser-Abtei wieder entdeckt wurden. Die einzigen Zeugnisse älterer Lebensbeschreibungen des heiligen Franz blieben also nur in einem Kloster erhalten, auf das die Autorität Bonaventuras keinen Zugriff hatte.

In der Überlieferung des Franziskanerordens hat keine Lebensgeschichte des Ordensgründers, die vor der Neufassung des Bonaventura aufgeschrieben wurde, das Zerstörungswerk überstanden. Wir können davon ausgehen, dass Franziskaner, die sich nach der Zeit Bonaventuras über das Leben des Ordenstifters informieren wollten, nur noch die Version Bonaventuras lesen oder hören konnten. Dabei waren die zerstörten Werke des Thomas von Celano (1190–1260) über das Leben des heiligen Franz zu ihrer Zeit im Auftrag des Ordens selbst entstanden. Bonaventura nutzte bei dieser Zensurmaßnahme die Ordenshierarchie, um die Franziskaner mit autoritärer Effizienz auf einen einheitlichen Kurs zu verpflichten.

Der Ordensgeneral Bonaventura, der sein Amt 1257 angetreten hatte, starb auf dem II. Konzil von Lyon 1274. Dass seine Amtszeit sich so weitgehend mit den bewegten Jahren des Interregnums überschnitt, war ein Zufall. Aber dass die Auseinandersetzung um die Hierarchie von Papst und Bischöfen in der Kirche und die Kritik am Verhältnis von König und Fürsten in Deutschland zeitgleich auftraten, war kein Zufall. Denn die Frage der richtigen Ordnung beschäftigte die Zeitgenossen. Im Zentrum der Diskussion stand die Frage, wieweit die Amtsgewalt des Mannes an der Spitze gehen sollte und inwieweit die übrigen bedeutenden Männer in der Kirche und im Königreich in die hierarchische Ordnung eingebunden sein sollten. Frauen kamen in diesen Überlegungen nicht vor. Aber auch ohne Frauen waren sich die Männer nicht einig, wie die richtige Ordnung aussehen sollte.

Interessant ist bei den unterschiedlichen Ordnungsentwürfen, wie die Vertreter der strikten Hierarchie und die Vertreter der Rechte des Adels und der Bischöfe dieselben Verhältnisse in den Blick nehmen, sie aber gegensätzlich interpretieren. Die Vertreter der hierarchischen Ordnung betonten die Abhängigkeit des königlichen Amtsträgers vor Ort vom Herrscher. Durch den König bezog sein Dienstmann seine Befugnisse. Die Vertreter der Bischöfe und des Adels betonten ihre Eigenständigkeit. Im regionalen Rahmen, in ihrem Bistum oder in ihrem weltlichen Besitz sorgten sie für Ordnung und sie taten das aus eigenem Recht – einem Recht, das sie weder vom König noch vom Papst verliehen bekommen hatten.

Da diese Streitpunkte die zeitgenössische Auseinandersetzung bestimmten, war auch die Wahrnehmung der Zeitgenossen für solche Herrschaftsverhältnisse besonders geschärft. Sie bemerkten es nicht nur, wenn eine solche hierarchische Ordnung durchgesetzt wurde, sie stellten es auch fest, wenn sie auf Widerstände stieß. Die Widerstände fielen ihnen eventuell stärker auf, als in früheren Zeiten, weil damals die Erwartungen an die Hierarchie weniger streng gewesen waren. In der Theorie setzten sich die Wortführer einer strengen Hierarchie durch. Doch die Ordnung, die sie durchsetzten, war eine ideale Ordnung. In der Praxis des 13. Jahrhunderts wirkten dagegen viele Erfahrungen mit der Leitung der Christenheit wie eine Bestätigung der traditionellen Kirchenstruktur, die stärker auf Konsens als auf Befehl gesetzt hatte. Diese Erfahrungen sollten wir prüfen.

2. Die Führung der Kirche in der Praxis

Bonaventura ist für sein energisches Regiment als ein „zweiter Ordensgründer" bezeichnet worden. Auch König Ludwig verfolgte, aufs Ganze gesehen, eine erfolgreiche Herrschaftspolitik in Frankreich. Der Franziskanerorden war ein großer und weitgespannter Verband. Im Jahr 1263 verfügte der Orden in Europa über 651 Konvente. Frankreich war ein großes Königreich – aber für sich genommen war die Zentralisierung dort eine vergleichsweise bescheidene Aufgabe, wenn man sie mit der hierarchischen Position verglich, die die Theoretiker dem Papst zuwiesen und die die Amtsträger an der Spitze der Christenheit in dieser Epoche auch beanspruchten. Tatsächlich war die Leitung und die herrschaftliche Durchdringung der Christenheit mit dem formulierten Anspruch und den zeitgenössischen Mitteln eine eher beunruhigende Aufgabe. Im Vergleich mit dem Königreich Frankreich war die Christenheit ein Verband von ungeheuren Ausmaßen, einer gewaltigen geographischen Erstreckung, einer enormen Zahl von Menschen ganz unterschiedlicher Sprachen, Kulturen und Traditionen.

Der päpstliche Führungsanspruch war ein Entwurf der Theologen und der Juristen. Es war ein abstrakter Entwurf. Die Franziskaner hatten in den unterschiedlichen europäischen Ländern Fuß gefasst, weil ihre radikale Lebenspraxis und der Ruf ihres heilig gesprochenen Gründers die Menschen auch über kulturelle Grenzen hinweg ansprach. Dies war eine praktische Ansprache durch ein gelebtes Vorbild. Die Päpste festigten ihren Anspruch eher durch juristische Gelehrsamkeit als durch ihr persönliches Vorbild. Anders als die Bettelorden und anders als die westeuropäischen Könige, für deren Politik Ludwig IX. nur ein besonders markantes Beispiel war, gingen in der Entwicklung der kirchlichen Hierarchie Theorie und praktische Umsetzung nicht Hand in Hand. Der Eindruck ist kaum zu vermeiden, dass die Nachfolger von Papst Innozenz IV. bei der praktischen Durchsetzung des *regimen unius personae* (vgl. Kap. II, 2) weniger erfolgreich waren. Angesichts der vielfältigen Probleme war das auch nicht überraschend.

Die einzelnen Päpste dieser Jahre zwischen den beiden Konzilien von Lyon (1245–1274) hatten mitunter klare Vorstellungen von ihren Grenzen. Clemens IV., den wir bereits als einen Mann mit einem Sinn für das Machbare kennen gelernt haben (vgl. Kap. VII, 5), war sich darüber im Klaren, dass er trotz seiner unbestrittenen Stellung als Kopf der Christenheit Rücksicht auf seine Kardinäle und Berater nehmen musste. Das galt auch in solchen Fällen, in denen er anderer Meinung war als diese – solange dabei keine zentralen Fragen des Glaubens berührt wurden: *es schien uns unüberlegt, dem Urteil so vieler kluger Männer das Urteil unseres Kopfes vorzuziehen*. Dies war gewissermaßen ein universales Prinzip erfolgreicher Regierung in dieser Epoche. Der Papst formulierte diese Einsicht gegenüber Karl von Anjou im Jahr 1266, also in dem Jahr, in dem Karl den Staufer Manfred besiegte und damit seine Herrschaft im Süden Italiens antrat.

So stark ein Herrscher oder ein Papst sein mochte, er tat gut daran, sich bei seinen Entscheidungen beraten zu lassen. Dem Rat seiner Berater zu folgen, war kein Zeichen von Schwäche, sondern ein Gebot politischer Vernunft. Der englische König Heinrich III. hatte das erfahren, als er seine lange Zeit unbestrittene Machtposition riskierte, indem er sich durch seine mächtigen Barone nicht mehr beraten ließ. Der König von Frankreich, der in diesem Konflikt die Herrschaftsrechte des Königs so deutlich verteidigt hatte und der in der Frage seiner hierarchischen Position zu keinen substantiellen Kompromissen bereit war, wusste gleichwohl um die Sensibilität dieses hochadligen Machtanspruchs, der in dem Mitwirkungsanspruch der Kardinäle seine Entsprechung fand. In einem Dokument, das sich kritisch mit den finanziellen Forderungen von Papst Innozenz IV. an die französische Kirche auseinandersetzte, forderten der König und seine Berater, die problematischen Erscheinungen der päpstlichen Finanzpolitik – selbst wenn sie durch die Fülle der päpstlich Amtsgewalt gedeckt seien –, durch *die Vernunft der Macht* zu mäßigen. Die Vernunft der Macht verlangte Mäßigung und das Bemühen um Konsens in wichtigen Fragen, selbst wenn die juristische Position des Papstes dies nicht zwingend vorschrieb. Und finanzielle Fragen waren wichtige Fragen.

Die Kritik an dem kurialen Vorgehen beim Verfolgen finanzieller Ansprüche wurde im selben Jahr erhoben, in dem der Papst den Kaiser aus eigener Machtfülle *in Gegenwart des heiligen Konzils* absetzte. Das hatte der Papst später so erklärt, dass die Zustimmung der versammelten kirchlichen Prälaten zu seiner Entscheidung juristisch nicht erforderlich gewesen sei und dass ihre Anwesenheit lediglich die Feierlichkeit des Vorgangs unterstrichen habe. Auf dem Höhepunkt seines Kampfes gegen den Kaiser schien sich der Papst um die Akzeptanz seiner Politik keine Sorgen zu machen. Doch dieser Eindruck täuscht.

Der päpstliche Kampf mit dem Stauferkaiser kostete Geld. Heinrich Raspe und Wilhelm von Holland erhielten so weitgehende päpstliche Unterstützung, dass sie die Aura von *Pfaffenkönigen* in den Augen der Zeitgenossen nicht ganz abstreifen konnten. Nachdem die Erzbischöfe von Mainz und Köln 1241 ihren Bruch mit den Staufern vollzogen hatten, mussten auch sie ihren Kampf mit den Anhängern des Kaisers in Deutschland bezahlen. Dabei unterstützte sie der Papst, indem er ihnen kirchliche Finanzquellen erschloss. Im Jahr 1244 gestand er ihnen unter Hinweis auf die besonderen Gefahren infolge ihres Widerstandes gegen den Kaiser zu, von allen Geistlichen ihrer Suffraganbistümer einen Kirchenfünften zu erheben. Doch die betroffenen Diözesen waren über diese Maßnahme nicht glücklich und es entstand ein heftiger Streit.

Weder der Bischof von Nimwegen noch der von Münster in der Kölner Erzdiözese noch irgendein anderer Bischof in Deutschland war bereit, einen fünften Teil seiner Einnahmen abzuführen. Einzig die Bischöfe von Lüttich und Osnabrück erklärten ihr Einverständnis. Offenbar hatten die beiden Erzbischöfe ihre Forderungen nicht nur in ihren Erzdiözesen geltend gemacht, sondern in ganz Deutschland Geld erbeten. Die Reaktion war verhalten. Die Bischöfe, die sich weigerten, wandten sich an den Papst und protestierten gegen das Vorgehen. Dies wäre eine Situation gewesen, in der Papst Innozenz die Möglichkeiten seiner Amtsgewalt in scharfer Form hätte einsetzen können.

Doch dies war ein heikles Terrain und der Papst zeigte in seiner Reaktion jene Vernunft der Macht, die der französische Hof zur selben Zeit von ihm in Finanzfragen erwartete. Denn Innozenz hielt sich zurück, er bestätigte weder die Rechtmäßigkeit der erzbischöflichen Geldforderungen, noch erklärte er sie für unwirksam, *in weiser Erwartung, dass mit der Zeit ein Vergleich gefunden würde; was auch geschah* (der friesische Chronist Menko von Wittewierum, † 1275). Auch die Erzbischöfe sahen ein, dass ihre Forderungen nicht umfassend erfüllt würden und waren bereit sich mit dem zu begnügen, was die einzelnen Bischöfe abgeben konnten.

Was hier in der Praxis vor sich gegangen war, entsprach im Grunde dem Konsensverständnis der Traditionalisten. Der Papst ordnete nicht an, sondern er erteilte eine allgemeine Vollmacht, die aber den Bedürfnissen in den jeweiligen Bistümern angepasst wurde. Angesichts der hierarchischen Ansprüche, die der Papst zur selben Zeit bei der Absetzung des Staufers geltend machte, stellt sich die Frage, ob er nicht versuchte, die Bettelorden als langen Arm der Kurie im Kampf gegen den Staufer in Deutschland einzusetzen. Das wäre eigentlich zu erwarten, doch der Befund ist nicht klar. Seitdem die Franziskaner 1221 in Deutschland Fuß gefasst hatten, war der Orden stark angewachsen.

Nimmt man für diese Bettelmönche eine papsttreue Haltung an, wofür manches spricht, dann schuf diese Infrastruktur günstige Bedingungen für die Kurie, ihren Kampf gegen den Kaiser in Deutschland durch die Predigten dieser Mönche populär zu machen. Die Forschung hat in den Franziskanern dann auch überwiegend ein wirksames Instrument der Unterstützung Wilhelms von Holland und des Kampfes gegen die Staufer gesehen. Die Spuren dieses Kampfes aber sind erstaunlich spärlich.

Die wichtigste Stimme ist die des Franziskaners Jordan von Jano (ca. 1195–1263). Jordan gehörte zu den ersten Franziskanern in Deutschland, er war am Aufbau des Ordens in Deutschland an führender Stelle beteiligt und diktierte im Jahre 1262 seinem Ordensbruder Balduin einen historischen Abriss der franziskanischen Geschichte. Über das Jahr 1245 schreibt er: *In dieser Zeit wurden die Brüder von Friedrich, der auf dem Konzil von Lyon durch ein Urteil von seinem Kaisertum abgesetzt wurde, schwer bedrückt und aus ihren Konventen in vielen Provinzen in ungeordneter Weise vertrieben, viele wurden gefangen genommen, einige wurden auch dafür getötet, dass sie die Befehle der Kirche, wie fromme Söhne ihrer Mutter* [*folgen*], *gehorsam und tapfer befolgten, was außer den Minderbrüdern keine anderen Mönche taten* (Jordanus de Jano, Chronica, S. 60f.).

Die Franziskaner in Deutschland um 1250
Die Franziskaner waren nach einem ersten gescheiterten Versuch im Jahr 1217 schließlich 1221 nach Deutschland gekommen. Diesmal waren sie geblieben und sie waren sehr erfolgreich. Der Orden wuchs stark an und der Zuwachs führte dazu, dass die deutsche Ordensprovinz 1230 in die Sächsische und die Rheinische Provinz unterteilt wurde. 1247 umfasste die Rheinische Provinz so viele franziskanische Konvente, dass sie in eine Kölner und eine Straßburger Provinz unterteilt wurde. Im Jahr 1250, als Friedrich II. starb, gab es in Deutschland mehr als 100 Franziskanerkonvente. Dazu kamen noch etwa 38 Konvente der Dominikaner.

Die Chronik schildert nicht nur deutsche Zustände und es ist nicht ganz klar, auf welche Provinzen sich der Bericht bezieht. In Friedrichs Königreich Sizilien waren die Franziskaner und Dominikaner bereits nach der Exkommunikation des Kaisers (1239) ausgewiesen worden. Die Maßnahme traf allerdings nicht alle Bettelmönche, sondern nur die, die nicht aus dem Königreich stammten. In Deutschland haben wir keine konkreten Belege für solche Maßnahmen gegen die Franziskaner. Sicher wird es vielerorts zu Spannungen gekommen sein, wenn die Franziskaner für den Papst eintraten, die Stadtherren jedoch auf Seiten des Staufers standen – so wie es Jordan berichtet. Aber wir müssen doch feststellen, dass es für die Kommunikation zwischen der Kurie und den Bettelmönchen in dieser wichtigen Angelegenheit kaum eine schriftliche Überlieferung gibt.

Im Jahr 1249 wies Papst Innozenz IV. die Verantwortlichen für die Franziskaner und für die Dominikaner in Deutschland an, durch geeignete Mitglieder ihres Ordens den Kreuzzug gegen den Staufer zu predigen. Dadurch sollte König Wilhelm unterstützt werden. Der Umfang und die Intensität des franziskanischen und des dominikanischen Engagements gegen den Staufer sind kaum näher auszumachen. Das müssen wir wohl festhalten: Wenn der Papst die Bettelorden als seinen verlängerten Arm in Deutschland einsetzte, dann wäre eine intensivere Kommunikation zu erwarten gewesen. Dass es kaum päpstliche Schreiben an die Bettelorden in Deutschland gibt, ist wohl nicht nur einer Laune der Überlieferung zuzuschreiben, sondern wahrscheinlich eine Folge des seltenen Einsatzes solcher Briefe. Dabei ist es durchaus möglich, dass eine genauere landesgeschichtliche Arbeit noch manchen heroischen Einsatz einzelner Konvente der Bettelorden für die Sache des Papstes ans Licht bringt. Aber dass die Franziskaner und

Dominikaner dabei insgesamt als effiziente Akteure im Dienste der päpstlichen Hierarchie hervortreten, ist nicht zu erwarten. Um diese Frage ging es hier und in dieser Frage ist die spärliche Quellenlage selbst bereits eine Antwort.

So klar die Hierarchien in sich waren und so sehr sie für Klarheit sorgen sollten, so unklar war mitunter das Verhältnis der hierarchischen Ordnungen und ihrer Fürsprecher zueinander. Hatten die Franziskaner mit ihrem hierarchischen Kirchenbild den französischen König und seinen Herrschaftsanspruch unterstützt, so schien es, als würden diese Ordnungsvorstellungen von der kirchlichen Sphäre auf das Feld königlicher Macht übertragbar sein. Doch diese Übertragung gelang nicht immer.

Der Bischof von Olmütz, den wir schon wiederholt als Fürsprecher königlicher Autorität kennen gelernt haben, sah den Auftritt der Bettelmönche mit Misstrauen. Dabei waren seine Klagen denen des Wilhelm von Saint-Amour in Paris vergleichbar. Die Bettelmönche setzten sich über die Rechte des Klerus vor Ort und der Bischöfe hinweg, wobei sie sich auf päpstliche Privilegien beriefen. Wenn es ihnen opportun erschien, würden sie die neuen Regelungen dann wieder aufheben. Zugespitzt formuliert traten die Bettelmönche also so auf, wie Bruno das für die königliche Macht für erforderlich hielt. Hier war er selbst betroffen und hier erlebte er eine Situation, die er den Fürsten als notwendig zugemutet hatte. Der Eindruck ist kaum zu vermeiden, dass Bruno hierarchische Herrschaft vor allem dann schätzte, wenn er der Spitze nahe war. Eine Erklärung, die der Bischof von Olmütz für den Erfolg der Franziskaner und Dominikaner fand, wollen wir nicht verschweigen, weil sie zeigt, wie beständig Erklärungsmuster sein können. Die Bettelorden seien so erfolgreich, *weil die modernen Menschen die Kürze* [der Gottesdienste] *freut.* Solche Klagen hat es schon lange vor Neil Postman gegeben.

3. Die Probleme der Kurie nach 1245

Das Bild, dass das Papsttum nach dieser knappen Übersicht bietet, ist widersprüchlich. Auf dem Feld grundsätzlicher Ordnungsvorstellungen treten uns Innozenz IV. und seine Nachfolger mit unerbittlicher hierarchischer Stringenz entgegen. Auf dem Feld der praktischen Umsetzung ihrer hierarchischen Ansprüche zeigt sich dagegen ein klarer Sinn für das praktisch Machbare. Dabei waren sich die Päpste der Notwendigkeit bewusst, die Adressaten ihrer Politik in deren Umsetzung vor Ort einzubeziehen. Die Spannungen, denen das Papsttum nach der Formulierung seines alleinigen Führungsanspruchs in der Christenheit ausgesetzt war, werden noch deutlicher, wenn wir den Blick von der praktischen Politik auf die Entwicklung des Papsttums selbst richten.

Beginnen wir mit dem Offensichtlichen. Zwischen 1245 und 1273 gab es 5 Päpste: Innozenz IV. (1243–1254), Alexander IV. (1254–1261), Urban IV. (1261–1264), Clemens IV. (1265–1268), Gregor X. (1271–1276). Mit ihrem Amtsantritt wählten die Päpste einen neuen Namen. Mit der Wahl ihres Namens führten sie die Tradition ihrer Vorgänger fort oder sie knüpften an eine andere Traditionslinie an, indem sie den Namen eines Papstes wählten, dessen Amtszeit schon länger zurücklag. In jedem Fall setzte die Wahl des Papstnamens ein Zeichen. Die Zeichen, die die Päpste während des Interregnums aussandten, kündeten nicht von Kontinuität. Erst Gregor X., der Papst in dessen Amtszeit das Interregnum zu Ende ging und der das II. Konzil von Lyon einberief, nahm eine Tradition der jüngeren Vergangenheit wieder auf, indem er den Namen des Papstes wählte, der Franz von Assisi heilig gesprochen und Kaiser Friedrich II. exkommuniziert hatte. Zwischen Innozenz IV. und Gregor X. lagen die kürzeren Amtszeiten von drei Päpsten, die jeweils einen anderen Papst des späteren 12. Jahrhunderts zum Vorbild genommen hatten.

Daraus allein ließe sich nicht sehr viel ableiten. Aber dieser erste Eindruck einer etwas mühsamen Orientierung der Kirchenspitze verstärkt sich beim näheren Hinsehen. Denn auf die beiden kurzen Amtszeiten von Urban IV. und Clemens IV., die beide weniger als vier Jahre im Amt waren, folgten fast drei Jahre (Nov. 1268–Sept. 1271), in denen sich die Kardinäle nicht auf einen neuen Papst einigen konnten. Während dieser Zeit war der päpstliche Stuhl unbesetzt. Wenn wir nicht den Zeitpunkt der Wahl des neuen Papstes, sondern den seiner Krönung, mit der er sein Amt antrat, als Orientierungspunkt nehmen, dann dauerte die Vakanz sogar noch ein halbes Jahr länger. Denn die Kardinäle hatten sich auf einen Mann geeinigt, der bei seiner Nominierung ihrem Kreis in jeder Hinsicht fern stand. Gregor X. war zuvor kein Kardinal, sondern Archidiakon von Lüttich gewesen und er befand sich zum Zeitpunkt seiner Wahl im Heiligen Land. Es ist kaum zu übersehen, dass es in den frühen 70er-Jahren des 13. Jahrhunderts, als das Interregnum in Deutschland zu Ende ging, an der Kurie erhebliche Schwierigkeiten gab. Eine Vakanz, die im Ergebnis über drei Jahre dauerte, war zu lang.

Das sahen auch die Zeitgenossen so und mancher Beobachter des Geschehens sah die Gründe für diese problematische Lage im materiellen Interesse der Kardinäle. Denn, so lautete der Vorwurf, die Kardinäle hielten sich während der Zeit, in der der päpstliche Stuhl unbesetzt sei, an den Gütern des Papstes schadlos. Daher müssten die Zustände dringend so reformiert werden, dass die Kardinäle künftig während einer Vakanz des Papstamtes keine kirchlichen Abgaben empfangen dürften (die sie normalerweise mit dem Papst zu teilen hatten). Die Kritik an den Kardinälen wurde von Humbert von Romans, einem der führenden Köpfe des Dominikanerordens, vorgetragen. Humbert erklärte die Probleme bei der Besetzung des höchsten Amtes der Christenheit mit den Egoismen der einzelnen Wähler. Einen sehr ähnlich Vorwurf haben wir in Hinblick auf das Verhalten der deutschen Fürsten bei der deutschen Königswahl bereits kennen gelernt – beim schon häufiger zitierten Bischof Bruno von Olmütz.

Bruno hatte das Verhalten der Menschen, *die sich selbst lieben*, in einer Bestandsaufnahme angeklagt, die er für das II. Konzil von Lyon verfasst hatte. Er hatte betont, dass diese Menschen *nicht nur im Königreich der Deutschen* sondern an vielen Orten in Erscheinung träten, aber er hatte als konkrete Beispiele die deutschen Fürsten und ihr Verhalten bei der Königswahl genannt. Hier war nun ein weiteres Beispiel, angesiedelt an noch prominenterer Stelle, vorgetragen bei derselben Gelegenheit. Denn der Dominikaner Humbert formulierte seine Kritik ebenfalls in einem Text, der der Vorbereitung des II. Konzils von Lyon dienen sollte. Die Parallelen seiner Kritik an den Kardinälen zu Brunos Kritik an den deutschen Fürsten sind offenkundig.

Bei der Wahl des Papstes ging es um die Besetzung des höchsten Amtes in der Christenheit. Dieses Amt mit einer geeigneten Person zu besetzen, war die Aufgabe der Kardinäle. Seit 1059 wurde der Papst von den Kardinälen gewählt, seit 1179 war für die Wahl eine Zweidrittelmehrheit im Kardinalskollegium erforderlich. Die Kardinalskollegien dieser Zeit waren nicht sehr groß, da konnte es mitunter schwierig werden, eine ausreichende Mehrheit zu finden, wenn die Gegner eines Kandidaten entschlossen waren, seine Wahl zu verhindern. Während der langen Vakanz, die der Wahl Gregors X. 1271 vorausging, bestand das Kardinalskollegium aus weniger als 20 Kardinälen.

Kritik am Wahlverhalten der Kardinäle
Humbert von Romans, Opus Tripartitum, S. 1000

Sieh nämlich, wie viel Schaden und welches Ärgernis in der ganzen Welt durch die vielen Vakanzen des päpstlichen Amtes entstanden ist, um von anderem zu schweigen, die in unseren Tagen eingetreten sind, und [bedenke] den großen Schatz des Papstes, von dem gesagt wird, dass die Kardinäle ihn während ihrer Uneinigkeit für ihre eigenen Münder verbraucht hätten – ich weiß nicht, was sie sich dabei gedacht haben ... Es ist offensichtlich, dass es dringend erforderlich ist, dass gegen die oben genannten Vakanzen ein Heilmittel gefunden und angewandt wird. Und es ist offensichtlich, dass unter den verschiedenen Heilmitteln dieses besonders geeignet ist: dass während einer Vakanz die Kardinäle nichts von den Gütern des Papstes oder der römischen Kirche in ihren eigenen Gebrauch überführen können und dass sie während dieser Zeit keine Servitien [d. h. kirchliche Geldabgaben] oder Geschenke annehmen dürfen und falls sie dem entgegen handeln, sollen sie dadurch automatisch ihre Stimme bei der Papstwahl verlieren.

Der Kreis der Papstwähler war also größer als der Kreis der Königswähler. Der Kreis der Papstwähler war auch nicht so deutlich umrissen, denn jeder Papst konnte neue Kardinäle ernennen. Doch konnte es im Kardinalskollegium zu Konstellationen kommen, die eine Wahl des Papstes blockierten. In der Praxis hatten sich die Kardinäle im September 1271 auf eine Kommission von sechs Vermittlern geeinigt, die einen mehrheitsfähigen Kandidaten benennen sollte. Erst durch dieses Verfahren fanden die Kardinäle einen Weg aus der verfahrenen Situation. Und durch eine Reform des Wahlverfahrens versuchte der neugewählte Papst, künftig langen Vakanzen entgegenzuwirken. Auf dem II. Konzil von Lyon wurde die Reform verabschiedet.

In Zukunft sollten die Kardinäle zur Papstwahl in einem *Konklave* zusammenkommen. Ein Konklave war ein abgeschlossener Raum. Das war wörtlich gemeint. In seiner **Konklaveordnung**, die nach den Anfangsworten ***Ubi periculum*** (*Wo* [man eine große] *Gefahr* [erkennt], s. Quelle S. 118) zitiert wird, schreibt der Papst vor, dass die Wähler in einem einzigen Raum zusammenkommen sollten. Diesen Raum dürften sie bis zur erfolgten Wahl eines neuen Papstes nicht verlassen. Durch ein Fenster würden die Speisen für die Kardinäle hereingereicht. Je länger sich die Wahl hinzog, desto karger würde die Speisung. Hätten die Kardinäle nach acht Tagen noch keinen neuen Papst gewählt, sollten sie nur noch Wasser, Brot und Wein erhalten. So hoffte Gregor X., die Konsensfähigkeit zu erhöhen.

Das Konklave war keine Erfindung des II. Konzils von Lyon. Es hatte Vorbilder in Vermittlungsverhandlungen bei Konflikten in italienischen Städten und es war auch bei Papstwahlen wiederholt zum Einsatz gekommen. Auch vor der Wahl Gregors X. hatte es ein Konklave gegeben. Dabei waren die Zustände schließlich so schwierig geworden, dass der berühmte Kirchenjurist, der Kardinal Hostiensis, sein Wahlrecht niedergelegt hatte, um aus dem Konklave zu entkommen. Wie er später schrieb, hatte er um sein Leben gefürchtet. Diese früheren Konklave waren den Kardinälen von weltlichen Herren aufgenötigt worden, die dabei ihre eigenen Interessen verfolgten. Nun sollte die Aufnahme in die Wahlordnung der Kirche künftig für ein schnelles Verfahren sorgen. In dieser rigiden Form hatte die Ordnung keinen Bestand. Sie wurde schon bald nach dem Tode Gregors X. wieder aufgehoben, doch setzte sie sich in modifizierter Form schließlich durch. Mit der Veränderung des Wahlverfahrens reagierte Gregor X. auf die Herausforderungen, denen sich die Päpste in der zweiten Hälfte des 13. Jahrhunderts gegenübersahen. Und er ermahnte die Kardinäle in dem Dokument, das das neue Ver-

Die Konklaveordnung *Ubi periculum*, 1274
Dekrete der ökumenischen Konzilien 2, hrsg. von J. Wohlmuth, Paderborn u.a. 2000, S. 314f.

Wo man eine große Gefahr erkennt, dort muss man ohne Zweifel entschieden eingreifen. Welch schweren Schaden eine lang andauernde Vakanz der römischen Kirche bedeutet, wie viele und große Gefahren dahinter lauern, lehrt ein Blick in die Vergangenheit und eine sorgfältige Betrachtung ihrer Krisen ... Deshalb hegen wir die Absicht, bei den Bestimmungen zur Vermeidung von Uneinigkeit bei der Wahl des römischen Bischofs die Lücken, die sich in der Erfahrung gezeigt haben, mit der jetzigen Konstitution zu schließen, ohne freilich die heilsamen Bestimmungen, die unsere Vorgänger, zumal Papst Alexander III. seligen Angedenkens, hierzu erlassen haben, irgendwie aufheben zu wollen – sie bleiben nach unserer Entscheidung allesamt unverändert in Kraft –, und bestimmen mit Billigung des heiligen Konzils (sacro concilio approbante): Stirbt der Papst in der Stadt, in der mit seiner Kurie residierte, so sind die in dieser Stadt anwesenden Kardinäle gehalten, nur zehn Tage auf die abwesenden Kardinäle zu warten. Nach Ablauf dieser Frist versammeln sich alle – unabhängig davon, ob die Abwesenden gekommen sind oder nicht – sofort im Palast, den der Papst bewohnte. Jeder begnügt sich jeweils mit nur einem Diener, einem Kleriker oder Laien seiner Wahl. Denen, die aus offensichtlicher Notlage darauf angewiesen sind, zwei Diener zu haben, gestatten wir sie unter gleicher Wahlfreiheit. Im Palast bewohnen alle gemeinsam ein einziges Gemach (Konklave) ohne Zwischenwand oder sonstige Abtrennung. Unter Wahrung des freien Zugangs zur Toilette wird das Gemach von allen Seiten so verschlossen, dass es niemand betreten oder verlassen kann.

fahren festlegte, nicht nach privatem Wohl (*commodum privatum*) zu streben, sondern nach dem allgemeinen Wohl (*utilitas publica*). Dies waren fast wörtlich dieselben Kategorien, mit denen Bischof Bruno von Olmütz das Verhalten der deutschen Fürsten bei der Königswahl gemessen hatte. Doch ging es bei den Wahlproblemen nicht in erster Linie um individuelles Fehlverhalten.

Die Probleme bei der Wahl des Papstes waren eine strukturelle Folge des gewachsenen Führungsanspruches, den die Fürsprecher der kurialen Hierarchie so vehement vertraten. Es mochte sein, dass die Leitungsgewalt des einen Mannes an der Spitze in vielen Konflikten und Streitfällen eine klare Linie garantierte. Die Vertreter der hierarchischen Position hielten diese klare Linie für lebensnotwendig. Doch konnte diese klare Führungsgewalt die vielen Probleme, die sie löste, nicht alle dauerhaft beilegen. Viele der Entscheidungen, die die Päpste fällten, hatten Kirchenmänner oder Laien so zurückgesetzt, dass sie mit der Lösung keineswegs einverstanden waren und auf die Gelegenheit zur Revision warteten. Diese trat spätestens dann ein, wenn der Papst starb. Dann wirkten all die Spannungen, in die die kuriale Politik eingebunden war, auf die Wähler ein. Dies war die Kehrseite des päpstlichen Führungsanspruchs. Die Kurie hatte immer weitergehende Zuständigkeiten beansprucht und so wurde sie auch zum Schauplatz immer weiterreichender Interessenkämpfe. Mit jeder Papstwahl konnten diese Interessenkonflikte neu ausbrechen.

Die Amtszeit Innozenz' IV., der den päpstlichen Führungsanspruch so entschieden formuliert hatte, fiel in die Mitte des Jahrhunderts (1243–1254). Er hatte in der ersten Hälfte des Jahrhunderts nur vier Vorgänger gehabt, aber in der zweiten Hälfte des Jahrhunderts 13 Nachfolger. Das war nicht nur ein biologischer Zufall. Der häufige Wechsel und die geringe Kontinuität auf dem Stuhle Petri war auch eine Folge der Spannungen, denen das Amt ausgesetzt war. Das Papsttum mochte den Stauferkaiser besiegt haben. Aber es tat sich sichtbar schwer mit diesem Erfolg.

Der Bischof von Olmütz und der Dominikaner Humbert sahen die Probleme, die die Wahlen zu den hohen Ämtern ihrer Gegenwart mit sich brachten, mit Sorge. Obwohl die beiden Männer mit dem römisch-deutschen Königtum und dem Papsttum unterschiedliche Ämter im Blick hatten und obwohl sie sich angesichts von Brunos Haltung zu den Bettelorden gegenseitig kaum geschätzt hätten, klangen ihre Erklärungen sehr ähnlich. Beide suchten die Gründe in der Eigensucht ihrer Zeitgenossen, nicht in den Schwierigkeiten ihrer Zeit, die anders waren, als jene Zeiten, in denen Bruno (1204–1281) und Humbert (1200–1277) jung gewesen waren. Bruno und Humbert waren beide um die 70 Jahre alt, als sie in Hinblick auf die große Kirchenversammlung in Lyon ihre Klagen formulierten. Und der Ton ihrer Klagen hatte etwas von den Klagen alter Männer über den Zustand der Welt. So aufschlussreich diese Klagen waren, so einseitig waren sie. Brunos Erklärung für den Erfolg der Franziskaner – dass sie es dem Publikum einfacher machten als die normalen Geistlichen –, hält ein neutraler Beobachter nicht für ausreichend. Bei den Wahlproblemen empfiehlt sich dieselbe Zurückhaltung.

4. Kirchliche Entscheidungsverfahren

Aus unserer Perspektive ist eine andere Gemeinsamkeit all dieser Erscheinungen im Zusammenhang mit komplizierten Wahl- und Entscheidungsvorgängen aufschlussreicher. Es zeigt sich bei diesen Entscheidungsvorgängen jeweils ein hoch entwickeltes Bewusstsein für die Fragen des Verfahrens. Etwas überspitzt lässt sich sagen, dass es bei diesen sensiblen Fragen der Entscheidungsfindung an der Kurie um Integrationsfragen ging. Die Kardinäle, die Bischöfe, das Konzil, sie mussten durch die Methode der Entscheidungsfindung auf die Entscheidung verpflichtet werden. Das war in Hinblick auf die Konklaveordnung schon allein deshalb sinnvoll, weil diese Frage ja erst dann wieder auf die Tagesordnung kommen würde, wenn der gegenwärtige Papst gestorben war. Ebenso wie Ludwig IX. beim Frieden von Paris nicht nur den englischen König, sondern für den Fall seines Todes auch dessen Familie in die Entscheidung einband, war es auch für den Papst sinnvoll, die Kardinäle zu seinen Lebzeiten in eine Entscheidung einzubeziehen, die erst dann gefällt wurde, wenn er nicht mehr direkt auf die Beteiligten einwirken konnte. Auf dem II. Konzil von Lyon – und danach – trat Gregor X. anders auf, als Innozenz IV. auf dem I. Konzil von Lyon – und danach – aufgetreten war.

Innozenz IV. hatte auf dem Konzil von Lyon 1245 durchaus nicht nur einsame Entscheidungen getroffen. Die knappen Berichte von dem Konzil lassen erkennen, dass er vor seinem entscheidenden Schlag gegen den Kaiser die Unterstützung der Prälaten in Einzelgesprächen gesucht hatte. Aber in der öffentlichen Formulierung der Absetzung hatte Innozenz dem Konzil keine mitwirkende Rolle zugestanden, sondern die ganze Kompetenz der Entscheidung auf den Inhaber der päpstlichen Gewalt zurückgeführt, der zwar *in Gegenwart des heiligen Konzils* entschieden, diese Entscheidung aber allein aus der Fülle seiner Amtsgewalt getroffen habe. Gregor X. ging anders vor. Am 16. Juli 1274, also einen Tag vor dem 31. Jahrestag der Absetzung Friedrichs II., verabschiedete das II. Konzil von Lyon die Konklaveordnung *Ubi periculum*. Damit war der ursprüngliche Zeitplan, den Papst Gregor X. für die Vorstellung, Beratung und Verabschiedung dieser Wahlreform vorgesehen hatte, deutlich überschritten.

Tatsächlich hatte es massive Bedenken der Kardinäle gegeben und der Papst hatte eine intensive Überzeugungsarbeit leisten müssen. Dabei hatte er sich erfolgreich um die Prälaten, die in der Hierarchie den Kardinälen nachgeordnet waren, bemüht. Diese Überzeugungsarbeit, die den Prälaten in Lyon erfolgreich den Eindruck vermittelte, dass ihre Meinungen an der Kurie gehört wurden, schlug sich auch in der endgültigen Fassung des Dokumentes nieder, die der Papst am 1. 11. 1274 bekannt machte. Er machte dabei von seinem Recht Gebrauch, die Bestimmung noch einmal zu überarbeiten, aber er nutzte dieses Recht nicht, um den Entscheidungsprozess im Nachhinein auf seine eigene Machtvollkommenheit zu reduzieren. Im Gegenteil, er hielt ausdrücklich fest, die Bestimmung würde *mit der Billigung des heiligen Konzils* (*sacro approbante concilio*) erlassen. Im Vergleich zu Innozenz IV. war das ein deutlicher Unterschied.

Die Männer an der Spitze der Kirche hatten Erfahrung damit, was zu tun war, wenn Meinungsverschiedenheit den Fortgang wichtiger Entscheidungen behinderten. Anfang September 1271 waren in Viterbo noch 15 wahlberechtigte Kardinäle verblieben, die einen neuen Papst bestimmen mussten. Der Stuhl Petri war nun schon fast drei Jahre lang unbesetzt. Eine Lösung war nötig. Doch die Positionen im Kardinalskollegium ließen keine Zweidrittelmehrheit für einen Kandidaten zu. So wählten die Kardinäle einen technischen Ausweg aus der festgefahrenen Situation. Sie bestimmten sechs *Kompromissare* (*compromissarii*) aus ihren Reihen, die sich nun auf einen Kandidaten verständigen sollten. Entweder sollten sie einen Kandidaten aus ihrem Kreis wählen oder einen der Kardinäle aus dem Kollegium bestimmen. Sie hatten aber auch die Möglichkeit, einen Kandidaten zu nominieren, der nicht aus dem Kardinalkollegium stammte. Diesem Kandidaten mussten alle Kompromissare zustimmen.

Der „Kompromiss" von Viterbo 1271
Die Wahl von Papst Gregor X. in Viterbo geschah mithilfe des mittelalterlichen Kompromissverfahrens (*per compromissum*). Dies war ein Verfahren in der Tradition des römischen Rechts. Anders als im modernen Verständnis, wo mit dem Kompromiss eine inhaltliche Bewegung der Beteiligten verbunden ist, war dieser *Kompromiss* zunächst ein technisches Verfahren, die Einigung auf – in diesem Fall sechs – Vermittler, denen man eine akzeptable Lösung zutraute. Die Form, die die Kardinäle in Viterbo dem Verfahren gaben, zeigte, dass es noch immer manches Misstrauen untereinander gab, denn noch immer mussten sechs Vermittler zu einem einmütigen Ergebnis kommen. Ein solches Verfahren ließ sich leicht blockieren. Aber die Reduktion des Wählerkreises brachte den Durchbruch. Die Vermittler einigten sich schnell auf den Archidiakon von Lüttich (Gregor X.) und ihre Einmütigkeit fand darin ihren manifesten Ausdruck, dass sie den Kardinal Simon von St. Martin damit beauftragten, den neuen Papst allein mit seiner Stimme zu wählen (*electio per unum*). So fand man im September 1271 einen neuen Papst. Zwei Jahre später bestimmte man in Deutschland den neuen König mittels eines Verfahrens, das manche Parallelen aufwies.

Die Wahl *per compromissum,* wie sie das kanonische Recht nannte, hatte in der Kirche eine lange Tradition. Aber die Methode, Entscheidungen an kleinere und beweglichere Gremien zu delegieren, fand nicht nur bei Bischofs- und Papstwahlen Anwendung. Wir treffen sie auch auf der Ebene der Pfarreien – in einer gewissen Entfernung von den Zentren des gelehrten kirchlichen Rechts und der juristisch geschulten Kardinäle. Interessant ist dabei, wie wir immer wieder dieselben Mechanismen – und Probleme – bei diesen Entscheidungsprozessen antreffen. Die Vergleiche erlauben uns den Rückschluss von der Einrichtung des Verfahrens auf die Kräfte- und Interessenkonstellationen, in denen sie eine Lösung herbeiführen sollten. Das können wir abschließend an einem Beispiel ablesen, bei dem es ebenfalls um die Entscheidungsgewalt von sechs Männern ging, die ein geistliches Amt zu besetzen hatten.

5. Eine Pfarrerwahl in Wetzlar

Es ging in Wetzlar nicht um die Wahl eines Papstes oder eines Bischofs, es ging um die Wahl eines Pfarrers für die Stadt. Damit sind wir wieder beim deutschen Geschehen. In Wetzlar gab es seit den letzten Jahren des 9. Jahrhunderts eine Stiftskirche. Diese Formulierung verdreht die eigentlichen Geschehnisse, denn tatsächlich bildete das Stift den Kern der späteren Stadt. Das Stift hielt auch die Pfarrechte in der Stadt und lange Zeit bestimmten die Stiftgeistlichen, wer Pfarrer in Wetzlar werden konnte. Im 13. Jahrhundert emanzipierte sich die Bürgerschaft der Stadt so weit, dass sie an der Auswahl des Pfarrers beteiligt wurde. Im Jahr 1231 wurde ein Auswahlverfahren für die künftige Bestimmung des Wetzlarer Pfarrers festgelegt, das dazu eine Kommission von sechs Männern vorsah. Diese Kommission war paritätisch besetzt: sowohl die Bürgerschaft als auch das Stift entsandten jeweils drei Vertreter. Den Vätern dieser Lösung war klar, dass die gleich starke Beteiligung beider Seiten, die sich misstrauisch gegenüberstanden, die Berufung eines geeigneten Pfarrers für Wetzlar erheblich verzögern konnte. Deshalb setzten sie dem Verfahren eine Frist. Innerhalb von 30 Tagen nach dem Tod des alten Pfarrers musste die Kommission einen neuen Seelsorger benennen, sonst verlor sie ihre Befugnis und das Recht der Berufung eines neuen Pastors ging an den zuständigen Erzbischof von Trier über. Sollte die Entscheidung in Wetzlar fallen, so mussten sich die sechs Männer beizeiten einigen, auch wenn es ihnen schwer fiel.

In diesem Verfahren spiegeln sich die Kräfteverhältnisse in der Stadt in Hinblick auf die in Rede stehende Aufgabe. Bürgerschaft und Stift bestanden auf gleichen Anteilen am Entscheidungsprozess und so kam man zu einem paritätischen Vorgehen. Die zeitliche Vorgabe setzte die Beteiligten unter Druck und man konnte hoffen, dass dieser Druck ausreichte. Wir müssen klar sehen, dass dieses Entscheidungsmodell aus einer Situation hervorging, in der die Beteiligten nicht bereit waren, ihre Rolle im Verfahren notfalls einzuschränken, um zu einem Ergebnis zu gelangen. Dass es auch anders ging, sehen wir an einem anderen Beispiel in derselben Stadt.

Die zitierte Vereinbarung zur Nominierung eines Pfarrers wurde in Wetzlar im Jahr 1275 erneuert. Es blieb bei den sechs Männern und der Frist von 30 Tagen. Zur selben Zeit mussten dieselben Beteiligten noch andere Probleme klären und für die Klärung aller wichtigen Fragen nominierte man nun ebenfalls eine Schiedskommission. Sie bestand auch diesmal aus sechs Männern, drei von jeder Seite. Weil die Urkunde zweifach überliefert ist, und weil dabei das Datum variiert, wissen wir nicht genau, ob die Vereinbarung von 1270 oder 1274 stammt. Wir wissen aber mit Sicherheit, dass sie vom Anfang der 70er-Jahre stammt. Dies ist genau die Zeit, die uns interessiert und diese Schiedskommission sollte ohnehin auf längere Sicht eingesetzt werden. Sie sollte gegenwärtige und zukünftige Probleme zwischen dem Stift auf der einen Seite und den Bürgern und dem Pfarrer auf der anderen Seite friedlich beilegen. Das Schiedsverfahren wurde *propter bonum pacis* eingerichtet. Nun stellte sich auch bei dieser Konstellation die Frage, was zu tun war, wenn die Schiedsrichter sich nicht einigen konnten – die Urkunde spricht sogar von der Aussicht, dass sie *uneins sein wollten* (*si … voluerunt discordare*). Dafür benötigte man eine Lösung und man fand sie nicht in einer Fristsetzung, sondern in der Einführung eines entscheidenden weiteren Verfahrenschrittes.

Da die Menschen leicht zum Streit bereit sind, so heißt es in der Urkunde, habe man den Abt des Zisterzienserklosters Eberbach als Vermittler mit Entscheidungsbefugnis vorgesehen. Kamen die beiden Seiten zu keiner Einigung, dann gab der siebte

Mann den Ausschlag. Dies war eine praktikable Lösung. So brauchte man nicht mit dem Verlust des Stimmrechts nach Ablauf einer Frist zu drohen. Einem Stillstand war durch die Einrichtung des Verfahrens vorgebeugt. Und wir können noch etwas festhalten. Dieser Verfahrenschritt kam unter dem Eindruck des kirchlichen Rechts zustande, das genau solche entscheidungsfähigen Lösungen gefordert hatte. Der Hinweis auf die menschliche Streitlust in der Urkunde war ein direktes Zitat aus der einschlägigen kirchenrechtlichen Literatur zum Schiedsverfahren (vgl. Kap. IV, 4) Dieses Wetzlarer Verfahren war ein Beispiel für die praktische Umsetzung der juristischen Theorie. So wusste man, was man tat.

Die Wahl- und Entscheidungsverfahren in Viterbo und in Wetzlar in den frühen 70er-Jahren des 13. Jahrhunderts zeigen deutlich den Stand der Verfahrensentwicklung bei dem Versuch, wichtige Fragen auch unter kontroversen Bedingungen zu klären. Die Beispiele in Wetzlar zeigen zudem, dass die kirchliche Erfahrung und die Theorie der Kirchenjuristen nicht auf innerkirchliche Entscheidungen beschränkt blieb. Die Hälfte der behandelten Schiedskommission bestand aus Laien – Mitgliedern des städtischen Rates. Hier wurden praktische Erfahrungen aus kirchlichen Entscheidungsvorgängen auf ein weiteres soziales Wirkungsfeld übertragen. Die abschließende Frage unserer Übersicht über die Jahre des Interregnums lautet: Wie sehr sollten wir diese Erfahrungen der Zeitgenossen heranziehen, um einen Wahlvorgang zu verstehen, bei dem zur selben Zeit (1273) und in ähnlicher Konstellation sieben Männer (drei geistliche und vier weltliche Fürsten) nicht weit von Wetzlar den römisch-deutschen König wählten? Mit einem Kapitel über die Wahl Rudolfs von Habsburg am 1. 10. 1273 in Frankfurt kommen wir zum Ende unserer Darstellung des Interregnums.

X. Die Wahl Rudolfs von Habsburg 1273

25. 8. 1270	Tod Ludwigs IX. von Frankreich
2. 4. 1272	Tod Richards von Cornwall
Aug. 1272	Reise des Erzbischofs von Köln nach Prag zu Ottokar von Böhmen
16. 11. 1272	Tod Heinrichs III. von England
6. 1. 1273	Der Erzbischof von Mainz stiftet einen Ausgleich zwischen dem Erzbischof von Köln und dem Pfalzgrafen
17. 1. 1273	Der Erzbischof von Mainz vergleicht sich mit dem Pfalzgrafen
5. 2. 1273	Die Städte am Mittelrhein und in der Wetterau fordern eine einträchtige Königswahl
15. 7. 1273	Bündnis zwischen dem Erzbischof von Köln und dem Pfalzgrafen
1. 9. 1273	Der Erzbischof von Mainz und Pfalzgraf stimmen ihr Vorgehen bei der Königswahl ab
11. 9. 1273	Die vier rheinischen Königswähler stimmen ihr Wahlvorgehen ab
1. 10. 1273	Wahl Rudolfs von Habsburg zum römisch-deutschen König in Frankfurt
24. 10. 1273	Krönung Rudolfs von Habsburg in Aachen
26. 9. 1274	Papst Gregor X. erkennt Rudolf von Habsburg als römischen König an
Mai 1275	Hoftag in Augsburg, Entscheidung in der Frage der siebten Wahlstimme gegen Ottokar von Böhmen
26. 8. 1278	Schlacht bei Dürnkrut. Sieg Rudolfs über Ottokar von Böhmen, der auf dem Schlachtfeld getötet wird
15. 7. 1291	Tod König Rudolfs von Habsburg

1. Die Wahl Rudolfs – Befund und Problem

Am 1. Oktober 1273 wurde Graf Rudolf von Habsburg von sieben deutschen Fürsten in Frankfurt zum römisch-deutschen König gewählt. Der Gewählte war nicht zugegen, aber als seine Wähler sind bezeugt: Die Erzbischöfe von Mainz, Köln und Trier, der Pfalzgraf bei Rhein, der Herzog von Sachsen und der Markgraf von Brandenburg. Beim Markgrafen von Brandenburg ist die persönliche Teilnahme an der Wahl nicht ganz sicher, seine Zustimmung ist indessen eben so sicher wie seine Anwesenheit bei der Krönung in Aachen. Diese sechs Wähler waren die unproblematische Gruppe unter den Königswählern. Bei zwei weiteren Fürsten, die ihr Wahlrecht geltend machten, ist sicher, dass sie nicht persönlich anwesen waren. König Ottokar von Böhmen und Herzog Heinrich von (Nieder-)Bayern ließen sich durch Gesandte vertreten. Heinrichs Gesandter stimmte zu, Ottokars Gesandter protestierte gegen die Wahl, doch die übrigen Fürsten ließen seine Stimme nicht gelten. So wurde Rudolf von Habsburg durch sieben Fürsten zum König gewählt. Am 24. Oktober 1273 wurde er in Aachen gekrönt.

Lassen wir den Kastilier Alfons außer Acht, der seinen Titel noch nicht aufgegeben hatte, dann war Deutschland vor der Wahl Rudolfs eineinhalb Jahre lang ohne König gewesen. Richard von Cornwall war am 2. April 1272 gestorben. Am Krönungstag zeigten die Kurfürsten Papst Gregor X. die Erhebung Rudolfs zum König an und baten ihn, den neuen König gnädig anzunehmen und zu einem geeigneten Zeitpunkt zum Kaiser zu krönen. Bis der Papst seine Zustimmung zu Rudolfs Königswahl gab, dauerte es fast ein Jahr. Es war ein Jahr, in dem verbissen um die Zukunft des habsburgischen Königstitels gerungen wurde. Ottokar von Böhmen lehnte ihn entschieden ab. Es war nicht so gravierend, dass Alfons von Kastilien seinen Titel noch nicht abgeben mochte, aber diese Situation war ein Schönheitsfehler – der, wie bei Bruno von Olmütz zu sehen war (vgl. Kap. VII, 1), den Gegnern Rudolfs Material für ihre Kampagne lieferte. Am 26. 9. 1274 erkannte Papst Gregor X. das Königtum Rudolfs an. Diese Anerkennung war für die Legitimität von Rudolfs Königtum nicht erforderlich, aber sie war eine politisch gewichtige Entscheidung gegen den König von Böhmen. Mit den einprägsamen Worten Friedrich Schillers war mit König Rudolf wieder „ein Richter auf Erden" und „die kaiserlose, die schreckliche Zeit" war vorüber. Das stimmte nicht ganz, denn Rudolf wurde niemals Kaiser und ein Richter für den Erdkreis ist er auch nie geworden.

Wir wollen mit den Versen des Dichters nicht zu kleinlich umgehen, aber sie führen uns zur entscheidenden Frage: Ging mit der Wahl Rudolfs eine schreckliche Zeit zu Ende oder irrte der Dichter auch hier – und mit ihm viele Historiker –, und die Wahl Rudolfs war ein Akt der politischen Vernunft – einer Vernunft, die aus den Erfahrungen des Interregnums ihre Schlussfolgerungen gezogen hatte? Für viele Historiker kam die Wahl Rudolfs nach einer eineinhalbjährigen Vakanz nur auf den Druck des Papstes zustande. Nur der Druck eines päpstlichen Ultimatums führte zur Wahl Rudolfs, die das Interregnum beendete. Schon mancher Zeitgenosse sah das genauso. Das Verständnis des Wahlvorganges ist von zentraler Bedeutung für die Beurteilung der Interregnumsjahre. Daher sollten wir den Wahlvorgang im Lichte der bislang gesammelten Ergebnisse untersuchen. Wir folgen dabei dem bewährten Verfahren, zwischen Darstellung und Interpretation zu trennen. Es ist aber hilfreich, die zuletzt am Beispiel von Wetzlar gewonnenen Erkenntnisse über verschiedene Verfahrensmodelle im Hinterkopf zu behalten.

2. Der Tod Richards von Cornwall und die Ereignisse des Jahres 1272

Im April 1272 starb Richard von Cornwall, römisch-deutscher König und jüngerer Bruder des Königs von England im Alter von 63 Jahren. Richard hatte den Königstitel geführt, aber er hatte sich nicht wirklich darum bemüht, in Deutschland König zu sein. Anders als Karl von Anjou, der sich als jüngerer Bruder des französischen Königs ebenfalls um einen eigenen Thron bemühte, hatte er die Schiffe nach seiner Landung nicht verbrannt. Sein Leben wurde im Wesentlichen durch die Geschicke des englischen Königtums bestimmt und in Deutschland war der Gedanke, Richards Sohn, den die Engländer Heinrich *von Deutschland* nannten, zum Nachfolger zu machen, niemals aufgekommen. Noch bevor Richard starb, wurde dieser Heinrich *von Deutschland* in Viterbo das Opfer eines Attentats (März 1271). Die Söhne Simons von Montfort, des Führers der rebellischen Barone, glaubten, so den Tod ihres Vaters angemessen zu rächen.

Heinrich war nach Viterbo gereist, um sich ein Bild von den Beratungen der Kardinäle über die Papstwahl zu machen. Er wurde nach der morgendlichen Messe in der Kirche des heiligen Blasius niedergestochen. Solche Mordtaten in der Kirche kamen verschiedentlich vor und dieser Auftakt für das letzte Kapitel erinnert uns daran, dass das kirchliche Umfeld auf die Akteure nur einen begrenzten Einfluss hatte. Nicht jeder, der eine Kirche betrat, betrat sie, um zu beten, und nicht jeder, der vom Frieden sprach, hatte dabei friedliche Absichten. Umso mehr Aufmerksamkeit sollten wir daher den Zeugnissen praktischer Vernunft schenken, die die Zeitgenossen bei der Lösung ihrer Probleme entwickelten. Diese Zeugnisse waren mitunter weniger spektakulär als die großen Taten der Könige, aber dafür waren sie weniger blutig.

Nicht nur die Deutschen, auch die Franzosen brauchten einen neuen König – Ludwig IX. war im August 1270 in Karthago gestorben. Damit sind wir mit den Todesnachrichten aber noch nicht am Ende: Heinrich III. von England starb im November 1272 in Westminster. Wenn wir die Wiederbesetzung des deutschen Thrones in diesem engeren europäischen Vergleich untersuchen, dann erscheinen die englischen und die französischen Verfahren der Nachfolgeregelung effektiver und politisch stabiler. In beiden Fällen stand schon ein Nachfolger bereit. Diese Sicherheit war der Vorteil von Erbkönigtümern – wenn es einen legitimen Nachkommen gab. Wenn wir die Vergleichsperspektive dagegen ausweiten und in den Vergleich auch das Papsttum einbeziehen, dann ergibt sich ein deutlich anderes Bild.

Die deutschen Fürsten benötigten eineinhalb Jahre, um sich auf Rudolf von Habsburg zu einigen, und dafür sind sie scharf kritisiert worden. Doch die Kardinäle benötigten die doppelte Zeit. Während der Zwischenzeit war die Kirche, die im Papst ihr Haupt sah, ohne Führung. Im Vergleich zum politischen System in Deutschland musste die Kirche dieses Fehlen im Grunde viel schmerzlicher bemerken. Dennoch hatten die Verantwortlichen so lange mit der Neubesetzung des apostolischen Stuhles gezögert. Bei diesem direkten Vergleich erscheint das Zögern der deutschen Königswähler weniger auffällig.

Wir wissen nicht, wie und wann die Nachricht vom Tode König Richards nach Deutschland gelangte. Aufgrund der guten Kölner Kontakte zu England und auch aufgrund der Verbindungen, die die Kölner Erzbischöfe in der Vergangenheit mit dem englischen Hof gepflegt hatten, ist wohl anzunehmen, dass man am Niederrhein noch im April von der neuen Lage erfuhr. Als der Erzbischof im März 1257 persönlich nach London gereist war, um Richard zur Krönung abzuholen, hatte die Reise keine vier Wochen gedauert. Todesnachrichten reisten in der Regel schneller als ein Erzbischof mit seinem Gefolge. Konkrete Belege fehlen uns allerdings. Es wäre nun eigentlich die Aufgabe des Erzbischofs von Mainz gewesen, die Königswähler zusammenzurufen. Doch weist die Überlieferung des Mainzer Prälaten keine entsprechende Initiative aus. Allerdings ist die Quellenlage für den Frühsommer 1272 spärlich. Für den August gibt es dann eine einschlägige Nachricht. Es ist eine interessante, aber auch eine problematische Nachricht. Sie stammt von einem anonymen Prager Chronisten, der die Chronik des Cosmas von Prag (1045–1125) am Ende des 13. Jahrhunderts fortschrieb.

Der unbekannte Autor schreibt zum August 1272, dass damals der Erzbischof von Köln mit anderen Adligen aus Deutschland zu Ottokar von Böhmen geschickt wurde, um ihm im Namen der Wahlfürsten die Kaiserwürde anzutragen. Doch habe Ottokar das Angebot abgelehnt, da seine bisherige Machtposition so groß gewesen sei, dass der Kaisertitel sie nicht vergrößert hätte. Die Episode dient dem Chronisten vor allem zu einer Lobrede auf die Macht des Böhmenkönigs. Angesichts von Ottokars schon bald darauf vorgebrachtem Anspruch auf die Krone erscheint die Passage wenig wahrscheinlich und sie ist überwiegend kritisch beurteilt worden. Am auffälligsten ist dabei, dass die gesamte Königswahl Rudolfs von Habsburg und die vielfältigen Einsprüche des Böhmenkönigs gegen diese Wahl keinerlei Erwähnung finden. Dabei wird die Reise des Erzbischofs von Köln nach Prag nicht in Frage gestellt. Tatsächlich war der damalige

Erzbischof von Köln auch vor der Doppelwahl von 1256/57 nach Prag gereist, wahrscheinlich um mit dem mächtigsten weltlichen Fürsten über die Königswahl zu sprechen. In beiden Fällen ist der Inhalt der Gespräche unklar. Doch wir sehen das Ergebnis. Die Wahlfürsten wählten Ottokar nicht zum König. Weitere Wahlvorbereitungen sind im Jahr 1272 nicht erkennbar

3. Konkrete Wahlvorbereitungen

Im Januar 1273 kam Bewegung in die Politik der rheinischen Wahlfürsten. Es ist zunächst eine Bewegung, die mit der Königswahl nicht direkt zusammenhing. Doch sie bereitete das Terrain für die Einigung der Fürsten. Im Januar 1273 unternahm es der Erzbischof von Mainz, zwischen dem Pfalzgrafen und dem Erzbischof von Köln einen Frieden zu stiften. Es ging um die Beilegung eines territorialen Konfliktes bei Bacharach, wo die Pfalzgrafen über alte und einträgliche Rechte verfügten. Der Besitz bei Bacharach bildete einen der ältesten Kerne des pfalzgräflichen Territoriums und weil er mit einer Zollstelle verbunden war, war er besonders interessant. Doch die Rechtslage vor Ort war kompliziert. Auch der Erzbischof von Köln hatte bei Bacharach und in der Umgebung starke eigene Interessen zu schützen und so kam es immer wieder zu Konflikten. Die Rechte, um die es ging, waren für die Landesherrschaft von erheblicher Bedeutung und wir dürfen sicher annehmen, dass dem Pfalzgrafen bei Rhein sein Zoll bei Bacharach ein dringenderes Anliegen war, als die Frage der deutschen Königswahl.

Daher war die Einigung in solch wichtigen Fragen eine Voraussetzung für eine gemeinsames Vorgehen in der Wahlfrage. Interessant ist dabei das Verfahren, mit dem die beiden Reichsfürsten auf Veranlassung des Mainzer Erzbischofs ihre Streitigkeiten ausräumen sollten. Auch in diesem Fall wurde die Sache an sechs Schiedsrichter delegiert, drei für jede Seite. *Wenn sich aber die sechs Schiedsrichter ihrer Herren nicht einigen können,* dann sollte ein Vermittler bestimmt werden, der die Sachlage prüfen und die notwendigen Entscheidungen treffen sollte. Dies war ein Vorgehen wie in Wetzlar. Es legte ein entscheidungsorientiertes Verfahren fest, denn selbst wenn sich die Leute des Pfalzgrafen und des Erzbischofs mit altem Groll gegenüberstehen sollten, so konnte der siebte Mann die Entscheidung bringen. Man ist versucht, angesichts so sinnvoller Entscheidungswege in dieser Phase von einer „mittelrheinischen Rationalität" zu sprechen – wenn man den Begriff nicht überstrapaziert. Die entscheidende Frage ist, ob die Wahl des römisch-deutschen Königs, die im Oktober 1273 in Frankfurt stattfand, von dieser Rationalität beeinflusst war. Sicher ist, dass die Bedingungen für die einmütige Frankfurter Wahl durch sieben Wahlfürsten im Oktober 1273 mit Schiedsverfahren im Januar eingeleitet wurden, bei dem ein Schiedsgremium von potentiell sieben Mitgliedern praktikable Lösungen suchte. Doch so ohne weiteres können wir die Linie nicht durchziehen. Wir müssen die weiteren Schritte der Wahlfürsten noch etwas weiter verfolgen.

Schon elf Tage später zog das Bemühen um ein Einvernehmen der Wahlfürsten weitere Kreise. Denn am 17. Januar schlossen der Erzbischof von Mainz und der Pfalzgraf ein Bündnis zu gegenseitigem Beistand und zur Beilegung ihrer Streitigkeiten. Damit war in dem spannungsreichen Verhältnis der mittelrheinischen Nachbarn eine vorübergehende Beruhigung eingeleitet, die nun auf alle rheinischen Königswähler wirken sollte, auch wenn von einer Königswahl noch nicht die Rede war. Denn der Erzbischof von Mainz erhielt in dem Bündnisvertrag den ausdrücklichen Auftrag, in offenen Fragen zwischen dem Pfalzgrafen und den beiden Erzbischöfen von Köln und Trier zu vermitteln. Dabei unterwarf sich der Pfalzgraf dem Vermittlerspruch des Mainzers. So bereiteten die einflussreichsten Fürsten im Westen Deutschlands, wo das Königtum aus langer Tradition und tatsächlicher Wirtschaftskraft immer noch seine Basis hatte, den Boden für einen gemeinsamen Auftritt vor. Anfang Februar war dann in Mainz erstmals von der Königswahl die Rede.

Allerdings sprach bei dieser Gelegenheit nicht der Erzbischof, sondern es sprachen die Vertreter der Städte Mainz, Worms, Oppenheim, Frankfurt, Friedberg, Wetzlar und Gelnhausen. Diese Städte am Mittelrhein und in der Wetterau erklärten am 5. 2. 1273, dass sie nur einen von den Wahlfürsten einträchtig gewählten König anerkennen würden, dass sie einem aus gespaltener Wahl hervorgegangenen Thronanwärter dagegen die Anerkennung verweigern würden. Dies war im Grunde die Wiederholung eines Vorstoßes, den die Mitglieder des Rheinischen Städtebundes im März 1256 ebenfalls in Mainz unternommen hatten (vgl. Kap. IV, 1). Die Androhung eines Embargos gegen alle, die eine gespaltene Königswahl herbeiführten, war damals ohne Wirkung geblieben. Das tatsächliche Verhalten der Städte nach der Doppelwahl 1257 hatte gezeigt, wie wenig Einigkeit sich hinter solchen Verlautbarungen verbarg. Nun versuchten es die Städte erneut – allerdings mit dem charakteristischen Unterschied, dass die Träger der Erklärung von 1273 einen exklusiven Kreis erfolgreicher Handelsstädte bildeten. Diese Städte waren dem Wahlgeschehen nahe, die Wahlstadt Frankfurt war unter ihnen. Es ist für uns weniger wichtig, inwieweit die städtische Initiative das Wahlverhalten der Fürsten beeinflusste – an diesen Einfluss sollte man keine hohen Erwartungen richten. Wichtig ist der Beschluss der Städte als deutlicher Indikator für strategische Überlegungen mit dem Ziel der Königswahl. Diese Überlegungen wurden in Mainz zur derselben Zeit angestellt, in der sich der Erzbischof von Mainz um eine Zusammenführung der rheinischen Wahlfürsten bemühte. Im Spätsommer sprachen dann auch die Fürsten von der Königswahl. Am 1. September begegnen uns entsprechende Hinweise erstmals in den Quellen.

Vorausgegangen war der formale Abschluss eines Bündnisses zwischen dem Erzbischof von Köln und dem Pfalzgrafen, die beschlossen, auch künftig ihre Konflikte durch ein Schiedsgericht beizulegen (15.7.1273). Zwar sollte dieses Schiedsgericht in Zukunft fünf statt wie zuvor sieben Schiedsrichter haben, aber der entscheidungsfähige Charakter des Gremiums blieb erhalten. Der Bündnisvertrag legt die Mehrheitsentscheidung als Ultima Ratio ausdrücklich fest. Insofern war es den Beteiligten einigermaßen ernst mit dem Ausgleich. Im September trat die Vorbereitung der Königswahl Rudolfs von Habsburg in ihre letzte Phase. Erstmals tauchen die Namen konkreter Kandidaten für das Amt des Königs auf. Rudolf von Habsburg stand dabei nicht an erster Stelle.

Am 1. September schlossen der Erzbischof von Mainz und der Pfalzgraf einen Vertrag über ihr Vorgehen bei der Königswahl, *die wir in Kürze abhalten wollen und sollen*. Dabei verpflichtete sich der Mainzer mit aller Kraft darauf hinzuwirken, dass der Pfalzgraf Ludwig selbst zum König gewählt werde. Falls dies nicht möglich sei, wollte sich der Mainzer für die Wahl des Grafen Siegfried von Anhalt oder des Grafen Rudolf von Habsburg einsetzen. Bei diesem Vertrag kamen nun die zuvor eingeleiteten Ausgleichsbemühungen zum Tragen. Der Mainzer Erzbischof versicherte, sich um die Zustimmung des Trierer Amtsbruders zu der Wahlabsprache zu bemühen. In jedem Fall sollte eine einheitliche Linie mit dem Kölner Erzbischof erreicht werden. Sollten sich der Kölner Erzbischof, der Mainzer Erzbischof und der Pfalzgraf nicht auf einen der vorgenannten Kandidaten einigen können, dann würden sie gemeinsam einen anderen unterstützen, den sie einmütig oder mehrheitlich (mit zwei von drei Stimmen) auswählen würden.

Zehn Tage später kam die gewünschte Abstimmung der vier rheinischen Königswähler (Erzbischöfe von Mainz, Köln, Trier und der Pfalzgraf) zustande. Sie legten fest, dass die Entscheidung von dreien von ihnen für einen Königskandidaten für den Vierten verbindlich sei. Der Kreis der Königswähler, die in ein verbindliches Verfahren eingebunden wurden, das sie zur Befolgung eines einmütigen Beschlusses verpflichtete, wenn sie den Kandidaten selbst ablehnten, wurde behutsam ausgeweitet. Am Wahltag ging die Einmütigkeit der sieben Wähler dann so weit, dass sie gemeinsam ihr Stimmrecht an den Pfalzgrafen übertrugen. Der Pfalzgraf wählte dann den Grafen Rudolf von Habsburg zum neuen römisch-deutschen König. Keine vier Wochen später wurde der neue König gemeinsam mit seiner Frau in der Aachener Pfalzkapelle gekrönt. Dies ist der Hergang nach dem Zeugnis der Urkunden.

Die rheinischen Königswähler stimmen ihr Verhalten bei der Königswahl ab 11. 9. 1273
Weinrich, Quellen 1250–1500, Nr. 18b

Wir Engelbert, von Gottes Gnaden Erzbischof der heiligen Kirche von Köln, des Reiches Erzkanzler für Italien, erklären durch gegenwärtiges Schriftstück zur Kenntnis aller: Mit den hochwürdigen Vätern, dem Herrn von Mainz und dem Herrn von Trier, den jetzt leitenden Erzbischöfen, und mit dem Herrn Herzog von Bayern und Pfalzgrafen bei Rhein haben wir uns wie folgt geeinigt – unter Treueversprechen an Eides statt und uns dabei nichtsdestoweniger verpflichtet: Bei der Wahl des Römischen Königs, die wir demnächst feierlich durchführen wollen und sollen, werden wir ohne irgendwelches Hintergehen einmütig und einträchtig sein, und zwar in der Weise: Wenn sich drei von uns auf irgendjemanden geeinigt haben, wird der Vierte diesen ohne irgendwelchen Widerspruch folgen …

Fast alle dieser Urkunden gingen unmittelbar aus den Ereignissen hervor. Sie dokumentieren Bündnisse, die noch vor der erfolgten Wahl abgeschlossen wurden, und sie wurden noch vor der Wahl ausgestellt. Einzig die Mitteilung über das konkrete Wahlverfahren – die Delegation der sieben Wahlstimmen an den Pfalzgrafen – stammt aus einer Urkunde, die fast zwei Jahre später ausgefertigt wurde. Auf einem Hoftag in Augsburg im Mai 1275 hatte König Rudolf über die Klagen Ottokars von Böhmen gegen seinen Ausschluss von der Königswahl zu entscheiden. Die Gesandten des böhmischen Königs hatten die Wahl Rudolfs von Habsburg in Frankfurt entschieden abgelehnt. Aber ihr Protest war von den versammelten Fürsten nicht zugelassen worden, stattdessen hatten die Wähler dem zweiten Herzog von Bayern eine Wahlstimme zugestanden. Damit war ein alter Streit vorübergehend entschieden: die Frage, wer im Hause Wittelsbach die Königswahlstimme führen durfte.

Nach der Teilung des Wittelsbachschen Erbes in die Pfalzgrafschaft und Oberbayern auf der einen Seite und Niederbayern auf der anderen Seite, beanspruchten beide Linien die Wahlstimme. Bei der Wahl Rudolfs hatte der niederbayerische Herzog aus Gründen politischer Opportunität die siebte Wahlstimme erhalten. Unter Hinweis auf die Begrenzung des Wählerkreises war die Wahlstimme des Böhmenkönigs ausgeschlossen worden. Bei der Wahl Rudolfs von Habsburg wurde die Zahl der Wähler dezidiert auf sieben beschränkt. Darum ging es auf dem Hoftag in Augsburg im Mai 1275.

Die Streitfrage über das Wahlrecht veranlasste König Rudolf, das Wahlgeschehen noch einmal in einer Urkunde zu rekapitulieren. Damit entstand diese Urkunde fast zwei Jahre nach dem Wahlgeschehen. Das ist kein sehr großer Abstand. Wichtiger als die Zählung der Monate, die seit dem Geschehen verstrichen waren, war aber die Tatsache, dass zum Zeitpunkt der Urkundenausfertigung der Streit um Rudolfs Königtum noch nicht verstummt war. Noch immer trugen die Vertreter Ottokars ihre Vorbehalte gegen den Habsburger vor. Der Ausgang dieser Kontroverse war noch offen. Das ist insofern von Bedeutung, als eine andere Überlieferung, die erst später niedergeschrieben wurde, ein dezidiert anderes Bild von der Wahl Rudolfs von Habsburg vermittelt. Die historische Forschung hat sich die Grundzüge dieses Bildes weitgehend zu Eigen gemacht. Für unsere Einschätzung der Interregnumsjahre ist die Frage, welches Bild der Wahlvorgänge zutreffend ist, aber von entscheidender Bedeutung.

4. Die Straßburger Wahlerzählung

Als besonders markantes Beispiel dieser historiographischen Tradition kann die Wahlerzählung in der so genannten *Chronik Ellenhards,* dem *Chronicon Ellenhardi* gelten, die zu Beginn der 1290er-Jahre von dem bischöflichen Notar Gottfried in Straßburg verfasst wurde. Die Textgeschichte ist kompliziert, aber wir müssen ihr hier nicht näher nachgehen. Der Text ist der Erste in einer Reihe von Chroniken, die den Wahlhergang in den Grundzügen ähnlich schildern, daher ist seine Darstellung besonders aufschlussreich.

Der Notar des Straßburger Bischofs mit dem Namen Gottfried von Ensmingen schrieb auf Veranlassung des Straßburger Bürgers Ellenhard († 1304) eine Geschichte der Taten König Rudolfs nieder. Dabei stützte er sich offenbar auf vorhandene Aufzeichnungen. Der Text endet mit der Feststellung: *Von der Zeit König Richards bis hierher* [d.h. bis zum Jahr 1290] *ist dies auf Anweisung Ellenhards, des Prokurators der Straßburger Kirchenfabrik, durch Gottfried von Ensmingen, Notar des Bischofs von Straßburg, zusammengestellt worden* (*compilatus est*). Mit einem Zusatz zum Tod von König Rudolf im Jahr 1291 endet die Darstellung der königlichen Taten (MGH Script. 17, S. 122–134).

Ohne Zweifel ist der Straßburger Text zur höheren Ehre Rudolfs verfasst worden. Anlässlich der Mitteilung von Rudolfs Tod flicht der Autor dem König eindrucksvolle Kränze. *Bis jetzt hat ganz Deutschland in der Betrachtung dieses Königs innegehalten und vor dem Angesicht dieses Königs fürchtete sich jeder Mensch.* Niemals hätte es solchen Frieden gegeben wie zu Rudolfs Zeiten. Es ist offensichtlich, dass der Straßburger Text unter dem starken Eindruck von Rudolfs erfolgreicher Herrschaft abgefasst wurde. Es war nicht weit von Straßburg zur oberrheinischen Heimat der Habsburger.

In Ellenhards und Gottfrieds Chronik erscheint Rudolfs als der Retter eines Landes aus desolater Lage. Nach dem Tode König Richards hätte keiner der Fürsten – aus Furcht vor den anderen – es gewagt, die Königsherrschaft zu übernehmen. So hätte die Gewalt zugenommen. Immer häufiger seien Papst Gregor Klagen über die Zustände in Deutschland vorgetragen worden. So habe er schließlich den Wahlfürsten vorgeschrieben, innerhalb einer bestimmten Frist für einen neuen König zu sorgen, andernfalls werde er in Abstimmung mit den Kardinälen für ein Ende der unhaltbaren Zustände in Deutschland sorgen. Nachdem die Fürsten diese Wahlaufforderung erhalten hätten, seien sie in Frankfurt zusammengekommen, um über die Wahl zu beraten. Aber sie konnten sich noch immer nicht einigen. Da habe der Burggraf von Nürnberg auf göttliche Eingebung hin den Fürsten Rudolf von Habsburg als neuen König vorgeschlagen. Kaum hatten die Fürsten seinen Namen gehört, da gaben sie bereitwillig ihre Zustimmung. Einzig der König Ottokar verweigerte seine Stimme. Und so wurde der Burggraf von Nürnberg zu Rudolf geschickt, um die Zustimmung des Gewählten zu seiner Wahl einzuholen.

5. Ein päpstlicher Wahlbefehl?

In der Straßburger Chronik erscheint die Rolle der Beteiligten in einem besonderen Licht. Zwei Kräfte ermöglichten in dieser Darstellung die Wahl des Habsburgers: ein päpstliches Ultimatum, das die Fürsten zur Wahlberatung zwang, und die Strahlkraft von Rudolfs Person, die die noch immer unentschlossenen Wähler in ihren Bann zog. Die Fürsten hatten keinen konstruktiven Anteil am Geschehen. Ihre Bedenken verhinderten den Fortgang der Wahl, sie mussten von außen zur Erfüllung ihrer Aufgabe genötigt werden.

Die historische Forschung hat sich die Annahme eines päpstlichen Wahlbefehls weitestgehend zu Eigen gemacht. Die Annahme, dass erst die Anweisung des Papstes die zerstrittenen Wahlfürsten zur Königswahl bewegt habe, kann als *communis opinio* der Forschung gelten. Sie findet sich in den Regesten des Königs, die Oswald Redlich am Ende des 19. Jahrhunderts herausbrachte („Da gelangte Gregors X. strenger Befehl zu schleuniger vornahme der Wahl an die kurfürsten") und ist seitdem ein fester Bestandteil unserer historischen Tradition. Die Annahme eines päpstlichen „Wahlbefehls" folgt noch in neuen Darstellungen einer stringenten Gedankenführung. Papst Gregor X. habe den dringenden Wunsch nach einem Kreuzzug zur Befreiung des heiligen Landes gehabt. Dieser Kreuzzug sollte durch einen Kaiser angeführt werden. Deshalb habe der Papst die Kurfürsten zur baldigen Wahl eines Königs gedrängt – ohne ihnen dabei einen bestimmten Kandidaten vorzuschreiben. Würden sie ihrer Aufgabe nicht fristgerecht nachkommen, so würde der Papst den notwendigen Schritt unternehmen. Aus Sorge um ihr Wahlrecht hätten die Königswähler dann Rudolf von Habsburg gewählt.

So quellennah die Darstellung in neuen Übersichtswerken ist, indem sie Ellenhards Geschichte eines päpstlichen Ultimatums übernimmt, so sehr entfernen sich diese neuen Darstellungen von ihrer mittelalterlichen Vorlage. Denn in der Erzählung von Ellenhards Chronik war es darum gegangen, den Stern des Habsburgers besonders hell erstrahlen zu lassen. Neuere Skizzen von Rudolphs Herrschaft werten das Königtum des Habsburgers distanzierter. Sie werden durch das Angesicht des Königs weniger in Bann geschlagen, als ihr Vorläufer am Ende des 13. Jahrhunderts. Der Nachwelt ist Rudolf trotz aller Lobreden seiner Biographen eher mit den skeptischen Gesichtszügen seines hakennasigen Porträts im Dom von Speyer in Erinnerung geblieben. Da wäre es eventuell sinnvoll, auch die Geschichte seiner Wahl noch einmal zu prüfen.

6. Fragen

In Hinblick auf die Wahlerzählung und die an ihr ausgerichteten Darstellungen von Rudolfs Königswahl möchte man sich den liebenswerten Joachim Ringelnatz zum Vorbild nehmen: „Mir scheint da mancherlei nicht klar/man fragt doch, wenn man Logik hat ...". Die Fragen, die im Zusammenhang mit dem päpstlichen Wahlbefehl aufkommen, beantworten sich nicht von selbst:

– Warum benötigte der Papst für seinen Kreuzzug einen Kaiser? In der langen Geschichte der Kreuzzüge hatten nur zweimal Kaiser an Kreuzzügen mitgewirkt, die vom Papsttum unterstützt wurden – ohne besonderen Erfolg: Konrad III. (1138–1151) auf dem 2. Kreuzzug (1146–1148), der im Fiasko vor Damaskus endete, und Friedrich Barbarossa (1152–1190), der beim 3. Kreuzzug (1188–1192) noch auf dem Weg in Heilige Land im Saleph ertrank (10. 6. 1190). Friedrich II. (1212–1250) hatte seinen Kreuzzug 1228/29 im Banne des Papstes und gegen ein päpstliches Verbot durchgeführt. Die letzten Kreuzzugsunternehmungen waren vom französischen König angeführt worden.

- Wenn es solche dringlichen Schreiben des Papstes an die deutschen Kurfürsten gegeben hat, warum ist kein einziges Exemplar erhalten? Die Schreiben der Päpste mit denen sie in den Jahren des Interregnums Königswahlen verhindern wollten, sind erhalten. Hätte nicht eine solche ultimative Aufforderung eine vergleichbare Überlieferungschance? Von den Briefen des Papstes, die nach Meinung der Forschung im Juli 1273 abgeschickt wurden und die ihre Empfänger etwa Mitte August erreicht haben sollen, fehlt jede Spur.
- Warum sollten die Kurfürsten im Sommer 1273 durch ein päpstliches Ultimatum beeindruckt werden, nachdem sie in den vielen Jahren zuvor päpstliche Aufforderungen immer wieder ignoriert hatten, wenn sie ihnen ungelegen kamen? Tatsächlich hatte der Papst ja keinerlei praktische Handhabe, den Kurfürsten das Wahlrecht zu entziehen, wenn die Fürsten die Aberkennung nicht zur Kenntnis nahmen. Ein Blick auf das Schicksal Heinrich Raspes und Wilhelms von Holland vor dem Tod Friedrichs II. sollte uns davor bewahren, von solchen kurialen Instrumentarien zu viel zu erwarten. Dabei war Innozenz IV. ein sehr viel rücksichtsloserer und machtbewussterer Papst als Gregor X., der kaum über kuriale Erfahrung verfügte. Innozenz hatte letztlich allein davon profitiert, dass Friedrich II. gestorben war. Auf vergleichbare Abhilfe im Falle der Kurfürsten konnte der Papst nicht hoffen. Auch die Nachfolger würden das Wahlrecht reklamieren und ein vom Papst eingesetzter Herrscher war ohne politischen Rückhalt in Deutschland keine ernst zu nehmende Größe.

7. Die Antworten der Quellen

Wir müssen uns klar darüber sein, dass diese Fragen auf zentrale Annahmen der historischen Forschung zielen, die die Historiker in Hinblick auf die Wahl Rudolfs formuliert haben. Diese stehen aber auf unsicherem Boden, denn die Motive der Wähler oder die Hintergründe der Wahlentscheidung sind nirgendwo überliefert. Die Historiker haben sie rekonstruiert. Das ist ihre Aufgabe, doch sollten ihre Schlussfolgerungen von Zeit zu Zeit überprüft werden. Im Falle Rudolfs liegt eine solche ernsthafte Prüfung über hundert Jahre zurück. Tatsächlich passen die beiden Überlieferungsstränge nicht zusammen. Die Bildausschnitte, die die urkundliche Überlieferung bietet, und die Bildausschnitte, die uns die zeitgenössische Geschichtsschreibung vermittelt, ergänzen sich nicht sinnvoll. Sie widersprechen sich. Es gibt einen offenkundigen Widerspruch im Hergang des Geschehens und es gibt einen tieferliegenden systematischen Widerspruch, der auf ein Grundproblem des Interregnums verweist. Beginnen wir mit den Unstimmigkeiten beim Hergang der Wahl.

Ellenhards Wahlerzählung – wenn wir sie der Einfachheit halber so nennen wollen- folgt einer klaren Dramaturgie. Darin kommt Rudolf von Habsburg die Rolle eines *Deus ex Machina* zu, einer Schlüsselfigur, deren unerwarteter Auftritt die verfahrene

Situation auf der Bühne mit einem Mal klärt. Doch war Rudolfs Auftritt nicht so unerwartet, denn er wurde bereits einen Monat vor der Wahl als ein möglicher Kandidat gehandelt. In der Wahlabsprache des Mainzer Erzbischofs mit Pfalzgraf Ludwig am 1. September erschien Rudolf auf der Liste möglicher Wunschkandidaten erst an dritter Stelle. Wie immer die Wirkung von Rudolfs Namen auf die Königswähler sein mochte, überraschend kam seine Nennung nicht. Rudolf war bereits seit Wochen im Gespräch.

Damit verliert die Wahlerzählung aus dem *Chronicon Ellenhardi* im Grunde ihre Pointe, denn die war ganz auf Rudolf abgestimmt. Tatsächlich erinnert diese Darstellung ein wenig an die Wahlerzählung des Matthäus Parisiensis, der Richard von Cornwall 1256 als überraschten Favoriten der deutschen Königswähler präsentierte, während Richard in Wirklichkeit auf diese Wahl gezielt hingearbeitet hatte. Eine solche gezielte Vorarbeit paßte nicht in das Weltbild der Zeitgenossen, weswegen sie in den Erzählungen in der Regel nicht auftaucht. Gleichwohl waren diese Vorbereitungen, Vorgespräche und Vorverhandlungen seit dem frühen Mittelalter eine selbstverständliche Praxis bei Königswahlen. Und dies ist die eigentliche Entwicklungslinie, der wir folgen müssen.

Das päpstliche Provisionsrecht im Falle der Königswahl von 1273
Die Logik in Ellenhards Chronik und in der Mehrzahl der historischen Werke zum Thema war klar. Der Papst wünschte eine zügige Königswahl und drohte im Falle weiterer Verzögerungen den Wahlfürsten damit, selbst einen Kandidaten auszusuchen. Dies war im Grunde dasselbe Modell, das man in Wetzlar anwandte, um in einer möglicherweise schwierigen Situation die zögerlichen Wahlmänner zu einer Einigung auf einen Pfarrer zu bewegen (vgl. Kap. IX, 6). Kam die Einigung innerhalb der gesetzten Frist (hier 30 Tage) nicht zustande, so fiel das Recht der Auswahl eines Pfarrers an den zuständigen Bischof. Auf der höheren Ämterebene gab es in der Kirche einen vergleichbaren Mechanismus. Es wurde im 13. Jahrhundert zu einer üblichen Praxis, strittige Bischofswahlen durch den Papst in Rom entscheiden zu lassen. Daraus entwickelte die Kurie allmählich den Anspruch auf ein so genanntes *Provisionsrecht*, mit dem der Papst das Recht auf die Einsetzung der Bischöfe beanspruchte. Dies galt zunächst für strittige Wahlen, wurde aber zunehmend ausgeweitet. In diesen Fällen trug der Papst *Sorge* (*provisio*) für ein Bistum ohne Hirten.

Denn das eigentlich Bemerkenswerte an der Wahl Rudolfs von Habsburg war, dass es eines solchen *Deus ex Machina* gar nicht bedurfte. Die ganze Logik der Vorbereitung des Wahlverfahrens und die Logik des Verfahrens selbst liefen vielmehr auf einen Konsens der Fürsten hinaus. Auf der Basis dieses fürstlichen Konsenses kam die Wahl des Grafen von Habsburg zustande, der weniger ein strahlender Held als ein energischer, aber nicht besonders auffälliger Kriegsmann war. Der Konsens kam vor dem Grafen von Habsburg und das ist das eigentlich Interessante.

Die Vorstufen der Konsensbildung unter den rheinischen Königswählern zwischen Januar und September 1273 haben wir bereits dargestellt. Vier der sieben Wähler hatten sich am 11. September auf ein gemeinsames Vorgehen geeinigt, das auch dann für alle verbindlich festgelegt werden sollte, wenn einer der vier der Entscheidung der anderen drei widersprach. Die Einbindung der rheinischen Königswähler in diese Wählergruppe kam auch darin zum Ausdruck, dass die Beteiligten sich als *Societas* verstanden, womit sie ihrem Zusammenschluss einen dezidierten Rechtscharakter verliehen (vgl. Kap. IV, 5). Es wäre nun allzu modern gedacht, würde man annehmen, dass mit dieser Vorabsprache schon eine Vorentscheidung gefallen sei, weil die vier innerhalb des Gremiums der sieben Königswähler bereits eine Mehrheit bildeten. So rational-neuzeitlich ging es bei der Wahl Rudolfs nicht zu. Und doch liefert das Mehrheitsprinzip einen entscheidenden Hinweis auf das Verständnis der Wahl Rudolfs im Zusammenhang mit der Frage des päpstlichen Ultimatums.

Im Falle der vermeintlich zögerlichen Königswahl Rudolfs war dieser Mechanismus der kurialen Ämterbesetzung zu erkennen. Sogar die Wortwahl des – kirchlichen – Chronisten orientierte sich am kurialen Vorbild. Denn die päpstliche Ankündigung wurde folgendermaßen wiedergegeben: Falls die deutschen Fürsten keinen König wählen würden, wolle er – Gregor X. – Sorge tragen (*providere vellet*), der Verödung abzuhelfen. Tatsächlich aber hatten die deutschen Fürsten bereits Sorge getragen, einem solchen Fall zuvorzukommen.

Das zitierte Wetzlarer Entscheidungsverfahren bei der Wahl eines Pfarrers ist zwar geeignet, die Vorstellung des Chronisten in der Chronik Ellenhards zu illustrieren, aber das Entscheidungsmodell, das die deutschen Fürsten gewählt hatten, war ein anderes. Die Fristsetzung mit dem drohenden Verlust des Wahlrechts war in Wetzlar nur für den Fall vorgesehen, dass sich die Wähler im Verfahren selbst blockierten. Das alternative Modell, der Weg eines Mehrheitsentschlusses und eines entsprechend zusammengesetzten Gremiums, bedurfte dieser Zusätze nicht. Das wurde in Wetzlar deutlich, wo die 7er-Kommission ohne Fristsetzung die konkrete Alternative zum 6er-Gremium mit Fristsetzung war (vgl. Kap. IX, 6). Bei einem Kreis von sieben Wählern brauchte es keine so massive Drohung, da man davon ausging, dass sich diese Wähler in einem Ausschlussverfahren schließlich auf eine Kandidatenauswahl einigten, bei der man auf dem Weg über eine einfache Mehrheit früher oder später zum Ergebnis kam.

Die Rationalität des Verfahrens bei der Wahl Rudolfs von Habsburg diente der Entscheidungsfindung. Dies ist der zentrale Befund. Er ist kaum erkennbar, wenn man die Wahl isoliert betrachtet. Berücksichtigt man dagegen die vielfältigen Erfahrungen, die die Fürsten und die Königswähler in den Jahren des Interregnums mit dem schwierigen Geschäft der Entscheidungsfindung in einer sozialen Ordnung ohne zentrale Gewalt sammeln konnten, dann erscheint die Wahl Rudolfs als ein vorläufiger Schlusspunkt eines mühsamen Weges. Die Wähler erreichten diesen Punkt aus eigener Kraft. Das ganze Wahlverfahren war auf die Möglichkeit eines Konsenses ausgelegt. Der Konsens sollte auch unter den Bedingungen realer widerstreitender Interessen möglich sein.

Doch bevor wir die Rationalität dieses Verfahrens zu sehr betonen, ist es angemessen, auf seine Begrenzungen hinzuweisen. Denn die Wähler, die schon im Vorfeld dafür Sorge getroffen hatten, dass abweichende Stimmen durch einen Mehrheitsentscheid integriert wurden, waren nicht bereit, den König von Böhmen auf dem Verfahrenswege zu integrieren. Sein Widerstand gegen die Wahl Rudolfs von Habsburg wurde nicht zugelassen, obwohl die Mehrheiten in jedem Fall eindeutig gewesen wären. Es ging bei aller Rationalität bei diesen Wahlen nicht nur um Stimmen, sondern auch darum, wer diese Stimmen abgab.

8. Rudolf von Habsburg und Ottokar von Böhmen

Wer sich mit Rudolf von Habsburg befasst, der sollte in der Krypta des Speyerer Doms beginnen, wo seit der Salierzeit viele deutsche Könige und Kaiser begraben wurden. Wer heute die Krypta betritt, der sieht als Erstes die aufgestellte Grabplatte des Habsburgers mit dem prägnanten Hochrelief des alten Königs. Rudolfs hageres Gesicht zeigt tiefe Falten und macht einen skeptischen, fast missmutigen Eindruck. Dies ist kein idealisiertes Herrscherbild, sondern das lebensnahe Porträt ein alten Mannes. Ein größerer Kontrast zu den pompösen Selbstinszenierungen Friedrichs II. ist kaum denkbar. Mit Rudolf von Habsburg begann ein neues Kapitel der deutschen Königsgeschichte und mit ihm kam auch ein neuer Stil der Herrschaft. Rudolf von Habsburg wurde ein volkstümlicher König, über den schon zu Lebzeiten zahlreiche Anekdoten kursierten. So soll dem König das Bier, das ihm ein Mitglied des Erfurter Stadtrates anbot, so gut geschmeckt haben, dass er einen Krug zur Hand nahm, sich auf sein Pferd setzte, und losritt, das Bier lauthals anpreisend. Und der Chronist wunderte sich: *Es ist eine bemerkenswerte Angelegenheit, dass der König der Römer geruht, das Bier eines Erfurter Bürgers laut anzupreisen.*

Rudolf von Habsburg war nicht an einem Königshof erzogen worden. Er war kein gebildeter Mann und seine Schriftkenntnis wird kaum weiter gegangen sein, als die des Burggrafen von Nürnberg. Als Gesandter Rudolfs musste dieser sich die königlichen Privilegien für den Papst, zu deren Bekräftigung er im Juni 1274 mit hochrangigen Geistlichen an die Kurie gereist war, vorlesen und übersetzen lassen, denn er kannte *weder die Schrift noch die lateinische Sprache.* Bis zu seiner Wahl im Oktober 1273 hatte Rudolf den Besitz seiner Familie im Südwesten des Reiches durch Zähigkeit und durch erfolgreiche Kämpfe ausgeweitet. Als er gewählt wurde, war er 55 Jahre alt. Rudolf regierte das Reich fast 20 Jahre lang und als er schließlich seinen Tod kommen sah, ritt er nach Speyer, um dort in der traditionsreichen Grablege deutscher Herrscher begraben zu werden. Am 15. Juli 1291 starb König Rudolf.

Rudolfs Königtum markierte einen Neubeginn nach dem Interregnum, aber es war ein maßvoller Neubeginn und bei den Zeitgenossen mochte der Eindruck von Kontinuität und Tradition vorherrschend gewesen sein. Denn Rudolf von Habsburg war ein Mann der Staufer gewesen. Noch 1267 soll er nach einer Mailänder Überlieferung Konradin auf seinem schicksalhaften Zug in das Königreich Sizilien bis Verona begleitet haben. Als Rudolf Ende September 1273 von seiner bevorstehenden Königswahl informiert wurde, befand er sich gerade im Kampf mit dem Bischof von Basel. Auf die Nachricht, dass er in Kürze in Frankfurt zum römischen König gewählt werden sollte, brach Rudolf die Belagerung Basels ab und zog den Rhein hinab, dem Ort seiner Königserhebung entgegen.

Dort bemühte sich der Bischof von Bamberg, die Wahl Rudolfs doch noch zu verhindern. Berthold von Bamberg war als Bevollmächtigter König Ottokars von Böhmen nach Frankfurt gekommen und er war nicht bereit, in den Jubel über Rudolfs Erhebung auf den deutschen Thron einzustimmen. Im Jahr 1273 hielt Ottokar II. von Böhmen die Zeit für reif, selber die römisch-deutsche Königswürde zu übernehmen. Ottokar war 15 Jahre jünger als Rudolf, er war der mächtigste Fürst des Reiches und er trug eine eigene Krone. Ottokars Umgebung war ein Königshof, er war ein Mäzen, ein *goldener,* ein *glänzender König.* Für diesen König war Rudolf nur ein *ungeeigneter Graf.* Schon bald wurde die Konkurrenz um den Thron durch die Rivalität um die Herrschaftsrechte in Österreich verschärft. Durch diese Rivalität ist eine spezifisch habsburgische Sicht des *Interregnums* befördert worden. Daher sollten wir diese Entwicklung in knapper Form in die Darstellung einbeziehen.

Anders als seine ererbten Herrschaftstitel in Böhmen und Mähren waren Ottokars Titel eines Herzogs von Österreich und der Steiermark nicht unumstritten. Österreich und die Steiermark waren Lehen des Reiches, die vom König verliehen wurden. Nach dem Tod des Königs musste die Belehnung mit diesen Reichslehen von seinem Nachfolger erneuert werden. Ottokar konnte die Herzogswürde in Österreich und der Steiermark auf die Wahl durch die österreichischen Landherren und auf seine eigene Stärke zurückführen. König Richard von Cornwall hatte ihm und seinen Erben diesen Besitz am 6.8.1262 zu Lehen gegeben. Die Belehnung war nur schriftlich und ohne die Zustimmung der anderen Reichsfürsten, die bei einer Vergabe so bedeutender Reichslehen üblich war, erfolgt. So war Ottokars Rechtsposition in Österreich und der Steiermark anfechtbar. Das musste ihn nicht stören, solange seine Stellung unbestritten war. Aber hier zeigten sich zu Beginn der 70er-Jahre Spannungen.

Seit den späteren 60er-Jahren verstärkte Ottokar seinen herrschaftlichen Zugriff auf Österreich und die Steiermark. Max Weltin, der beste Kenner dieser Entwicklungen, hat von einem „regelrechten Besatzungsregime" gesprochen, das die Widerstände der einheimischen Landherren mobilisierte. Für die Unzufriedenen bot das Königtum Rudolfs eine Gelegenheit, gegen die drückende Herrschaft des Böhmen vorzugehen. Die Tatsache, dass Ottokar dem Königtum Rudolfs nach dessen Wahl energisch entgegenarbeitete, wird das Interesse des Habsburgers für die Entwicklung in Österreich noch befördert haben.

Ottokar dachte nicht daran, Rudolfs Wahl zu akzeptieren. Am Wahlort in Frankfurt hatte sein Gesandter gegen den Kandidaten Rudolf protestiert. Doch war sein Protest nicht zugelassen worden, die Wahlfürsten hatten den Vertreter des Böhmenkönigs von der Wahl ausgeschlossen. Daraufhin wandte sich Ottokar an den Papst. An der Kurie hatte man schon in den Jahren des Interregnums die Nachrichten des Böhmenkönigs über geplante Königswahlen dankbar aufgenommen. Und so sah Ottokar auch nach der Wahl Rudolfs im Papst die geeignete Instanz, um seine Klagen vorzubringen. Er konnte sich beim Papst nicht darüber beklagen, dass die deutschen Fürsten ihn nicht gewählt hatten – die Person des Gewählten lag im Ermessen der Wähler –, aber Ottokar konnte sich beim Papst darüber beklagen, dass die Wähler seinen Gesandten und seine Bedenken von der Wahl ausgeschlossen hatten. Und das tat er (s. Quelle, S. 136). Er tat es in ausgreifender Rhetorik und er nutzte dabei die Gelegenheit, den gewählten Habsburger als ungeeigneten Grafen (*quidam comes minus idoneus*) zu bezeichnen. Im folgenden Jahr 1274 schickte Ottokar seine besten Männer, die Bischöfe Bruno von Olmütz und Wernhard von Seckau zum Papst, der sich wegen des Konzils in Lyon aufhielt, um dort seine Bedenken noch einmal mit Nachdruck vorzutragen. Doch Gregor X. neigte dazu, den erreichten Status zu bestätigen und er gab den beiden Gesandten die eindringliche Mahnung an den Böhmenkönig mit auf den Weg, sich in der gegenwärtigen Lage nicht von eigenen Wünschen leiten zu lassen. Aber Ottokar gab noch nicht auf.

Auf einem Hoftag in Augsburg im Mai 1275 hatte Ottokars Gesandter vor dem König und den anwesenden Fürsten noch einmal einen rhetorischen Auftritt. Dies war der Hoftag, auf dem der Protest des Böhmenkönigs gegen die Wahl Rudolfs zurückgewiesen und die vom Böhmen beanspruchte Wahlstimme dem (nieder-)bayerischen Herzog zugestanden wurde. Der Auftritt von Ottokars Gesandten in Augsburg hatte zu diesem Ergebnis sicher beigetragen. Ottokar hatte einen wortgewandten Mann nach Augsburg geschickt: Bischof Wernhard von Seckau. Der gebildete Wernhard, der in Padua Kirchenrecht gelehrt hatte, war seit den späten 60er-Jahren zu einem der engsten Vertrauten des böhmischen Königs geworden, der ihm wichtige Missionen übertrug. Auf dem Augsburger Hoftag entwickelte Wernhard kein Gespür für die Situation. Er sprach vor dem König und vor Laienfürsten des Reiches, deren Bildungsgrad begrenzt war. Er sprach wortgewaltig und offenbar mit scharfem Witz. Aber sein Publikum verstand ihn nicht, denn der gelehrte Bischof sprach Latein. Klug war das nicht – *dô verstuonden si sîn niht*, bemerkte der österreichische Reimchronist, der die Szene schilderte. Als die Fürsten Ottokars Gesandten dann schließlich verstanden, weil ihnen der Text übersetzt worden war, reagierten sie aufgebracht, denn Wernhard hatte keine diplomatische Rede gehalten. Die Strategie Ottokars erwies sich als erfolglos und allmählich zogen sich über seiner Herrschaft dunkle Wolken zusammen.

Ottokar von Böhmen klagt beim Papst gegen die Ablehnung seines Stimmrechts bei Rudolfs Wahl (Dezember 1273)
Weinrich, Quellen 1250–1500, Nr. 19c

Die Fürsten Deutschlands nun, die befugt sind, Kaiser zu wählen, haben – wegen des Gifts des Neides wollen wir nicht mehr sagen, und aus königlicher Gewohnheit heraus hat Herabsetzung keinen Raum – einmütig einen gar zu wenig geeigneten Grafen ihre Stimme gegeben, obwohl unsere hohen Gesandten, die Wir als unsere Bevollmächtigten nach Frankfurt, wo die Wahl durchgeführt werden muss, geschickt hatten, deutlich Einspruch einlegten und Widerspruch vorbrachten und sie haben ihn zur schwerwiegenden Last des Reiches und zum Unrecht gegenüber uns, auch nachdem Wir feierlich beim Apostolischen Stuhl Berufung eingelegt hatten, mit der Hoheit der heiligen Krone ausgezeichnet …

Eine Aufgabe des neuen Königs war es, königliche Rechte und Rechte des Reiches, die in den zurückliegenden Jahren ein wenig in Vergessenheit geraten waren, weil sie nicht energisch eingefordert wurden, wieder in die Verfügungsgewalt der Krone zurückzuholen. Die Forschung nennt diese Politik der Rückgewinnung von zwischenzeitlich entfremdeten Reichsgut *Revindikation*. Eine solche Revindikationspolitik war gegenüber Fürsten, dem Adel oder auch gegenüber Städten, die in der Zeit eines schwachen Königtums ihre Zahlungsverpflichtungen gegenüber dem Reich niemanden aufgedrängt hatten, nicht einfach umzusetzen.

Langer Besitz kommt einem Besitzrecht gleich, sagt ein alter Rechtssatz und Verpflichtungen, die lange niemand eingefordert hatte, geraten in Vergessenheit. So war es für Rudolf von Habsburg nicht einfach, an alte Reichsrechte erfolgreich zu erinnern. Anders war es in solchen Fällen, in denen der König Rudolf für die Einforderung von Reichsrechten die Unterstützung der Fürsten gewann. Dann wurde der Druck größer. In diese Lage geriet Ottokar von Böhmen durch seine Politik. Schon im November 1274 hatte Rudolf in Nürnberg einen Fürstenspruch erwirkt, dass der König von Böhmen innerhalb einer Frist von Jahr und Tag nach der Wahl des neuen römisch-deutschen Königs vor diesem vorstellig werden musste, um die Belehnung mit seinen Reichslehen zu erneuern. Ließ er diese Frist verstreichen, verlor er seine Lehen. Im November war diese Frist ungenutzt verstrichen, aber in Nürnberg wurde Ottokar noch einmal eine Frist eingeräumt. Rudolf von Habsburg war im Begriff, ein Fürstenurteil gegen Ottokar zu erwirken.

Die Auseinandersetzung um Österreich und die Steiermark, die als Reichslehen von Rudolf vergeben werden konnten, wurde zu einem interessanten Instrument, um den eigentlich überlegenen König von Böhmen unter Druck zu setzen. Kurz zuvor (September 1274) hatte Papst Gregor Rudolfs Königtum anerkannt. Umsichtig formierte der neue König seine Reihen. So war er gut aufgestellt, als der Konflikt mit Ottokar immer schärfer wurde. Es würde hier zu weit führen, die weiteren Stufen der Entwicklung nachzuzeichnen. Sie führte schließlich in die Schlacht bei Dürnkrut am 26. 8. 1278, in der der siegesgewisse Ottokar dem Habsburger unterlag und sein Leben ließ. Damit war die Entscheidung gefallen und sie eröffnete Rudolfs Dynastie den Weg nach Österreich. Doch ist dies ein neues Thema. Eine Folge des habsburgischen Ausgreifens nach Österreich war es, dass die Rechte des getöteten Rivalen Ottokar im Nachhinein bestritten wurden. Zu diesem Zweck wurde die Vorstellung von einem „Interregnum" durch die habsburgfreundlichen Geschichtsschreiber des 14. Jahrhunderts gefördert, denn Ottokars Rechtsanspruch auf Österreich und die Steiermark ging auf die Belehnung in diesen Jahren zurück. Fiel die Belehnung 1262 in ein Interregnum, dann wurde sie fragwürdig.

9. Königswahl und politische Integration

Die Darstellung des Konfliktes zwischen Ottokar und Rudolf hat uns etwas über die zeitlichen Grenzen des Interregnums hinausgeführt. Doch es geht hier auch um Zusammenhänge und nicht nur um Daten – die man sich ohnehin leichter merken kann, wenn man die Zusammenhänge versteht. Mit der Kenntnis vom Ende der Geschichte kehren wir noch einmal an ihren Ausgangspunkt zurück, zur Königswahl am 1. 10. 1273. Aus der vergleichenden Untersuchung des Wahlverfahrens haben wir oben den Schluss gezogen, dass die Wähler einen entscheidungsorientierten Weg beschritten hatten. Mit dem Kreis der sieben Wähler stellten sie auch für den Fall von Unstimmigkeiten die Möglichkeit einer Entscheidung durch die Mehrheit sicher. Dies war die Interpretation des Entscheidungsmodells. Tatsächlich aber war der ganze Vorgang ein Ausdruck der Einmütigkeit – symbolisch erkennbar in der *Wahl durch einen* (*electio per unum*). Den einen Dissidenten, den Vertreter Ottokars, hatte man ausgeschlossen. Nur so war dieses Bild der einmütigen Wahl möglich geworden. Hätte man ihn bei diesen klaren Mehrheitsverhältnissen nicht zulassen können? Die Wahl des Habsburgers wäre doch in jedem Fall sicher gewesen.

Doch diese Erwartung ist zu sehr durch die Erfahrung moderner Meinungsbildung geprägt, in der es vor allem auf die Mehrheit ankommt. Bei einer mittelalterlichen Königswahl galt die moderne Losung „Mehrheit ist Mehrheit" nicht. Das Ideal war die Einstimmigkeit, sichtbar in der Wahl durch einen Beauftragten nach kirchlichem Vorbild. Die Einmütigkeit war das Ziel, um sie zu erreichen, nahm man auch gewisse Rücksichtslosigkeiten im praktischen Prozess in Kauf. Die Einmütigkeit zählte in diesem konkreten Fall mehr als die Ansprüche des Böhmenkönigs, denn diese Ansprüche waren politisch nicht gewünscht. So wurde Ottokars Stimmrecht in diesem Fall das Opfer eines starken Ideals. Die praktischen Schritte des spätmittelalterlichen Königswahlverfahrens waren in der Wahl Rudolfs bereits voll ausgebildet – die Wahl durch die sieben Wähler und das Beharren auf diesen sieben Wählern trotz des böhmischen Protestes belegt das –, aber die Theorie des Mehrheitsgedankens hatte sich noch nicht voll durchgesetzt. Es war noch ein Schritt bis zur Goldenen Bulle von 1356, die das Verfahren im moderneren Sinne formulierte und begründete.

War die Wahl Rudolfs von Habsburg am 1. 10. 1273 auch nicht ganz so einmütig, wie die beteiligten Wähler sie anschließend darstellten, so war sie gegenüber der Doppelwahl von 1256/57 doch ein erkennbarer Ausdruck politischen Einheitswillens. Zwar lässt die Überlieferung des Wahlgeschehens Fragen offen, doch wir erkennen in dieser Überlieferung, wie sich der Kreis der einigungsbereiten Wähler allmählich erweiterte. Dabei kam die Einigungsbereitschaft noch vor der Nennung eines konkreten Kandidaten. Die Wähler stimmten sich ab, die Quellen belegen dies. Bei den Wahlverhandlungen 1256/57 lassen die Quellen vor allem das wiederholte Scheitern solcher Wählerabstimmungen erkennen und die konkreten Verhandlungen wurden von Beauftragten der Kandidaten mit den einzelnen Wählern geführt. Im Vergleich mit dem Geschehen von 1256/57 dominierte 1273 der Einigungswille. Die Wahl Rudolfs stand deutlich im Zeichen eines mehrheitlichen Konsenses der Wahlfürsten. Dieser Befund aus der Überlieferung steht dem Eindruck, den Bruno von Olmütz von der Wahl des Habsburgers vermitteln wollte, direkt entgegen. Und der Eindruck des Konsenses wird noch stärker, wenn wir den vergleichenden Blick abschließend auf das Feld europäischer Mitbewerber richten. Denn auch 1273 gab es Konkurrenz für die deutschen Bewerber. Diesmal kam der Interessent aus der französischen Königsfamilie.

10. Die Kandidatur Philipps III. von Frankreich

Die treibende Kraft war Karl von Anjou, jüngerer Bruder König Ludwigs IX. von Frankreich. Nach längeren Verhandlungen hatte er 1265 das Königreich Sizilien von Papst Clemens IV. als Lehen erhalten und es in den Folgejahren erobert. Bei zwei entscheidenden Schlachten (Benevent 1266 und Tagliacozzo 1268) hatte er die Staufer Manfred und Konradin besiegt. Manfred war in der Schlacht gefallen, Konradin konnte zunächst fliehen, fiel dann aber in die Hände seines Gegners und wurde nach einem fragwürdigen Prozess in Neapel hingerichtet. In den Folgejahren festigte Karl seine Macht im Königreich Sizilien und dehnte seinen Einfluss schon bald in den Norden Italiens aus. Der Norden Italiens war eine Landschaft florierender Städte, die in ständigen politischen Rivalitäten zueinander standen. Nominell unterstanden der Norden Italiens und die Toskana dem römisch-deutschen König, dies war das so genannte Reichsitalien. Zwar hatte der letzte Kaiser Friedrich II. mit den lombardischen Städten erhebliche Schwierigkeiten gehabt, denn eine Stadt wie Mailand verfügte über ausreichende Mittel, um dem deutschen Herrscher die Stirn zu bieten, aber der römische Königs- und dann der Kaisertitel verlieh den Herrschaftsinteressen im Norden Italiens doch eine rechtliche Grundlage. Daher war es für Karl von Anjou von Interesse, dass der neue römisch-deutsche König seiner italienischen Politik nicht mit eigenen Plänen Schwierigkeiten bereitete. Am sichersten ließ sich eine solche Gefährdung abwenden, wenn ein nahe stehendes Mitglied der eigenen Familie auf den deutschen Thron gelangte. So brachte Karl von Anjou seinen Neffen, den französischen König Philipp III. (1270–1285) ins Spiel.

Dabei ging er denselben Weg, den auch Ottokar in Sachen deutscher Königswahl bevorzugt gegangen war. Er wandte sich an die Kurie. Philipp III. stand den Plänen seines Onkels eher unentschlossen gegenüber. In einem Bericht französischer Gesandter, die in Florenz mit dem Papst, mit Karl von Anjou und mit Kardinälen, die dem Plan gegenüber aufgeschlossen waren, zusammenkamen, um über eine mögliche Kandidatur Philipps zu verhandeln, wird die Unsicherheit des jungen französischen Königs erkennbar. Er ließ bei der Kurie anfragen, was die Kirche von seiner möglichen Kandidatur für den Kaisertitel denke und wie sie ihn gegebenenfalls unterstützen wolle. Die Aufforderung an den Papst, ihm Gründe für eine Bewerbung um die deutsche Krone zu nennen (*et requiroit que léglise li monstrat le raisons*) zeigt, dass die Bewerbung kein Herzstück seiner politischen Ambitionen war. Tatsächlich führt der Gesandtenbericht an, dass der König von Sizilien, Karl von Anjou, seinem Neffen die Frage nach den Gründen für seine Thronbewerbung beantwortete.

Hier mischte sich neben eher allgemeinen Hinweisen an einen jungen Mann (*Von dem Sohn eines tapferen Mannes erwartete man mehr als von dem Sohn eines schlechten Mannes*) ein Argument für die Kaiserkrone in die Erörterung, dass auch in der deutschen Forschung zur Königswahl 1273 immer wieder auftaucht. Karl legte dar, dass Philipp III. Kaiser werden solle, um dadurch seinem Vater als Kreuzfahrer umso besser nacheifern zu können. Frankreich sei nur ein Königreich, als Kaiser könne er dagegen auf die Ritter der ganzen Welt zurückgreifen (*Mais se il estoit anpereres, il porroit coeillir chevaliere de par tot le monde*). Karl von Anjou betrieb in eigener Sache keine Politik nach solchen wolkigen Richtlinien und als Teilnehmer am Kreuzzug Ludwigs IX. hatte er die Begeisterung seines Bruders Ludwig, die er nun Philipp III. als Beispiel vor Augen hielt, kaum geteilt. Der Kreuzzug war eine Herzensangelegenheit des Papstes, um dessen Unterstützung mit solchen Argumenten geworben werden sollte. Reale Beweggründe waren das nicht und es ist nicht ganz einzusehen, warum die deutsche Geschichtsschreibung sich diese Rhetorik Karls von Anjou in der Kreuzzugsfrage so zu Eigen gemacht hat.

Auch den Papst überzeugte diese Rhetorik nicht und es war auch nicht seine Aufgabe, einen neuen deutschen Herrscher zu bestimmen. Die Wahlfürsten taten dies allein. Wir hören auch nach diesem Gesandtenbericht aus dem Juli 1273 nichts mehr von weiteren Bemühungen Philipps III. um die deutsche Krone. Im Juli 1273 war die Einigung der Königswähler bereits eingeleitet. Zu Beginn des Jahres 1257 hatten die unentschlossenen und zerstrittenen Wähler schließlich auf die Kandidaten zurückgegriffen, die sich infolge dynastischer und europäischer politischer Konstellationen anboten. Dabei hatte sich Richard von Cornwall, dessen Bemühungen um die deutsche Krone wir noch am besten verfolgen können, lange Zeit zögerlich und abwartend verhalten. Der Mangel an aussichtsreichen Mitbewerbern brachte ihm die deutsche Krone. Im Jahr 1273 war eine solche Situation nicht mehr möglich, weil die beteiligten Wähler sie nicht mehr wollten. Im Oktober 1273 wählten sie zwar nicht den mächtigsten Mann des Reiches in das höchste Amt, aber sie wählten doch einen energischen Mann, der nicht in Kastilien, Westminster oder Paris residierte, sondern der am Rhein zuhause war, wo die römisch-deutschen Könige seit dem 11. Jahrhundert einen Herrschaftsschwerpunkt hatten. Mit dieser Wahl endete das Interregnum, auch wenn dazu noch manches zu sagen wäre.

XI. Die politische Ordnung Deutschlands im Interregnum – ein Resümee

Die Erfahrungen des Interregnums forderten die Fürsten zu einem Minimalkonsens heraus. Es war ein Konsens auf der Grundlage praktischer Vernunft und der Einsicht, dass die Folgen der Doppelwahl von 1256/57 dem Reich und den Fürsten mehr geschadet als genutzt hatten. Diese Feststellung ist im Grunde nicht sehr überraschend, aber sie läuft der häufig geäußerten Kritik an dem Verhalten der deutschen Fürsten direkt entgegen. Hier ging es weniger darum, das Ansehen der gescholtenen Fürsten wieder herzustellen, das ist eher die Aufgabe der Landesgeschichte, es ging vielmehr darum, realistische Maßstäbe und Erwartungen für die historische Situation Deutschlands in den ersten Jahrzehnten nach dem Ende der Staufer zu entwickeln. Dabei erwies es sich als hilfreich, zwischen den verschiedenen Typen der Überlieferung zu unterscheiden. Die Geschichtsschreiber der Interregnumsjahre vermitteln ein anderes Bild vom Zustand ihrer Epoche als die prosaischeren Vereinbarungen der Zeitgenossen, die uns in den zahlreichen Urkunden erhalten sind.

Es ist für eine historische Darstellung ein schwieriges Geschäft, ein bewährtes historisches Bild in den Grundzügen zu revidieren. Wenn diese Grundzüge durch einen großen Dichter einprägsam formuliert worden sind („die kaiserlose, die schreckliche Zeit" F. Schillers) und wenn sie dazu einer Ordnungsvorstellung entsprechen, die auch bei den Zeitgenossen noch sehr präsent ist, dann ist eine Revision umso schwieriger. Aber ein Versuch lohnt sich in jedem Fall.

Das Interregnum war in Deutschland keine Zeit ohne Könige. Tatsächlich gab es eher zu viele als zu wenige Könige. Aber es waren schwache Könige, und während der prägenden Jahre zwischen 1256/57 und 1272 vorwiegend abwesende Könige. Die Könige waren in der politischen Realität abwesend – der eine in Kastilien, der andere in England –, und sie sind auch in den Quellen nicht sehr präsent. Die schwache Präsenz der Könige in den Quellen fällt noch stärker auf, wenn wir den deutschen Befund mit den Königen in Frankreich oder England vergleichen. Tatsächlich vermochten diese Könige, ihre zunehmende herrschaftliche Präsenz auch dadurch zu erzielen, dass sie allmählich einen effektiven Apparat von Amtsträgern aufbauten, deren Tätigkeit schriftlich erfasst wurde. So entstand in England und Frankreich eine umfangreiche schriftliche Überlieferung im Umfeld des königlichen Hofes, für die es in Deutschland keine Entsprechung gab. Diese zunehmende Schriftlichkeit war eine Folge zunehmender königlicher Regierungstätigkeit.

Die eindrucksvollste Verbindung von zentralistischem Herrschaftsanspruch und zunehmender Schriftlichkeit bot die Kurie, deren Korrespondenz seit dem Beginn des 13. Jahrhunderts so anstieg, dass der Amtsantritt von Papst Innozenz III. (1198–1216) für die Editoren und Bearbeiter päpstlicher Quellenwerke eine Wasserscheide darstellt. Diese Zunahme der schriftlichen Regierungstätigkeit belegt eine Intensivierung der Herrschaft, die es in Deutschland auf der Ebene des Königtums nicht gab. Doch damit ist nur gesagt, dass das deutsche Königtum im Vergleich mit führenden europäischen Königreichen und dem Papsttum zurückfiel, weil hier eine dynamische Entwicklung einsetzte. Diese Dynamik, die auch für die Zeitgenossen erkennbar war, führte auch in Deutschland zu einer gestiegenen – theoretischen – Erwartung an den Herrscher. Diese gestiegene Erwartung enttäuschte der römisch-deutsche König dann besonders deutlich, obwohl die Königsmacht im Vergleich zur deutschen Vergangenheit gar nicht so sehr nachgelassen hatte. Die eigentlich interessante Entwicklung fand auf der Ebene des Adels und der Städte statt, die ohne starken König eben nicht im Chaos untergingen, sondern die es vermochten, aus eigenen Erfahrungen der Interregnumsjahre die Mindestbedingungen für eine politische Ordnung zu gewinnen. Es war ein nüchterner Erfolg, aber es war auch ein tragfähiger Erfolg, der sich in der deutschen Verfassungsgeschichte während vieler Jahrhunderte bewähren sollte.

In den Jahren des Interregnums hatten die deutschen Fürsten, Adlige, Herren und Städte, Laien und Männer der Kirche Interessenskonflikte häufig mit den Mitteln des Schiedsverfahrens ausgetragen. So verfügten sie über einige Erfahrung auf dem Feld formalisierter Meinungsbildung. Sie wussten, wie man Schiedskommissionen zusammenstellte, bei denen sie keine unliebsamen Entscheidungen gegen ihren Willen fürchten mussten, weil ihre Vertreter solche Entscheide blockieren konnten. Sie wussten auch, dass man durch ungeradzahlig besetzte Schiedskommissionen auf dem Wege des Mehrheitsentscheides zu einem Entschluss kommen konnte, der auch durch den Widerstand einer Seite nicht beliebig aufgeschoben werden konnte.

Weil solche Entscheidungsmodelle immer das Risiko mit sich brachten, den eigenen Standpunkt nicht zur Geltung bringen zu können, waren sie nicht sehr populär. Sie wurden dann eingesetzt, wenn die Dringlichkeit der Lage einen Entschluss erforderte, auch wenn die Beteiligten dafür einen gewissen Teil ihrer Interessenvertretung preisgaben. Insofern war ein solches Verfahren Ausdruck eines Minimalkonsenses. Das gilt auch für die Wahl des römisch-deutschen Königs. Hier beobachten wir in der häufigen Erfahrung der zeitgenössischen Schiedsgerichte und in den Zeugnissen der juristischen Theorie eine vergleichbare Rationalität, die darauf deutet, dass die Königswahl Rudolfs von Habsburg durch sieben Wähler Ausdruck eines Einverständnisses der Fürsten war, in dem ein noch diffuses Reichsbewusstsein erkennbar wird. Dieses Reichsbewusstsein fand seinen konkreten Ausdruck in dem Verfahren der deutschen Königswahl, das in seiner ganzen Anlage auf die Einbindung möglicher Abweichler ausgerichtet war.

In der ersten Quelle, die wir von der Wahl des römisch-deutschen Königs durch die späteren Kurfürsten haben, dem Sachsenspiegel von ca. 1230, war die Wahlentscheidung sechs Wählern zugekommen. Diese sechs bestimmten den König in einer Vorwahl, die durch die übrigen anwesenden Fürsten bestätigt wurde. Der König von Böhmen, der die siebte Stimme geführt hätte, wurde vom Verfasser des Sachsenspiegels ausdrücklich ausgeschlossen – weil er kein Deutscher sei. Als um 1275 ein süddeutscher Autor, Verfasser des *Schwaben-* oder *Deutschenspiegels,* die deutsche Königswahl behandelte, da ging er von sieben Wählern aus, damit es eine Mehrheitsentscheidung geben konnte, in der die Minderheit der Mehrheit folgen sollte. In Hinblick auf die politische Ordnung können wir sagen, dass bei der deutschen Königswahl seit den 70er-Jahren praktisch und theoretisch ein integrierendes Verfahren Anwendung fand. Die Zeitgenossen gingen davon aus, dass die Beteiligten bei solchen wichtigen Entscheidungen unterschiedliche Meinungen hatten, aber dass man im Interesse aller einen Weg finden musste, zu einem König zu kommen. Das Verfahren war der praktische Ausdruck dieser Einsicht.

Das Verfahren benötigte noch einige Zeit, um sich durchzusetzen. Auch die zeitgenössischen Vorstellungen brauchten noch einige Zeit, um sich auf die Rationalität der Königswahl einzustellen. Das war angesichts der sehr unterschiedlichen Rechtstraditionen in Deutschland auch nicht verwunderlich. Deutschland verfügte über keine geschriebene Verfassung, die solche Fragen hätte klären können. Der erste Text, der als eine Art Verfassungstext in der spätmittelalterlichen Geschichte Deutschlands gelten kann, war die Goldene Bulle von 1356. In ihr wurde die Frage der Königswahl durch sieben Kurfürsten definitiv geregelt. Die Theorie benötigte nach dem Interregnum fast ein Jahrhundert, um eine im Wesentlichen etablierte Praxis präzise zu formulieren. Doch lag darin eine enorme Leistung. Wir müssen deutlich sehen, was dabei geschah. Die Zeitgenossen hatten das anspruchsvolle Ideal der Einheit. Solange nur ein einziger Mann sprach, der Papst oder ein König, konnte er eine eindeutige Richtung weisen. Doch wenn die anderen, die es anging, ebenfalls ihre Meinung kundtaten, wurde es schwierig mit der Einstimmigkeit. Tatsächlich war sie in einer größeren Gruppe kaum zu erzielen. Eine Abhilfe war nahe liegend und die deutschen Fürsten nutzten diese in der Zeit des Interregnums bei verschiedenen Gelegenheiten, auch bei Königswahlen. Man ließ diejenigen, die nicht zustimmten, einfach unberücksichtigt. So erzielte man Einstimmigkeit, allerdings auf Kosten der Akzeptanz der Beschlüsse und damit auf Kosten der Integration. Um die Akzeptanz der Beschlüsse zu erhöhen, durfte man die Abweichler auf Dauer nicht ignorieren. Sie mussten einen Platz im Verfahren erhalten, selbst dann, wenn sie sich nicht durchsetzten.

Wir sollten uns klar vor Augen halten, dass die Einmütigkeit früherer Zeiten nicht auf tatsächlicher Übereinstimmung beruhte. Sie war darauf zurückzuführen, dass die Dissidenten nicht gehört wurden, oder sich zurückzogen. Unter den Kommunikations- und den Herrschaftsbedingungen des frühen und des hohen Mittelalters war das möglich. In dem Maße, in dem die politischen und kirchlichen Organisationsformen, vorangetrieben durch eine dynamische Wirtschaft im 13. Jahrhundert, den intensiveren Zugriff auf die Menschen ermöglichten, wurde der Chor der Meinungen vielstimmiger. Das Ideal der Einheit aber blieb und es blieb lange über das Mittelalter hinaus bestehen. So musste man Wege finden, die Bindekraft von Entscheidungen an die Wirklichkeit des menschlichen Zusammenlebens anzupassen. Auf diesem langen, europäischen Weg war das Interregnum nur eine Etappe. Aber es war für Deutschland eine wichtige Etappe, in der zwar der Glanz eines entfernten Kaisertums verblasste, aber in der die politische Ordnung der sozialen Erfahrung näher kam.

Auswahlbibliographie

Quellensammlungen

Hier werden neben den einschlägigen Quellensammlungen auch die im Text mit Kurztitel zitierten Quellenausgaben vollständig nachgewiesen.

Bonaventura: De perfectione evangelica, in: S. Bonaventura, Opera omnia 5, Quaracchi 1891. *Wichtige Passagen zur Amtsgewalt des Papstes.*

Bracton: On the Laws and Customs of England, ed. Woodbine, G. E., übers. Thorne, S. E., Bd. 1–4, Cambridge/Mass. 1968–1977. *Lateinischer Originaltext mit englischer Parallelübersetzung.*

Bruno von Olmütz: Relatio, in: MGH Const. 3, Nr. 620. *Häufiger zitierte Denkschrift des Bischofs von Olmütz.*

Humbert von Romans: Opus Tripartitum, ed. Crabbe, P., Secundus Tomus Conciliorum Omnium, tam Generalium quam Particularium, Köln 1551, S. 967–1003. *Enthält die zitierte Kritik an den Kardinälen.*

Jordanus de Jano: Chronica, hrsg. von Böhmer, H., Paris 1908. *Lat. Text der Franziskanerchronik von den Anfängen des Ordens in Deutschland.*

Matthäus Parisiensis: Chronica majora 1–7, ed. Luard, H. R., London 1872–1884 (Rerum Britannicarum Medii Aevi Scriptores 57, 1–7). *Lebhafter Chronist der Zeit Heinrichs III., mal phantasievoll, mal gutinformiert.*

Miethke, J./Bühler, A.: Kaiser und Papst im Konflikt. Zum Verhältnis von Staat und Kirche im späten Mittelalter, Düsseldorf 1988 (Historisches Seminar 8). *Eingeleitete Quellenauswahl mit zentralen Texten (mit dt. Übers.).*

Monumenta Germaniae Historica:
Constitutiones et Acta Publica:
- 2, hrsg. von Weiland, L., 1896.
- 3, hrsg. von. Schwalm, J., 1904–6. *Urkunden und Quellentexte zur Reichs- und Königsgeschichte im Interregnum.*

Die Urkunden der deutschen Könige und Kaiser 18,1: Hägermann, D./Kruisheer, J. G. (Hrsg.): Die Urkunden Heinrich Raspes und Wilhelms von Holland, Teil 1, 1989.

Scriptores 17, ed. Pertz, G. H. (1861). *Der Band enthält die im Text verschiedentlich zitierte Chronik Ellenhards.*

Ruser, K. (Bearb.): Die Urkunden und Akten der oberdeutschen Städtebünde vom 13. Jahrhundert bis 1549, Bd. 1, Göttingen 1979. *Sammlung übersetzter Quellen.*

Schimmelpfennig, B. (Hrsg.): Die Deutsche Königswahl im 13. Jahrhundert 1–2, Göttingen 1968 (Historische Texte/Mittelalter 9–10). *Zusammenstellung der einschlägigen Texte zu den Königswahlen des Interregnums (Originalsprache).*

Shirley, W. W. (Ed.): Royal and other historical letters illustrative of the Reign of Henry III, Vol. 1–2, London 1862–66 (Rerum Britannicarum Medii Aevi Scriptores 27, 1–2). *Lateinische Edition.*

Treharne, R. F./Sanders, I. J. (Ed.): Documents of the Baronial movement of Reform and Rebellion 1258–1267, Oxford 1973 (Oxford Medieval Texts). *Quellentexte mit engl. Übersetzung zur Erhebung der engl. Barone gegen Heinrich III.*

Urkundenbuch der Stadt Wetzlar 1, hrsg. von Wiese, E., Marburg 1911 (Veröffentlichungen der Historischen Kommission für Hessen und Waldeck). *Enthält die im Text angeführten Verträge zwischen der Stadt Wetzlar und dem Stift über die Beilegung von Streitfragen und die Pfarrerwahl.*

Weinrich, L. (Hrsg.): Quellen zur deutschen Verfassungs-, Wirtschafts- und Sozialgeschichte bis 1250, Darmstadt 1977 (FSGA, A, 32). *Quellentexte mit Übersetzung bis zum Tode Friedrichs II.*

Weinrich, L. (Hrsg.): Quellen zur Verfassungsgeschichte des römisch-deutschen Reiches im Spätmittelalter (1250–1500), Darmstadt 1983 (FSGA, A, 33). *Quellentexte mit Übersetzung zum Rheinischen Städtebund, der Doppelwahl 1256/57 und der Wahl Rudolfs von Habsburg.*

Übergreifende Literatur

Boshof, E./Erkens, F.-R. (Hrsg.): Rudolf von Habsburg 1273–1291. Eine Königsherrschaft zwischen Tradition und Wandel, Köln/Weimar/Wien 1993 (Passauer Historische Forschungen 7). *Für die Beschäftigung mit Rudolf von Habsburg unverzichtbar.*

Grundmann, H.: Wahlkönigtum, Territorialpolitik und Ostbewegung. Gebhart Handbuch der deutschen Geschichte 1, Stuttgart [9]1970. *Klassische und abgewogene Handbuchdarstellung.*

Kaufhold, M.: Deutsches Interregnum und europäische Politik. Konfliktlösungen und Entscheidungsstrukturen 1230–1280, Hannover 2000 (Monumenta Germaniae Historica, Schriften 49).

Kaufhold, M.: Die Könige des Interregnums, in: Weinfurter/Schneidmüller, Die deutschen Herrscher des Mittelalters, München 2003, 315–339.

Kempf, J.: Geschichte des deutschen Reiches während des großen Interregnums 1245–1273, Würzburg 1893. *Einzige ältere Monographie zum Thema, ganz dem Bild der „schrecklichen Zeit" verpflichtet.*

Kirk, M.: „Die kaiserlose, die schreckliche Zeit". Das Interregnum im Wandel der Geschichtsschreibung vom ausgehenden 15. Jahrhundert bis zur Gegenwart, Frankfurt a. M. u. a. 2002 (Europäische Hochschulschriften. Reihe 3: Geschichte und ihre Hilfswissenschaften 944).

Krieger, K. F.: König, Reich und Reichsreform im Spätmittelalter, München 1992 (Enzyklopädie Deutscher Geschichte 14). *Knappe und klare Einführung.*

Moraw, P.: Von offener Verfassung zu gestalteter Verdichtung. Das Reich im späten Mittelalter 1250–1490, Berlin 1985 (Propyläen Geschichte Deutschlands 3). *Souveräne Darlegung der grundsätzlichen Entwicklungslinien.*

Prietzel, M.: Das Heilige Römische Reich im Spätmittelalter, Darmstadt 2004 (Geschichte Kompakt).

Puhle, M./Hasse, C. P. (Hrsg.): Heiliges Römisches Reich deutscher Nation – von Otto dem Großen bis zum Ausgang des Mittelalters. Essays, Dresden 2006. *Umfangreicher Essayband mit wichtigen Beiträgen zu übergreifenden und spezifischen Aspekten der Geschichte des Reiches, einzelner Herrscher (auch der Könige des Interregnums) und zur politischen Kultur.*

Redlich, O.: Rudolf von Habsburg. Das Deutsche Reich nach dem Untergang des alten Kaisertums, Innsbruck 1903. *Klassisch und bis heute unverzichtbar. Noch gibt es keine neuere wissenschaftliche Biographie Rudolfs.*

Rogge, J.: Die deutschen Könige im Mittelalter. Wahl und Krönung, Darmstadt 2006 (Geschichte kompakt).

Schneidmüller, B./Weinfurter, S. (Hrsg.): Die deutschen Herrscher des Mittelalters. Historische Portraits von Heinrich I. bis Maximilian I. (919–1519), München 2003. *Die römisch-deutsche Königsgeschichte in modernen Portraits. Um eine Vorstellung davon zu bekommen, wie eine Herrschaft abwesender Könige funktioniert, ist es hilfreich Vergleiche zu haben.*

Thomas, H.: Deutsche Geschichte des Spätmittelalters 1250–1500, Stuttgart/Berlin/Köln/Mainz 1983. *Quellennahe, detailfreudige Darstellung des deutschen Spätmittelalters.*

Literatur zu den einzelnen Kapiteln

Das Interregnum: Ein Überblick

Vgl. zu diesem Überblick die angegebene übergreifende Literatur. In der Literatur zu den einzelnen Kapiteln werden die jeweiligen Kapitel der übergreifenden Literatur nicht noch einmal eigens angeführt.

Die Entscheidung: Friedrich II. und die Päpste 1239–1250

Demandt, K. E.: Der Endkampf des staufischen Kaiserhauses im Rhein-Main-Gebiet, in: Hessisches Jahrbuch für Landesgeschichte 7 (1957) 102–164. *Etwas angejahrte Darstellung, aber für die Ereignisgeschichte hilfreich.*

Gramsch, R.: Deutschordensdiplomaten in den Verhandlungen zwischen Innozenz IV. und Heinrich Raspe 1244–1246, in: Werner, M. (Hrsg.): Heinrich Raspe – Landgraf von Thüringen und römischer König (1227–1247). Fürsten, König und Reich in spätstaufischer Zeit, Frankfurt am Main 2003, 317–358.

Kempf, F.: Die Absetzung Friedrichs II. im Lichte der Kanonistik, in: Fleckenstein, J. (Hrsg.): Probleme um Friedrich II., Sigmaringen 1974 (Vorträge und Forschungen 16), S. 345–360. *Knappe, klassische und engagierte Darstellung der problematischen Rechtsgrundlage des päpstlichen Absetzungsurteils.*

Stürner, W.: Friedrich II., Teil 2: Der Kaiser 1220–1250, Darmstadt 2000. *Eingehende Darstellung des Kampfes zwischen Friedrich II. und den Päpsten mit ausführlichen Literaturangaben.*

Das Königtum Wilhelms von Holland

Burgers, J. W. J.: Wilhelm von Holland (1248–1256), in: Kramp, M. (Hrsg.): Krönungen in Aachen. Geschichte und Mythos, Bd. 1, Mainz 2000, 417–423.

Hintze, O.: Das Königtum Wilhelms von Holland, Leipzig 1885 (Historische Studien 15). *Bislang einzige monographische Untersuchung zur Regierung Wilhelms. Berücksichtigt Wilhelms Landes- und Reichspolitik.*

Kaufhold, M.: Die Könige des Interregnums (*siehe: Übergreifende Literatur*).

Lucas, H. S.: John of Avesnes and Richard of Cornwall, in: Speculum 23 (1948) 81–101.

Knappe und sehr hilfreiche Untersuchung eines Spezialisten für die politische Geschichte am Niederrhein.

Mitteis, H.: Die deutsche Königswahl. Ihre Rechtsgrundlagen bis zur Goldenen Bulle, Brünn/München/Wien ²1944. *Klassiker der Rechtsgeschichte zur deutschen Königswahl.*

Der Rheinische Städtebund 1254–1256/57

Bielfeldt, E.: Der Rheinische Bund von 1254. Ein erster Versuch einer Reichsreform, Berlin 1937 (Neue Deutsche Forschungen/Abt. Mittelalterliche Geschichte 3). *Die grundlegende Interpretation des Rheinischen Städtebundes als einer verpassten Möglichkeit, das Königtum in Deutschland auf eine neue Grundlage zu stellen. Die knappe Studie hat mehr durch ihre allgemeine Interpretation als durch ihre konkrete Analyse des Materials gewirkt.*

Müller, C.: Lübeck und der Rheinische Städtebund 1254–1256. Formen und Möglichkeiten städtischer Politik an der Wende zum Spätmittelalter, in: Zeitschrift des Vereins für Lübeckische Geschichte und Altertumskunde 80 (2000) 165–184.

Voltmer, E.: Der Rheinische Bund (1254–1256). Eine neue Forschungsaufgabe?, in: Propter culturam pacis. Der Rheinische Städtebund von 1254/56. Katalog zur Landesausstellung in Worms, Koblenz 1986, 117–143. *Ein engagiertes Plädoyer für eine landesgeschichtliche Untersuchung des Rheinischen Städtebundes und eine kritische Bestandsaufnahme der bisherigen Forschung. Das Bild des Interregnums bleibt allerdings schablonenhaft.*

Die Doppelwahl 1256/57

Bayley, C. C.: The Diplomatic Preliminaries of the Double Election of 1257 in Germany, in: The English Historical Review 62 (1947) 457–489. *Eine klassische diplomatiegeschichtliche Untersuchung in der Tradition nationaler Geheimdiplomatie.*

Denholm-Young, N.: Richard of Cornwall, Oxford 1947. *Knappe Biographie mit dem Schwerpunkt auf Richards englischen Aktivitäten.*

Groten, M.: Konrad von Hochstaden und die Wahl Richards von Cornwall, in: Vollrath, H./Weinfurter, S. (Hrsg.): Köln. Stadt und Bistum in Kirche und Reich des Mittelalters. Festschrift O. Engels, Köln/Weimar/Wien 1993, 483–510. *Etwas hypothetischer Versuch, die Rolle des Kölner Erzbischofs in den Wahlhandlungen 1256/57 zu klären.*

Ders.: Richard von Cornwall (1257–1272), in: Kramp, M. (Hrsg.): Krönungen. Könige in Aachen, Geschichte und Mythos, Bd. 1 (2000) 433–439.

Herbers, K.: Alfons von Kastilien (1252–1284), in: Krönungen. Könige in Aachen, Geschichte und Mythos, Bd. 1 (2000) 425–432.

Aufgaben und Schwierigkeiten der Herrschaft

Berges, W.: Kaiserrecht und Kaisertheorie der „Siete Partidas", in: Festschrift P. E. Schramm, Wiesbaden 1964, 143–156. *Grundlegender Aufsatz zum Herrschaftsverständnis Alfons' X.*

Carpenter, D. A.: The reign of Henry III, London/Rio Grande 1996. *Eine Sammlung von Aufsätzen zur englischen Verfassungs- und politischen Geschichte in der Zeit Heinrichs III.*

Clanchy, M. T.: Did Henry III have a policy?, in: History 53 (1968) 203–216. *Ein klassisch gewordener Aufsatz zur Frage persönlicher und willkürlicher Herrschaftspraxis des englischen Königs.*

Jordan, W. C.: Louis IX and the challenge of the crusade. A study in rulership, Princeton 1979. *Konzentrierte Studie der zentralen Herrschaftsidee Ludwigs IX. und seiner praktischen Umsetzung.*

Kantorowicz, E. H.: Kaiser Friedrich der Zweite, Berlin 1927. *Das im nationalkonservativen Geist geschriebene, nicht unproblematische Werk hat eine eigene Wirkungsgeschichte entfaltet.*

Die deutschen Fürsten 1256–1272

Boshof, E.: Reichsfürstenstand und Reichsreform in der Politik Friedrichs II., in: Blätter für Deutsche Landesgeschichte 122 (1986) 41–66. *Wichtige Quellenstellen, urteilt vorwiegend moralisch.*

Gerlich, A.: Rheinische Kurfürsten und deutsches Königtum im Interregnum, in: Geschichtliche Landeskunde 3.2, Festschrift J. Bärmann, Wiesbaden 1967, 44–126. *Nützlich für die detaillierte Ereignisgeschichte, problematische Urteile.*

Heinig, P.-J.: Die Mainzer Kirche am Ende des Hochmittelalters (1249–1305), in: Jürgensmeier, F. (Hrsg.): Handbuch der Mainzer Kirchengeschichte 1,1, Würzburg 2000, 347–415. *Fundierte Darstellung zu den Mainzer Kurfürsten Christian II. von Weisenau (1249–1251), Gerhard I. von Dhaun (1251–1259) und Werner von Eppstein (1259–1284).*

Hoensch, J. K.: Přemysl Otakar II. von Böhmen. Der goldene König, Graz/Wien/Köln 1989. *Eher populäre, aber kenntnisreiche Biographie des mächtigen Reichsfürsten.*

Janssen, W.: Das Erzbistum Köln im späten Mittelalter 1191–1515. Geschichte des Erzbistums Köln. Bd. 2.1, Köln 1995. *Profunde Darstellung der Geschichte der Erzbischöfe von Köln, die in der Politik des Interregnums eine zentrale Rolle spielten.*

Schaab, M.: Geschichte der Kurpfalz, Bd. 1: Mittelalter, Stuttgart u. a. 1988. *Klare Darstellung der wittelsbachschen Politik aus der Perspektive der Pfalzgrafschaft bei Rhein.*

Spindler, M./Kraus, A. (Hrsg.): Handbuch der bayerischen Geschichte, Bd. 2: Das alte Bayern. Der Territorialstaat vom Ausgang des 12. Jahrhunderts bis zum Ausgang des 18. Jahrhunderts, München ²1988 (A: Grundlegung und Aufbau 1180–1314, S. 7–145). *Präziser Überblick über die Entwicklung der wittelsbachschen Dynastie und ihrer inneren Probleme.*

Die europäische Dimension des deutschen Thronstreites

Abulafia, D. (Ed.): The New Cambridge Medieval History 5 (1198–1300), Cambridge 1999. *Der überarbeitete Handbuchklassiker mit konzentrierten Darstellungen zu den politischen, kirchlichen und kulturellen Entwicklungen Europas im 13. Jahrhundert. Viele Literaturhinweise.*

Baaken, G.: Ius Imperii ad Regnum. Königreich Sizilien, Imperium Romanum und Römisches Papsttum vom Tode Heinrichs VI. bis zu den Verzichtserklärungen Rudolfs von Habsburg, Köln/Weimar/Wien 1993 (Forschungen zur Kaiser- und Papstgeschichte des Mittelalters, Beihefte zu J. F. Böhmer, Regesta Imperii 11). *Materialreich, aber häufiger mit problematischem Urteil.*

Carpenter, D. A.: The Meetings of Kings Henry III and Louis IX, in: Thirteenth century England 10 (2005) 1–30 .

Clanchy, M. T.: England and its Rulers 1066–1272. Oxford ²1998. *Souveräne Übersicht über die Grundzüge der englischen Geschichte vor einem europäischen Horizont.*

Gavrilovitch, M.: Etude sur le Traité de Paris de 1259, Paris 1899. *Einzige grundlegende Studie zu dem wichtigen Pariser Frieden von 1259.*

Herde, P. : Karl I. von Anjou, Stuttgart u. a. 1979. *Knappe Biographie eines der erfolgreichsten Akteure auf der europäischen Bühne dieser Epoche.*

Kienast, W.: Deutschland und Frankreich in der Kaiserzeit, Teil 3, Stuttgart 1975. *Quellenreiche Darstellung.*

Kluxen, K.: Englische Verfassungsgeschichte. Mittelalter, Darmstadt 1987.

Meyer, B. B.: Kastilien, die Staufer und das Imperium: ein Jahrhundert politischer Kontakte im Zeichen des Kaisertums (Historische Studien 466), Husum 2002.

Post, G.: Blessed Lady Spain – Vincentius Hispanus and Spanish National Imperialism in the Thirteenth century, in: Speculum 29 (1954) 198–209. *Zu Quellen und Hintergründen des kastilischen Anspruchs auf einen eigenen Kaisertitel.*

Rodenberg, C.: Innozenz IV. und das Königreich Sizilien, Halle 1892. *Gründliche Studie zur Ereignisgeschichte.*

Trautz, F.: Die Könige von England und das Reich 1272–1377. Mit einem Rückblick auf ihr Verhältnis zu den Staufern, Heidelberg 1961. *Kenntnisreiche Studie zu den Beziehungen der englischen Könige zum Reich mit abgewogenem und sicherem Urteil.*

Valdeón Baruque, J./Herbers, K./Rudolf, K. (Hrsg.), España y el „Sacro Imperio": Procesos de cambios, influencias y acciones recíprocas en la época de la „europeización", siglos XI–XIII, Valladolid [u. a.] 2002. *Enthält verschiedene einschlägige deutsche Beiträge.*

Weiler, B. K. U. (Hrsg.): England and Europe in the reign of Henry III (1216–1276), Aldershot 2002.

Die Rolle der Kirche im Interregnum

Congar, Y.: Aspects ecclésiologiques de la querelle entre Mendiant et séculiers dans la seconde moitié du XIIIe siècle et la debut du XIVe, in: Archives d'Histoire doctrinale et littéraire du moyen âge 36 (1961) 35–152. *Gründliche Analyse der ekklesiologischen Dimension des Pariser Bettelordensstreites.*

Kuttner, S.: Conciliar Law in the making: The Lyonese Constitutions (1274) of Gregory X in a manuscript from Washington, in: Miscellanea Pio Paschini 2, Lateranum N. S. 15 (1949) 39–81; jetzt auch in: Kuttner, Medieval Councils, Decretals and Collections of Canon Law, London 1980 (Variorum Reprints). *Studie zu den Verhandlungen des Papstes und der Kardinäle auf dem II. Konzil von Lyon.*

Schimmelpfennig, B.: Das Papsttum. Grundzüge seiner Geschichte von der Antike bis zur Renaissance, Darmstadt ⁵2005. *Der Klassiker.*

Vauchez, A./Engels, O. (Hrsg.): Machtfülle des Papsttums (1054–1272). Die Geschichte des Christentums. Religion – Politik – Kultur, Bd. 5, Freiburg 1994. *Umfangreicher, weitgespannter handbuchartiger Überblick von verschiedenen Autoren.*

Die Wahl Rudolfs von Habsburg

Graus, F.: Přemysl Otakar II. – sein Ruhm und sein Nachleben. Ein Beitrag zur Geschichte politischer Propaganda und Chronistik, in: MIÖG 79 (1971) 57–110.

Kehnel, A., Rudolf von Habsburg im Geschichtswerk der Colmarer Dominikaner, in: Studia monastica. Beiträge zum klösterlichen Leben im Mittelalter, Gert Melville zum 60. Geburtstag, hrsg. von Butz, R./Oberste, J. (Vita regularis. Ordnungen und Deutungen religösen Lebens im Mittelalter 22), Münster 2004, 211–234.

Krieger, K.-F.: Die Habsburger im Mittelalter. Von Rudolf I. bis Friedrich III., Stuttgart u.a. 1994. *Klare Einführung.*

Ders., Rudolf von Habsburg, Darmstadt 2003 (Gestalten des Mittelalters und der Renaissance). *Moderne Darstellung der Königsherrschaft Rudolfs, mit durchaus anderem Blick auf das Interregnum als dem hier vorgestellten.*

Ottokar-Forschungen: Jahrbuch für Landeskunde von Niederösterreich N. F. 44/45 (1978/79). *Sammelband mit Aufsätzen zu den verschiedenen Aspekten von Ottokars Politik, auch gegenüber Rudolf von Habsburg.*

Roberg, B.: Das zweite Konzil von Lyon [1274], Paderborn u.a. 1990 (Konziliengeschichte). *Grundlegende Studie zum Verlauf und zu den kirchlichen und politischen Themen des Konzils.*

Personen- und Sachregister

Abkürzungen: Bf. = Bischof, Eb. = Erzbischof, G. = Graf, Gn. = Gräfin, Hzg. = Herzog, Kg. = König, Kgn. = Königin, Ks. = Kaiser, Mg. = Markgraf, P. = Papst, Pfg. = Pfalzgraf, bayr. = bayrisch, böhm. = böhmisch, br. = brandenburgisch, byz. = byzantinisch, gew. = gewählt, engl. = englisch, fl. = flandrisch, frz. = französisch, kast. = kastilisch, röm.-dt. = römisch-deutsch, sächs. = sächsisch, siz. = sizilisch.
Die hervorgehobenen Seitenzahlen verweisen auf ein thematisch einschlägiges Insert. Wenn der Name oder Begriff auch im Text behandelt wird, sind die Seitenzahlen zweifach aufgeführt.